Egbert Asshauer
Meditation und Heilkunst im Tibetischen Buddhismus

Egbert Asshauer

Meditation und Heilkunst im Tibetischen Buddhismus

Der tantrische Weg zu Gesundheit und Ganzheit

tb

AQUAMARIN

Deutsche Originalausgabe
1. Auflage 2009
© Aquamarin Verlag
Voglherd 1 • D-85567 Grafing

Umschlaggestaltung: Annette Wagner
Satz: Sebastian Carl

Druck: Bercker • Kevelaer

ISBN 978-3-89427-514-3

Inhalt

Vorwort

Die Zahl der Veröffentlichungen zum Thema Tibet sind auf dem deutschen Buchmarkt in den letzten Jahren stark angewachsen. Dabei werden unterschiedliche Interessen der Leser angesprochen. Einerseits wird weiterhin der Mythos Tibets als einer Art paradiesischen Gegenentwurfs zur Moderne des Westens beschworen; daneben finden sich Erläuterungen zur idealen Lehre des Tibetischen Buddhismus und auch nüchterne, akademisch anmutende Abhandlungen zu Land und Leuten, wie etwa in Reiseführern. Auf der anderen Seite des Spektrums gibt es auch bereits kritische Werke, welche die tibetische Kultur in Bausch und Bogen als finster, rückständig und reine Projektionsfläche westlicher Sehnsüchte entlarven wollen. Dr. Asshauers Darlegungen füllen in dieser Bandbreite eine Lücke. Er beschreitet dabei einen *mittleren Weg*, der ja auch im Buddhismus gepriesen wird. Aus jeder Zeile spricht der tiefe Respekt für die spirituelle Kultur Tibets, deren Jahrtausende alte Wurzeln auf die indische Hochkultur zurückgehen. Gleichzeitig wagt er einen in dieser Form noch nie vorgelegten kenntnisreichen und kritischen Blick auf die reale, aktuelle Lebenspraxis der Tibeter im Exil. Dieses intime Wissen um deren Belange entstammt einem mittlerweile 25-jährigen alljährlichen direkten Kontakt mit den Stätten der Tibeter in Indien. So können wir, abgeleitet aus persönlichen Begegnungen, nicht nur von der alltäglichen Situation der Mönchsklöster hören, sondern auch von den selten beschriebenen Lebensumständen der an den Rand gedrängten Nonnen, den Nöten der Armen und Kranken und der Ausbildungssituation der Jugendlichen und ihren Sehnsüchten nach Auswanderung. Mit fairer Kritik werden Institutionen des tibetischen Lebens und ihre Propaganda hinterfragt. Diese von mannigfachen Fakten unterfütterten Informationen bilden eine echte Fundgrube für wahre Tibet-

Freunde, die nicht an einer Verklärung interessiert sind, sondern an pragmatischen Lösungen, die das Leben der Tibeter im Exil und in Tibet erleichtern helfen. Diese moderne Analyse, auch des Regierungssystems, ist sicherlich mehr im Interesse der Tibeter als eine oberflächliche Verherrlichung der Verhältnisse. Die Darstellung entbehrt dabei nicht menschlicher Wärme und Sympathie und wird bereichert von persönlichen, subjektiven Betrachtungen im Geiste des dem Autor eigenen trockenen Humors.

Seinen Ausgangspunkt nimmt das Werk in der Darstellung der Tibetischen Medizin und des mantrischen Heilens im noch immer wenig bekannten tantrischen System des Buddhismus. Dr. Asshauer baut dabei auf seinen zahlreichen Veröffentlichungen zur tibetischen Medizin auf. Auch bei diesem Thema gelingt eine fruchtbare Perspektive, indem der westliche Arzt mit 40-jähriger Praxiserfahrung nicht nur rational deren Grundlagen und ihre Entstehung über die Seidenstraße erläutert, sondern sich als gläubiger Katholik auch überraschend offen für das Wunderbare und Unerklärliche dieser Heilverfahren zeigt. Ein Juwel stellen dabei die Gespräche mit den größten Meistern der tibetischen Tradition dar, wobei auch – wie schon in früheren Werken – die Grundlagen der Tulku-Tradition erörtert werden. Sigrun Asshauer macht uns dabei diese Begegnungen mit ihren Fotos noch lebendiger.

Insgesamt gibt dieses Buch gerade dem westlichen Praktizierenden die Möglichkeit, die Tiefgründigkeit des Tibetischen Buddhismus zu erfassen und für sein Leben fruchtbar zu machen, ohne dabei der Gefahr zu verfallen, auch alle anderen Aspekte dieser Kultur zu idealisieren. Es ist sicherlich gesünder, wenn westliche Buddhisten auch die Errungenschaften der westlichen Moderne – in der sie letztlich doch verankert sind – wertschätzen, anstatt sich ihrer Kultur zu entfremden. Nur eine solche Vereinigung der tiefen Spiritualität des Ostens mit den sozialen und wissenschaftlichen

Fortschritten des Westens könnte – auch nach den Vorstellungen des Dalai Lama – ein ganzheitliches Weltbild für eine glückliche Zukunft der Menschheit begründen.

Oliver Petersen (Lehrer des Buddhismus am Tibetischen Zentrum e.V. Hamburg)[1]

---

1   Oliver Petersen ist Magister der Tibetologie, Religionswissenschaft und Philosophie. Er referiert an internationalen Zentren über buddhistische Philosophie und arbeitet nebenberuflich als Gestalttherapeut. Seit 1980 ist er für das Tibetische Zentrum in Hamburg tätig, an dem er 1983 von Geshe Thubten Ngawang (1932-2003) als Mönch ordiniert wurde. Er leitet für das Zentrum auch nach seinem Austritt aus dem Orden weiterhin Meditationsseminare und Studienkurse und ist als Referent, Übersetzer und im interreligiösen Dialog tätig.

Einleitung

Das Heilen hat viele Facetten. Angefangen vom rein somatischen Heilen der Ärzte bis hin zum Geistheilen, das in vielen Ländern der Dritten Welt üblich ist, aber inzwischen auch in vielfältiger Ausformung hier bei uns. Sind es in anderen Ländern eher schamanistische Heiler, die in einer Stammes- oder Familientradition stehen und ihr Heilen mit althergebrachten Ritualen verbinden, so wird Geistheilen bei uns als eine reine Technik ohne religiösen Hintergrund angesehen, die man in kurzer Zeit erlernen kann.

Nach einem Vortrag in München über geistiges Heilen fragte mich die Lektorin eines bekannten Verlages, ob ich nicht ein Buch über Heilen mit Mantras zur Selbstbehandlung schreiben wolle. Das war die Initialzündung zu diesem Buch, das sich dann aber ganz anders entwickelte als erwartet, denn die Reise, die meine Frau und ich wenig später in die tibetischen Siedlungen Südindiens unternahmen, brachte uns wieder in Kontakt mit so vielen Tibetern, dass ich die Idee bekam, unsere Suche nach Heilern und heilenden Mantras mit den vielen Interviews zu verbinden, die ich dort früher schon in einem ähnlichen Kontext gemacht hatte. 2009 jährt sich die Flucht des Dalai Lama und vieler seiner Landsleute zum fünfzigsten Male. Zeit also für einen Rück- , ebenso wie für einen Ausblick.

Meine Frau und ich sind seit 1984 jedes Jahr ein- und oft zweimal in Indien gewesen. Ich war vierzig Jahre Arzt, naturwissenschaftlich ausgebildet, aber mit den Jahren immer offener für andere, ergänzende Wege des Heilens. So habe ich mich fast fünfundzwanzig Jahre lang mit tibetischer Medizin und zunehmend auch mit buddhistischen Themen beschäftigt. Früher waren wir der Medizin wegen meist in Dharamsala, aber später auch in Nepal, Sikkim und

Ladakh und in den letzten zehn Jahren fast ausschließlich im Süden Indiens, in den Siedlungen Bylakuppe und Mundgod. Wir kennen fast alle größeren tibetischen Klöster überall dort, wo Tibeter im Exil leben – mit Ausnahme von Bhutan – und können viele Tibeter, Mönche wie Laien, zu unseren Freunden rechnen. Im Laufe der Jahre haben wir vieles erfragt, gehört und erfahren, das kaum irgendwo sonst zu lesen ist: Splitter, Teilchen eines Puzzles, die sich in diesem Buch zu einem Ganzen fügen sollen. Das Heilige und die Heiler, Mönche, Nonnen und Bauern werden nebeneinander gestellt, wie sie zusammen leben, miteinander kooperieren – oder auch nicht.

In diesem Buch, mit seiner breit gefächerten Thematik, werde ich auch einer speziellen Art des Heilens nachgehen, dem Heilen mit einem Mantra, das nicht zum Handwerkszeug der Ärzte, sondern allein der Lamas gehört. Auf der Suche nach solchen Heilern in den tibetischen Klöstern Südindiens hat sich bei mir ein Bild von der sozialen und religiösen Situation in diesem Umfeld geformt. Hier hat es Lamas gegeben, welche die Menschen dort für erleuchtet halten, und es gibt solche Lamas vielleicht auch jetzt noch. Hier leben Heiler, tantrische und andere, die Geister und Dämonen besänftigen und vertreiben, wenn sie den Menschen Schaden gebracht haben. Die Klöster sind ihre Heimat, die Basis ihrer materiellen und spirituellen Existenz, die man schon deshalb ein wenig genauer kennenlernen sollte.

Es gibt manches Kritische zur Situation in den tibetischen Siedlungen zu sagen. Selten liest man etwas darüber, denn die übergroße Hochachtung vor den Robenträgern und die fehlende Kenntnisnahme der Situation der einfachen Tibeter gehen bei uns manchmal eine ungute Verbindung miteinander ein – man nennt das den *Mythos Tibet*. Mir mangelt es nicht an Hochachtung und vor allem an Sympathie für jeden einzelnen Tibeter, ob Mönch oder Bauer; es sind eher die Institutionen, die eingefahrenen Verhaltensweisen und auch die Propaganda mit ihren starren Feindbildern, die ich gelegentlich vorsichtig kritisiere.

Der Glanz der Goldenen Tempel, welche die Klöster heute schmücken, überstrahlt kein Elend, verdeckt aber doch viele Probleme. Dazu gehört die Jugendarbeitslosigkeit, die Gegenstand brennender Sorge und bis jetzt nicht zu lösen ist. Aber auch die fehlende Gleichberechtigung der Nonnen in den vom Chauvinismus der Mönche beherrschten Klöstern gehört zu den Problemen, die schon seit langem auf eine Lösung warten – nicht nur bei den Tibetern. Die Fragen nach der Zukunft werden heute anders gestellt. Die Zukunft, das ist nicht mehr Tibet, die alte Heimat, sondern das ist der Westen, das ist vor allem Amerika, das lockt mit seinem Glanz und Glamour, seinen Verdienst- und Aufstiegsmöglichkeiten. Die junge Generation kennt Tibet nur noch aus den Erzählungen der Älteren, wir haben das in unserer eigenen jüngsten Geschichte ähnlich erlebt. Dieser Prozess bedeutet ein Lösen der kulturellen und religiösen Bindungen, die fast fünfzig Jahre lang ein Auseinanderdriften der Gemeinschaft der Tibeter im Exil verhütet haben. Diese Veränderung vollzieht sich immer schneller und drängender und wird durch die politischen Ereignisse im Jahre 2008 eher gefördert als gebremst.

Eher marginal, aber doch nicht von einem Ausblick auf die Zukunft zu trennen, ist die Frage, wer denn die Tibeter führen soll, wenn in hoffentlich sehr ferner Zukunft einmal eine Regentschaft notwendig werden sollte. Die Regenten waren immer Tulkus der Großklöster, und ihre Herrschaft war oft mit der gewalttätigen Durchsetzung religionspolitischer Ziele verbunden. So stelle ich denn an das Ende des Buches einen Rückblick auf die Geschichte des ersten, höchst kriegerischen tibetischen Reiches. Man kann sie nicht verstehen, wenn man nicht das politische und kulturelle Umfeld kennt – Stichwort Seidenstrasse – die an Aktualität unter so völlig anderen politischen und ökonomischen Bedingungen heute noch und wieder fasziniert. Über die Seidenstrasse hat Tibet seine Kultur, seinen Glauben und nicht zuletzt seine Medizin bezogen, die bis heute als einzigartiges Juwel tibetischer Kultur gilt. Auch das Mantra-Heilen, von dem dieses Buch erzählt, hat seinen Ort in beiden Bereichen – dem des Glaubens und dem der Medizin.

Mein Dank gilt meinen vielen tibetischen Freunden, die mir immer sehr offen meine unentwegten Fragen beantwortet haben, und meiner Frau, die mich seit 1984 auf allen meinen Reisen durch Indien und Nepal begleitet, fotografiert, beraten und geduldig unterstützt hat.

I. Traditionelle tibetische Medizin und geistiges Heilen

1. Der Körper und seine subtilen Energien

Mein Interesse am Heilen durch den Geist hat seine Wurzeln in meiner langjährigen Beschäftigung mit der tibetischen Medizin einerseits und dem tibetischen Tulku-System andererseits – Tulkus heißen die Reinkarnationen spirituell weit fortgeschrittener Meister. Die tibetische Medizin, wie sie bis zum Exil 1959 praktiziert wurde, kannte kein geistiges Heilen im Sinne einer lehrbaren und erlernbaren Technik im Rahmen der praktischen Medizin, das überließ sie den Mönchen, aber sie benutzte vielerlei buddhistische Rituale, um die Kraft der Medizin mit dem Segen der Gottheiten anzureichern. Dabei war jedermann klar, dass die Medizin nicht nur dem Körper Heilung brachte, sondern auch dem Geist.

Alles, was lebt, setzt sich, genauso wie tote Materie, aus den fünf Elementen zusammen, aus Wasser, Feuer, Erde, Luft und Äther in unterschiedlicher Mischung. Die Elemente sind einerseits Energien, andererseits „feinstoffliche" Materie, ein Begriff, der im Westen unbekannt ist. Dies widerspricht keineswegs der modernen Physik, nach der zum Beispiel das Licht sowohl Materie mit definierten Korpuskeln, als auch Energie ist, die sich wellenförmig ausbreitet.

Die Elemente sind nach der tibetischen Medizinlehre[1] die Basis der drei Säfte Wind, Galle und Schleim, deren harmonische Balance im Körper unsere Gesundheit garantiert. Die Elemente geben den Säften ihre Energie, stehen aber auch mit den destruktiven Emotionen unseres Geistes in Verbindung, den sogenannten Giften des Geistes, welche nicht nur den Geist, sondern auch die Säfte in

Unordnung bringen und so darüber entscheiden, ob wir krank werden oder nicht. Wo wir im Westen eine Fehlfunktion bestimmter Organe, Drüsen, eine Stoffwechselstörung oder eine Verkalkung von Arterien aufgrund komplexer Störungen in der Biochemie des Körpers diagnostizieren und behandeln, da sieht der tibetische Arzt eine Fehlbalance der Säfte. Der tantrische Heiler spricht lieber von einer Schädigung der Elemente – die Säfte, sagt er, seien eher eine Sache der Ärzte. Damit befindet er sich immer noch auf einer materiellen, wenn auch sehr feinen Ebene des Körpers.

Wenn es dem Arzt gelingt, die Störung der Säfte unter Kontrolle zu bringen, beruhigen sich damit zwangsläufig unsere Emotionen. In meiner Kindheit pflegte man auch bei uns einen römischen Dichter zu zitieren und zu sagen: „Mens sana in corpere sano." Frei übersetzt: „Ist der Körper gesund, dann ist es auch der Geist."

Ich habe den Dalai Lama einmal gefragt[2], ob man mit tibetischer Medizin auch seelische Störungen bzw. geistige Krankheiten behandeln kann: „Aber natürlich", antwortete der Dalai Lama, „den Geist selber kann man nicht berühren, er hat keine Form. Er ist wie eine sehr feine Energie und man kann schwer herankommen, nur mit Übungen des Geistes, also auch mit Meditation, aber den Effekt des Geistes auf das Nervensystem, auf den Körper, kann man deutlich erkennen. Das ist das, was wir „innere Luft" nennen, eine feine Energie, die den Körper zum Funktionieren bringt. Die kann man mit der tibetischen Medizin erreichen. Wenn diese Energie betroffen ist, die alle Bewegungen lenkt, wenn sie aus dem Gleichgewicht gebracht worden ist, dann hat das auch eine Rückwirkung auf den Geist."

Frage: „Können Sie uns die Beziehung zwischen den *Drei Giften* und der Gesundheit erklären?"

D.L.: „Da fragen Sie besser einen Arzt (lacht). Die drei geistigen Gifte sind die Hauptquelle geistiger Verdunkelung. Negative Gedanken führen zu negativer Handlung. Negativ heißt schädlich. Ich weiß nicht sehr gut Bescheid über die Beziehungen zwischen den drei Giften und den Krankheiten; aber wenn man sich ständig ärgert, dann scheint es, als ob es zu einer Art von körperlicher Änderung kommt. Hoher Blutdruck, mehr Hitze.“

Der tibetischen Medizin zufolge ist der Patient selbst gefordert, um an seiner Heilung mitzuarbeiten. Wieso das? Man darf nicht vergessen, dass die Ausübung der Heilkunde seit über 1200 Jahren fast ausschließlich in den Händen von Ärzten lag, die Mönche waren. Die Heilkunde galt ihnen so viel wie die buddhistische Philosophie; und die sagt, dass wir seit endlos langer Zeit geistige Prägungen mit uns schleppen, die wir Karma nennen. Sie entstehen durch gewohnheitsmäßiges Handeln, also durch vom Verstand nicht kontrolliertes Tun. Es wird durch die Geistesgifte gelenkt, in erster Linie sind das Gier, Hass und Verblendung. Gutes Tun und positives Denken führen zu Glück, negatives Tun und Denken zu Unglück und Krankheit.[3]

Diesen Einsichten stehen auch bei uns viele Menschen offen gegenüber. In der Medizin werden sie allerdings kaum berücksichtigt, so konkret nicht einmal in der Psychologie, denn sie sind schwer umzusetzen. Ärzte, die einen spirituellen Ansatz verfolgen, gelten immer noch als etwas seltsam. Auch den Patienten ist es anscheinend lieber, wenn sie ihre seelischen und/oder körperlichen Probleme auf Ursachen außerhalb von sich selbst zurückführen können: Auf den Stress durch die Arbeit, durch die Kollegen am Arbeitsplatz, auf die familiären Verhältnisse, ja auf die Gesellschaft als Ganzes. Sich selbst, seine innere Einstellung zu ändern, ist eine der schwersten Übungen, die der Buddhismus von seinen Anhängern verlangt.

Es gibt inzwischen (2007) etwa hundertfünfzig Tibeter, die in westlicher Medizin ausgebildet worden sind. Die indische Regierung stellt dafür jedes Jahr fünf bis zehn Stipendien zur Verfügung. Die meisten von ihnen leben heute im Ausland, andere haben eigene Praxen in indischen Großstädten; in die tibetischen Siedlungen ist kaum einer zurückgegangen. Das ist sicher kein typisch tibetisches Verhalten: Ärzte aus Afrika und anderen Entwicklungsländern, die mit Geldern der Entwicklungshilfe im Westen ausgebildet worden waren, sind selten dahin zurückgegangen, wo sie am dringendsten gebraucht wurden. Im Exil gibt es keine Ärzte, die sowohl tibetische als auch westliche Medizin studiert haben, wie dies in Lhasa schon lange üblich ist. Die Kooperation zwischen den beiden Richtungen ist im Exil bis heute eher schlecht.

Quellenangabe:
1) Tibets sanfte Medizin. Heilkunst vom Dach der Welt.
   Verlag Herder, Freiburg-Basel-Wien 1997, 1998, 1999.
   Neuauflage Oesch Verlag, Zürich 2003
2) Interview mit S.H. dem Dalai Lama, Dharamsala 1995
3) Asshauer, Egbert: Die geistige Dimension in der tibetischen Medizin. Tibet und Buddhismus, XXI, Nr.80, 1/2007

2. Fort von der buddhistischen und hin zu einer entritualisierten Medizin

Heute streben die tibetischen Ärzte danach, dass ihre traditionelle Heilkunde von westlichen Ärzten als akademische, wissenschaftlich beweisbare Medizin anerkannt wird. So werden jetzt religiöse Rituale bei der Herstellung der Pflanzenmedizin und bei bestimmten Heiltechniken – wie der Behandlung mit der Goldenen Nadel oder mit Moxibustion – weitgehend ausgeklammert. Man spricht auch nicht mehr von „buddhistischer" Medizin, wie noch anfangs der achtziger Jahre, als ich zum ersten Mal in Kontakt mit der tibetischen Medizin kam, und noch 1991, als ich Mrs. Taklha Samten, die damalige Generalsekretärin des Gesundheitsressorts der Exilregierung, interviewte. Sie war lange Zeit Direktorin des Tibetan Medical & Astro Institute gewesen, wie der heutige Men-tsee-khang damals noch hieß, und betonte, die Medizin müsse ihre buddhistischen Wurzeln deutlicher machen, das fordere auch der Dalai Lama immer wieder. Heute tut er das nicht mehr.

Dr. Sadutshang, der Chefarzt des allopathischen Delek Hospitals in Dharamsala, der dem Dalai Lama sehr nahe steht, erklärte uns drei Jahre später bei einem Essen, dass die jungen traditionellen Ärzte inzwischen ganz wild nach westlicher Wissenschaft sind und beweisen wollen, dass die traditionelle genauso gut, wenn nicht besser als die westliche Medizin ist. Aber niemand im Westen glaube an die Effizienz der tibetischen Medizin, wenn sie nicht mit Fakten und Zahlen nachgewiesen werde. Der Dalai Lama plädiere nun auch für eine Änderung und Anpassung, wenn auch nicht unbedingt eine Verwestlichung der traditionellen Medizin anzustreben sei.

Etwa zum gleichen Zeitpunkt beantwortet der Dalai Lama in einem seiner Bücher[1] die Frage, was man für ein krebskrankes Kind tun könne. Er sagt da, man müsse jede Möglichkeit der medizinischen Behandlung ausnützen, könne zusätzlich aber meditative Techniken anwenden – die Rezitation von Mantras und bestimmte Visualisationen. Es sei in hoffnungslosen Fällen auch nützlich, über Karma nachzudenken, denn die Wirkung einer Tat könne nicht mehr abgewendet werden, wenn sie sich bereits im Stadium der manifesten Reifung befinde.

Der Dalai Lama äußerte sich erstmals auf dem 1. Internationalen Kongress für tibetische Medizin 1998 in Washington sehr konkret. Die tibetische Medizin, so das tibetische Oberhaupt, sei eine autonome wissenschaftliche Disziplin, deren heilende Kraft aus ihr selbst komme und die nicht von religiösen Ritualen, Gebeten und Mantras abhängig sei. Er denke, dass die Ansicht, die tibetische Medizin sei untrennbar von religiöser Überzeugung und Praxis, falsch sei und hat diesen Standpunkt 2006 noch einmal bekräftigt[2]. Die religiösen Überzeugungen von Arzt und Patient sind zufolge dieser Aussage nicht wirklich wichtig für den Heilerfolg, und die tibetische Medizin im Westen stellt sich für das breite Publikum und die relativ wenigen Ärzte, die sich bei uns dafür interessieren, logisch, praktikabel und ohne jeden mystischen Beigeschmack dar. Dabei sollte man allerdings nicht vergessen, dass gerade das Geheimnisvolle, das die tibetische Medizin umgibt – wie alles, was aus Tibet kommt –, die Menschen anzieht.

Diese Entwicklung war schon länger absehbar, denn schon anfangs der neunziger Jahre bedauerte Dr. Choedrak, der seinerzeitige Leibarzt des Lama und an Erfahrung und Wissen damals alles überragende Arzt, uns gegenüber, dass die religiöse Grundhaltung der jungen Ärzte-Generation sich geändert habe, eine Klage, die wir auch in den letzten Jahren öfter gehört haben. Er meinte, dass die buddhistische Vorgehensweise, die Ursache einer Krankheit im eigenen, das heißt im Handeln des Patienten zu suchen, nicht mehr ausreichend berücksichtigt werde. Das Ziel der jungen Ärzte sei die Anlehnung an das westliche Medizinsystem; und das bedeute, nicht nach dem Grund zu fragen, warum denn jemand krank werde, sondern nur noch die Symptome zu behandeln. Aber damit helfe man einem Kranken nicht wirklich, sondern allenfalls nur vorübergehend, meinte Dr. Choedrak damals eher achselzuckend, denn ihm war klar, dass die Weichen unwiderruflich gestellt waren. Er glaubte aber, und hat das uns gegenüber, die wir ihm oft begegnet sind, mehrmals bestätigt, dass ein Menschenleben nicht ausreiche, um den ganzen Reichtum der tibetischen Medizin auszuschöpfen und zu prüfen. Schon aus diesem Grund werde es nicht möglich

sein, in Bezug auf die traditionelle tibetische Medizin so vorzu-
gehen, wie das die westliche Forschung normalerweise tue. Alle
Mitglieder des Men-tsee-khang beten auch heute noch vor Beginn
ihrer Arbeit gemeinsam, dass ihre Bemühungen den Kranken Segen bringen und ihnen helfen mögen und rezitieren das Mantra des
Medizin-Buddha; und bei bestimmten Anwendungen rezitieren die
Ärzte – vielleicht nicht alle und nicht alle laut – weiterhin Mantras,
genauso wie bei der Herstellung der Pflanzenmedizin. Dr. Dachoe,
langjährige Assistentin von Dr. Choedrak, die ich schon seit 1984
kenne und die wir 2007 dazu befragten, sagte eindeutig, dass die
Existenz von Geistern und damit die Existenz von Krankheiten, die
durch Geister verursacht werden, nicht eine Frage des Glaubens,
sondern ganz real sei. Mit psychosomatischen Störungen unserer
westlichen Terminologie habe das überhaupt nichts zu tun. Wenn sie
den Einfluss von Geistern an den Symptomen des Kranken erkenne,
zum Beispiel bei Hautkrankheiten, aber auch bei Unterleibstumoren,
dann gebe sie eine Pflanzenmedizin, die sogenannte Naga-Pille –
rhi-dud-18 – und erst wenn das nichts helfe, schicke sie den Kranken
zu einem im Heilen erfahrenen Lama weiter[3].

Ein anderer Bereich der tibetischen Medizin ist bei uns weitgehend
unbekannt und taucht in den klassischen medizinischen Texten – den
„Vier Tantras" oder „Gyüshi" – kaum auf. Das ist eben jener Bereich,
dessen sich die traditionellen Mediziner heute ein wenig schämen,
nämlich die *tantrische Medizin*, die Heilung allein durch den Geist,
mit Gebeten und Ritualen. Sie wird von den Lamas ausgeübt, von
Mönchen, die in tantrischer Praxis erfahren sind. Ihr Meister ist
Padmasambhava oder Guru Rinpoche, der Sieger über Dämonen und
Geister, welche den Siegeszug des Buddhismus im Tibet des achten
Jahrhunderts behindern wollten. Er lehrte Tantra, aber in diesem
Zusammenhang auch Medizin, und prophezeite, dass es in der Zu-
kunft neue Krankheiten geben werde und gab Heilmittel an, die sie
bekämpfen konnten. Dass in den medizinischen Texten wenig über

tantrisches Heilen zu lesen ist, scheint denjenigen Recht zu geben, die sagen, Religion gehöre nicht in die Medizin. So scharf haben die Mönchsärzte die Dinge aber nicht voneinander getrennt, denn was auch immer von Ärzten außerhalb der klassischen Medizintexte – den Vier Tantras – geschrieben worden ist, ist voll von Bezügen zum Buddhismus. Es gab keine Trennung von Philosophie und Medizin – beides war ein Teil des Dharma. Die Vier Tantras selbst gehen auf Autoren zurück, die genauso versiert in der Philosophie wie in der Medizin waren. Sie haben aus der zeitgenössischen indischen, chinesischen und griechisch-arabischen Medizin Teile entnommen, in ein Ganzes gegossen und den Erfordernissen des tibetischen Hochlandes und der tibetischen Mentalität angepasst. Der erste dieser Autoren war der berühmte wundertätige Arzt Yuthok Yontan Gonpo (708–833), der als zweiter Medizin-Buddha verehrt wird.

Es heißt, dass Padmasambhava veranlasste, dass die Vier Tantras in einer Säule des Klosters Samye versteckt wurden – sie gehörten zu seinen „versteckten Schätzen" (sh. Kapitel X,1). Ein „Schatzsucher" der Nyingma-Sekte, Trapa Ngonshe, entdeckte sie im Jahre 1038 wieder, und sie wurden von einem jüngeren Yuthog in ihre heutige Form gebracht. Das würde bedeuten – ist aber nirgendwo klar gesagt worden – dass der Verkünder des Tantrismus in Tibet auch mit den klassischen Texten der traditionellen Medizin befasst war und ihnen den Stempel einer tantrischen Medizin aufdrückte. Das bedeutet nichts anderes als eine rationale Medizin in enger Verbindung mit Gebeten, Ritualen und Mantras, wie sie de facto bis in den achtziger Jahren des vorigen Jahrhunderts praktiziert wurde. Dass sie in die folgenden Jahre allmählich entmythologisiert oder besser entmystifiziert wurde, mag man bedauern, ist aber eine direkte Folge des engen Kontaktes mit der westlichen Medizin in Tibet selbst, wie auch in Indien. Damit hat sich auch die Frage erledigt, die früher öfter gestellt wurde, ob die tibetische Medizin genauso effizient wirke, wenn nicht-buddhistische Patienten damit behandelt werden oder wenn gar ein nicht-budhistischer Arzt sie appliziere. Das Bemerkenswerte an dieser ganzen unvermeidbaren Entwicklung ist sicherlich, dass der Dalai Lama selbst sich sozusagen an die Spitze gestellt und das Undenkbare ausgesprochen hat, dass die tibetische Medizin nicht unbedingt auch eine buddhistische sei. Das spricht für seine Weitsicht und seinen Pragmatismus, der nicht auf verlorenen orthodoxen, fundamentalistischen Standpunkten beharrt. Ich persönlich bedauere es sehr, dass der Westen nun auch diese letzte Bastion traditionellen Denkens und traditioneller Praxis in der Medizin so aufgeweicht hat, dass viele ihrer eigenen Adepten im Namen der Vernunft und der Wissenschaft bereit sind, ihr den Todesstoß zu versetzen.

Quellenangabe:
1) XIV. Dalai Lama Tenzin Gyatso: Die Lehre des Buddha vom Abhängigen Entstehen. Die Entstehung des Leidens und der Weg zur Befreiung. Dharma Edition, Hamburg 1996
2) S.H. der Dalai Lama: Vorwort zu „Tibetische Heilmittel bei chronischen Erkrankungen".
   Forsch. Komplementärmed. 2006; 13 (suppl.1):VI
3) Interview mit Dr. Dachoe, Men-tsee-khang, September 2007

3. Tantrische Praxis und geistiges Heilen

Geistiges Heilen praktizieren nicht Ärzte, sondern ausschließlich Lamas, die in den tantrischen Lehren und Techniken erfahren sind und gewöhnlich immer wieder lange Zeit in völliger Abgeschlossenheit – im Retreat – gelebt haben. Es gibt nicht viele davon. Sie treten erst auf den Plan, wenn die Medizin der Ärzte versagt hat. Das ist immer ein Zeichen, dass andere, metaphysische Faktoren die ausschlaggebende Rolle spielen, und das sind neben karmischen Einflüssen vor allem Geister und Dämonen. Die Welt des Tibetischen Buddhismus ist voller Erscheinungen und Wesenheiten, die wir im Westen, auch wenn wir Buddhisten sind, nur ansatzweise kennen. Sie spielen bei uns keine Rolle. Das ist von den Lamas, die uns belehren, wohl so gewollt; und das ist auch gut so, sonst würden Tendenzen zum Aberglauben, die auch hier verbreitet sind, nur unnötige und unbekömmliche Nahrung erhalten. Aber für Tibeter existieren Geistwesen ganz real, angefangen von Bodhisattvas, deren Anrufung ihre sofortige Reaktion zur Folge haben soll, über zahlreiche Klassen von Geistern und Dämonen in menschlicher, auch in tierischer Form bis hin zu namenlosen unbehausten Wesen, von toten Seelen sozusagen, die es nicht geschafft haben, wiedergeboren zu werden und sich in fremden Körpern einnisten. Manche Tantriker können solche Geister direkt sehen oder ihre Anwesenheit spüren. Dudjom Rinpoche (1904-1987), dem verstorbenen Oberhaupt der Nyingma-Tradition, wurde diese Fähigkeit zugeschrieben.[1]

Wie stark andererseits die Macht des Geistes ist, die durch lebenslange tantrische Praxis erworben werden kann, das zeigen die Biographien herausragender Meister. Von der Empfängnis bis zur Geburt und über ihre ganze Lebensspanne hin bis zum Tod ist ihr Leben voll von öffentlichen und noch mehr von in der Stille gebliebenen wunderbaren Ereignissen, ja echten Wundern. Es gibt sie natürlich in gleicher oder kulturell verschiedener Ausformung auch in anderen Religionen bis heute, so bei den christlichen Heiligen oder bei den heiligen Männern des Islam, aber nirgendwo in der gleichen Häufigkeit wie bei den erleuchteten Weisen Tibets.

Dass solche Menschen in der Lage sind, Zeit und Ort ihrer Wiedergeburt selbst zu bestimmen, erschien mir zwar anfangs, als ich begann, mich mit dem Thema zu beschäftigen, als sehr unwahrscheinlich und unglaubhaft; aber im Laufe der Jahre habe ich viele, absolut glaubwürdige Zeugen solcher Ereignisse interviewt, die den Meistern zu verschiedenen Zeiten ihres Lebens und an verschiedenen Orten, sei es in Tibet oder im Exil, nahe gewesen sind. Sie stimmen in ihren Aussagen vollkommen überein. Solche Beispiele aus unserer Zeit zeigen, dass der menschliche Geist in der Lage ist, scheinbar unumstößliche Gesetzmäßigkeiten zu ändern, zu umgehen oder kurzfristig außer Kraft zu setzen, wie immer man das bezeichnen mag. Die Krankheit Ling Rinpoches, so wie sie uns sein Schüler Jampa Rinpoche geschildert hat, ist dafür ein ausgezeichnetes Beispiel. Kyabje Ling Rinpoche war ein spirituell weit fortgeschrittener Tantriker, der die Öffentlichkeit scheute, aber gleichwohl als Lehrer des Dalai Lama immer in dessen Nähe gelebt hat und von den Tibetern sehr verehrt wurde. Die meisten der Tulkus, die zwischen 1960 und 1983, dem Jahr seines Todes, im Exil als Reinkarnationen anerkannt wurden, hat dieser herausragende tantrische Meister bestätigt. Dazu war die Voraussetzung erforderlich, dass er selbst, Ling Rinpoche, in der tantrischen Praxis auf dem Pfad des Bodhisattvas – um nicht zu sagen der Erleuchtung – weit fortgeschritten war. Oder, wie uns dies der Lama Ngawang Tenzing Gyatso in Darjeeling einmal erklärte, er musste ein Lama sein, der exzellent in seiner Meditationspraxis war, der völlig sein Ego überwunden hatte, der absolut nichts mit Politik zu tun hatte, der voller Mitgefühl mit allen Wesen war und eine große geistige, tantrische Kraft (Yeshe) besaß. Nur ein Meister mit diesen Qualitäten kann einen Tulku – im Idealfall die Reinkarnation eines verwirklichten Meisters – erkennen.

Quellenangabe:
1) Asshauer, Egbert: Tulkus – die Großen Meister Tibets. Vorwort S.H. des Dalai Lama. Aquamarin Verlag, Grafing 2003

II. Die übernatürlichen Kräfte eines tantrischen Meisters

1. Das Leiden von Kyabje Ling Rinpoche

Der seinerzeitige Ganden Tripa, das Oberhaupt der Gelug-Tradition und der jüngere Lehrer des Dalai Lama, Kyabje Yongdzin Ling Rinpoche (1903-1983) (Foto 1), dem der Dalai Lama sehr verbunden war, erlitt 1983 einen Schlaganfall, blieb halbseitig gelähmt und konnte nur mühsam sprechen. Sein enger Schüler Jampa Rinpoche musste von neun Uhr abends bis neun Uhr morgens bei ihm wachen. Eines Nachts, um zwei Uhr, verlangte der Kranke klar und deutlich nach einer Schale Tsampa. Er nahm sie mit beiden Händen und forderte Jampa Rinpoche auf, die Vorhänge zu schließen. Ling Rinpoche, der sonst kaum zu verstehen war, sprach seinem verblüfften Schüler mit absolut klarer Stimme wichtige tantrische Mantras vor und zeigte ihm gleichzeitig mit beiden Händen dazugehörige komplizierte rituelle Handbewegungen (Mudras). Am nächsten Morgen war alles wieder wie am Tag zuvor.

Normalerweise mussten vier Leute den Rinpoche betten, weil er so dick und schwer war, aber eines Morgens konnte er plötzlich alles alleine machen. Er konnte mit seinem Leiden spielen. Mal fehlten die Beinreflexe auf der einen, gelähmten Seite, wie es die Regel ist, beim nächsten Besuch seines Arztes waren sie wieder da, fehlten aber auf der anderen, gesunden Seite. Mal konnte er sprechen, mal nicht. Niemand konnte sich das erklären. Jampa Rinpoche meint heute[1], sein Lehrer habe seine Krankheit verlängert, um die Leute um ihn herum, in erster Linie den Dalai Lama selbst, daran zu gewöhnen, dass er bald nicht mehr bei ihnen sein werde. Der Dalai Lama bestätigt dies in seinem „Buch der Freiheit". Ein anderer

Grund war, seinen Schülern die Idee des Leidens nahezubringen. Wenn sie sahen, dass ihr geliebter Meister so leiden musste, mussten sie zwangsläufig darüber nachdenken, dass sie eines Tages vielleicht in die gleiche Situation kommen würden.

Alle Mitglieder seines Labrang waren am Weihnachtstag 1983 in seinem Sterbezimmer. Ling Rinpoche lächelte mit seinem letzten Atemzug, ein allerletzter Versuch, sie alle zu trösten. Er blieb dann in seiner Todesmeditation bis zum 7. Januar 1984 – das ist eine tantrische Praxis, die auf tibetisch *Thugdam Shugpha* heißt. Für Außenstehende ist der Meditierende dann tot, aber es tritt keine Verwesung ein. Fortgeschrittene Meditationspraktiker können aufgrund des guten Karmas, das sie angesammelt haben, für ein bis zwei Wochen in diesem Zustand verbleiben; das ist immer ein Hinweis, dass sie in ihrer tantrischen Praxis so weit fortgeschritten sind, um Ort und Zeit ihrer Wiedergeburt selbst bestimmen zu können. Insofern war das ein gutes Omen, dass man die Reinkarnation von Ling Rinpoche sicher finden werde. Während der ganzen Zeit hörten seine Schüler Klänge himmlischer Musik und lieblichen Singens von männlichen und weiblichen Stimmen aus dem Raum, in dem der Rinpoche lag. An seinem Todestag war das Wetter plötzlich sehr turbulent geworden, mit heftigen Winden, Donnern, Blitzen und plötzlichem Schneefall, und die ganzen folgenden Tage gab es sehr seltsame Wolkenformationen. So schildert es Sharpa Tulku in seiner Biographie des Rinpoche.[2]

Als das Bewusstseinskontinuum des Rinpoche endgültig den Körper verlassen hatte – kenntlich an zwei Tropfen, die aus der Nase austreten – sanken urplötzlich große Schneeflocken wie ein Blütenregen vom Himmel, und ein Regenbogen bildete früh am Morgen einen Kreis um den noch sichtbaren Mond. Die Leute, die das sahen – wir haben Fotos solcher Naturschauspiele gesehen, es gibt sie tatsächlich –, nahmen es als ein himmlisches Zeichen, dass das Bewusstsein des Rinpoches sich von seinem Körper gelöst hatte. Als seine Betreuer dann den Körper wuschen, hatten sie überhaupt nicht den Eindruck, dass der Rinpoche tot sei. Er sprach zwar nicht mehr, aber es gab keine schwarzen Flecken, keinen schlechten Geruch; und die Haut war nicht gerade warm, aber auch nicht so eiskalt wie sonst bei Toten. Für Jampa Rinpoche, der bei vielen ähnlichen Gelegenheiten geholfen hatte, war das eine sehr ungewöhnliche, seltsame Erscheinung.

Der Chandsö (Verwalter) des Ling Labrang erzählte uns auf die Frage, was wir von Jampa Rinpoche (Foto 2) halten sollten, dessen Bericht für uns wirklich unglaublich war, folgende Geschichte[3]: „Das erste Mal, dass Jampa Rinpoche seine magischen Kräfte, oder wie immer man das nennen soll, ausprobierte, das war, als Ling Rinpoche gerade in Tenzin Geyche-las (der Privatsekretär) Haus gestorben war und wir seinen Körper in unseren Labrang zurückbringen wollten. An dem Morgen gab es eine große Veranstaltung vor dem Haus. Es gab eigentlich nichts zu feiern, aber alle waren da. Die ganze Straße war voll auf Hunderten von Metern, und alle hatten ihre besten Kleider an. Entsprechend den Berechnungen der Astrologen sollte der Körper Punkt 7 Uhr aus dem Haus gebracht werden, aber um 6.30 Uhr begann es zu regnen, so stark, dass man überhaupt nichts mehr sehen konnte. Der Himmel war vollkommen schwarz. So konnten wir nicht den Berg hinaufsteigen. Dann sagte jemand zu Jampa Rinpoche: „Rinpoche, Du musst etwas machen, damit es aufhört zu regnen!" Rinpoche war total aufgelöst, er wusste nicht so recht, was er nun tun sollte, aber es war niemand sonst da, der eine Ahnung hatte. So kletterte er etwa zehn Minuten vor sieben auf das Dach. Was er dort machte, konnten wir nicht sehen. Sie werden es nicht glauben, aber Punkt Sieben brach der Himmel auf, der Regen hörte auf, und die Sonne schien auf uns alle. Ich glaube nicht so sehr an Wunder und höre nicht gern alle diese Geschichten von Wundern der heiligen Männer bei den Christen, den Hindus und den Moslems. Aber an dem Morgen habe ich doch gesagt: „Da hat Jampa Rinpoche wirklich ein Wunder gewirkt." Denn dass Regen von einer Minute zur anderen aufhört, und dann noch so ein starker Regen, das gibt es normalerweise nicht. Nur die Ngakpas können das. Im Norbulingka haben sie immer einen Ngakpa gehabt, der mußte aufpassen, dass es keinen Hagel gab, der die Blumen zerstörte." Jampa Rinpoche ist inzwischen der Zeremonienmeister des derzeitigen Ling Rinpoche und weithin berühmt als „Regenmacher von Mundgod".

Quellenangabe:
1) Interview mit Jampa Rinpoche, Kloster Drepung-Loseling, Januar 2001
2) H. H. the Dalai Lama: An Appeal for Compassion for a swift return of H.H. Yongdzin Ling Dorjechang. Translated with a brief biographical introduction by Sharpa Tulku. Office of H.H. the Dalai Lama, Tekchen Choeling 1984.
3) Interview mit Thubten Tsering Lingtsan, Verwalter des Ling Labrang, Dharamsala, Oktober 2001

2. Die Wiederkehr des Rinpoche

Der Dalai Lama entschied in Übereinstimmung mit dem Labrang und den hohen Lamas und Äbten der Gelug-Tradition, die Leiche von Ling Rinpoche einbalsamieren zu lassen, wie es auch die Sitte bei allen vorhergehenden Ganden Tripas gewesen war. Selbst die Mumie von Tsongkhapa (Tsongkhapa Losang Dragpa 1357-1419), dem Gründer der Gelug-Tradition, war noch bis Mitte der sechziger Jahre erhalten, ehe sie in den Wirren der Kulturrevolution zerstört wurde. In Tibet war dieser Mumifizierungsprozess wegen des kalten und trockenen Klimas ziemlich einfach gewesen, deshalb dachte man daran, die Leiche des Rinpoche nach Ladakh zu bringen, das ein ähnlichen Klima wie Tibet hat, verwarf den Gedanken aber wieder. Der Chefarzt des Delek-Hospitals in Dharamsala fragte dann in verschiedenen indischen Hospitälern in Chandigarh und anderswo nach, ob sie dort einen Fachmann hätten, aber es gab keinen. So fing man im Labrang selbst mit der langwierigen Arbeit des Einbalsamierens an, packte den Körper in Steinsalz, um ihm jede Flüssigkeit zu entziehen, und goss Quecksilber und andere Ingredienzien in den Mund, um den Körper auch von innen auszutrocknen. Ling Rinpoche hatte die entsprechenden Instruktionen schriftlich hinterlassen, so wie er sie einst von seinem Lehrer Phabongkha Rinpoche bekommen hatte. Dann kam eine Expertin aus den USA, Liza Heath, die in monatelanger Arbeit die Knochen mit einer Plastikmasse umhüllte und modellierte, so dass schließlich der Eindruck eine lebenden Person entstand. Die Mumie (Kudung) von Ling Rinpoche war lange in seiner Residenz zu sehen und steht heute in einer Art hölzernem Sarg mit Glasscheiben in der Residenz des Dalai Lama und kann von jedermann Sonntags verehrt werden. Der Dalai Lama hatte von Anfang an gesagt: „Macht das alles sehr leicht, damit wir den Rinpoche mit nach Tibet nehmen können!"[1]

Wir haben den Kudung von Ling Rinpoche 1985 oder 1986 in seinem Labrang am Berghang über Dharamsala gesehen, ohne damals viel über den Rinpoche zu wissen. Er saß in einem Sessel oder auf einem Stuhl und sah jedenfalls für uns sehr lebensnah aus – nur seine große Sonnenbrille störte irgendwie. Draußen im Garten baute man eine Stupa, die den Kudung aufnehmen sollte; und es war schon etwas seltsam, als wir eine Stunde später im unteren Ortsteil von Dharamsala die Reinkarnation des Verstorbenen besuchten, der in seinem Zimmer zu unserem Entsetzen mit einem feuerspeienden Panzer spielte. Der Dalai Lama hatte ihn kurz zuvor anerkannt.

Anderthalb Jahre nach dem Tod von Ling Rinpoche, genau an seinem Todestag, sah Jampa Rinpoche im TCV (Tibetan Children`s Village) ein kleines Kind, das sich genauso benahm wie früher sein Lehrer, die gleichen Bewegungen, der gleiche Ausdruck. Der Kleine zog ihn an den Ohren, wie Ling Rinpoche das oft getan hatte, kratzte seinen Handrücken, gestikulierte ihm, er solle seinen Mund aufmachen und schob ihm einen Keks hinein. Das hatte Ling Rinpoche noch auf seinem Krankenbett getan. Jampa Rinpoche musste weinen, als er das sah. Damals war er der Leiter der Findungskommission und wollte das Kind sofort zum Dalai Lama bringen.

Aber Gomo Rinpoche, ein anderes Mitglied der Kommission, mochte davon zunächst nichts wissen. Der Tulku pflegte vor der einbalsamierten Leiche von Ling Rinpoche seine Gebete zu verrichten. Eines Morgens hörte er zu seinem Entsetzen eine Stimme, die sagte: „Warum erkennst Du mich nicht, wo ich doch schon auf Deinem Schoß gesessen habe." Damals gab es sechshundertdreißig andere Kandidaten; und man prüfte sie alle, denn Ling Rinpoche war ein so wichtiger Lama gewesen, dass der Dalai Lama absolut sichergehen wollte. Aber jedes Mal, wenn er eine Divination machte, kam der Name dieses Kindes dabei heraus, das dann auch letztendlich bestätigt wurde.

Jampa Rinpoche war als Achtzehnjähriger in den Labrang von Ling Rinpoche gekommen. Er sagte uns klipp und klar, dass seiner Meinung nach Ling Rinpoche schon zu Lebzeiten erleuchtet war. Sein Yidam (Meditationsgottheit) war Yamantaka, die zornige Manifestation von Manjushri, dem Bodhisattva der Weisheit, und einige aus seiner Umgebung haben zum Zeitpunkt seines Todes ein Abbild des Yamantaka wie aufgedruckt auf seiner Brust erblickt – wir durften das Foto davon sehen und sprachen mit Seiner Heiligkeit darüber. Er hatte diese Geschichte noch nicht gehört, meinte aber, unglaublich sei das gewiss nicht, denn eine ähnliche Beobachtung habe man am Körper des 13. Dalai Lama nach dessen Tode machen können.

Quellenangabe:
1) Interview mit Jampa Rinpoche, Kloster Drepung-Loseling, Januar 2001

III. Mantras außerhalb des Buddhismus

1. Die magische Kraft eines Mantra

Was ist ein Mantra? Mantras sind Worte mit magischer Kraft, aneinandergereihte Silben, die oft keinen wirklichen Sinn ergeben. Sie bleiben unübersetzbar und sind, zumindest die Mantras indischer und buddhistischer Herkunft, in Sanskrit abgefasst: *Man-tra* ist ein Sanskrit-Wort. Gesprochene Worte sind Klang, Schall, Töne, die schwingen, Vibrationen, die sich im Raum ausdehnen. Sie sind im Hinduismus und im Buddhismus meist bestimmten Gottheiten zugeordnet, es gibt aber auch davon unabhängige Heilmantras, die nur einem ganz bestimmten Zwecke dienen. Mantras werden nur mit heiliger Scheu und großer Ehrfurcht ausgesprochen, mit reinem Herzen und geistiger Disziplin. Mantras, sagt ein Hindu-Meister[1], sind starke kreative Energien mit einer alles durchdringenden, weitreichenden Ausstrahlung und Wirkung. Das Wort oder der Klang ist die stärkste Kraft im Kosmos, sagt der gleiche Meister, nicht irdische Liebe, die schwach und wechselhaft ist. Worte sind mächtiger, sie können Liebe erwecken oder zerstören. „Man" bedeutet Geist und „Tra" schützen, bewahren, auch befreien. Ein Mantra befreit oder schützt also den Geist von oder vor Angst und Leid. Wenn unser Geist durch ein Mantra zur Ruhe kommt, lösen sich alle Probleme von allein.

Ein Mantra, gesprochen mit falscher Motivation, kann aber auch Schaden bringen, kann den, dem es zugedacht ist, vernichten. Dafür gibt es ein berühmtes historisches Beispiel. Der 13. Dalai Lama, ein Mann, der eher Furcht erregte als Liebe und insofern das ganze Gegenteil des jetzigen 14. Dalai Lama gewesen sein soll, hatte Differenzen mit Demo Rinpoche. Der war ein mächtiger Mann und sein

Regent gewesen, solange er, der Dalai Lama, minderjährig gewesen war. Nachdem er die Macht übergeben hatte, nahmen seine Feinde Rache an seinen früheren Mitstreitern und Unterstützern, ohne dass der Demo Rinpoche ihnen helfen konnte. Sein Bruder bat einen Mönch aus Osttibet um Hilfe, der für seine Schwarze Magie bekannt war. Er war der Adept einer bestimmt Göttin, Shinje Tsheda. Der Lama fertigte eine sehr kleine Figur eines Mannes mit ausgestreckten Armen und Beinen an, auf die er Mantras geschrieben hatte; und in eine Höhlung der Figur steckte er Blätter, auf denen der persönliche Name des Dalai Lama und sein Geburtsjahr standen. Dieses Schwarze Mantra kam in die Sohle eines Paares schöner neuer Stiefel, die dem Dalai Lama als Geschenk geschickt wurden mit der Absicht, ihn damit zu töten. Das Komplott wurde durch das Staatsorakel aufgedeckt, der Rinpoche des Hochverrates beschuldigt und am Ende ermordet, indem man ihn, ganz sicher belegt scheint das aber nicht zu sein (siehe Kap. VI,1) in einer Wanne mit Wasser ertränkte[2]. Ein Ende, das auch dem Regenten des 14. Dalai Lama, Reting Rinpoche, beschieden war, der im Gefängnis ermordet wurde. Ebenso erging es einigen der noch sehr jungen Dalai Lamas zwischen dem 5.und dem 13. Dalai Lama und so manchem anderen Würdenträger. Im Fall von Reting Rinpoche vermutet der Dalai Lama, dass ihm ein Schal in den Hals gesteckt wurde, an dem er erstickte, oder dass er kastriert wurde und an den Folgen starb.[3] Beides eher barbarische, aber im alten Tibet, und nicht nur dort, sondern auch in autoritär regierten Ländern des ganzen Orients, nicht ganz unübliche Methoden, bis weit hinein in das 20. Jahrhundert.

Quellenangabe

1) Maheswarananda, Paramhansa Swami: Yoga im täglichen Leben. Ibera Verlag/European University Press, Wien 2000
2) Goldstein, Melvin C.: A history of modern Tibet, 1913-1951. The demise of the lamaistic state. University of California Press, Berkeley 1989

3) Laird, Thomas: Tibet. Die Geschichte eines Landes. Der Dalai Lama im Gespräch mit Thomas Laird. Scherz Verlag, Frankfurt 2006

2. Der Klang himmlischer Sphären: Physikalische Grundlagen mantrischer Energie

Die Pythagoräer haben im sechsten Jahrhundert v. Chr. den Planeten Klänge zugeschrieben, die heilend auf den Körper wirken, und sie waren die ersten, die Musik als Therapie angewendet haben. Mantras sind ebenfalls Klang, gesprochene, gesungene oder gehauchte Sprache. Ihre Vokale haben einen kosmischen Bezug, denn sie entsprechen den Planeten: A dem Jupiter, I dem Mars, O der Venus, U dem Merkur und E dem Saturn. Der Astronom Kepler (1571-1630) hat gezeigt, dass zwischen den Schwingungsverhältnissen der Vokale und denen der Planeten ein Zusammenhang besteht. Die Vokale eines Mantra umfassen so, wenn man der Idee denn folgen will, das ganze Universum.

Wir wissen heute, dass der Kosmos nicht stumm ist. Es gibt ein sogenanntes Hintergrundrauschen im All und darüber viele andere Töne, die brummen, knattern, summen, ticken und trommeln. Sie gehen von Pulsaren aus, extrem massereichen Miniatursternen. Der ganze Kosmos ist Klang und damit Schwingung, er ist erfüllt von energiereichen Schwingungen, die immer die Tendenz haben, harmonische Beziehungen miteinander einzugehen. Das ist auch im irdischen Bereich so. Wenn wir sie hören könnten, dann wüssten wir, dass der ganze Raum um uns herum erfüllt ist von Klängen; denn auch, und dessen sind wir uns nie bewusst, Pflanzen tönen. Es ist der Gesang des Lebens schlechthin. Bestimmte Pflanzen soll man nicht nebeneinander stellen, weil sich ihre Schwingungen nicht miteinander vertragen. Der Klang einer Pflanze ändert sich, wenn man sie beschneidet oder ihre Wurzeln in heißes Wasser taucht. Pflanzen reagieren auf Musik und Töne um sie herum. Sie lieben klassische Musik, legt man aber eine Platte mit Rockmusik auf, dann bewegen sich Kletterpflanzen möglichst weit weg von der Tonquelle. Sie wachsen nicht mehr, wenn man sie ständig mit Musik berieselt, die sie nicht mögen.[1]

So ist es verständlich, dass in der Kunst der Renaissance das Musikmachen der vollkommene Ausdruck paradiesischen Lebens war. In vielen Kirchen Italiens aus dieser Zeit kann man ganze Chöre und Orchester von Engeln bewundern, die hoch oben in den Rundungen der Kapellen singen, blasen und trommeln. Besonders beeindruckt mich in dieser Hinsicht immer wieder die Basilica del Santo, die Kirche des heiligen Antonius in Padua. In einer Kapelle, die zu den schönsten Barockwerken in Italien gehört, sind viele seiner Reliquien ausgestellt. Kleine und halbwüchsige Engel beiderlei Geschlechts, in Lebensgröße aus Marmor gemeißelt, singen verzückt zum Lobe des Heiligen, spielen vielerlei Saiteninstrumente und geleiten ihn in den Himmel. Geflügelte Wesen aus Stuck füllen das ganze Rund der hohen Kuppel aus, den Blick auf den Heiligen gerichtet. Ich fragte einen Pater, was das alles bedeute, und er gab mir lächelnd zur Antwort: „Das ist das Paradies, in dem unser Heiliger jetzt lebt." Vielleicht ist das ein lustigerer Ort – die Buddhas mögen mir das Sakrileg verzeihen – als ein Buddha-Feld, in dem die Erleuchteten in alle Ewigkeit verweilen.

Die Wissenschaft verneint die Frage, ob es eine Lebensenergie gibt, wie sie von traditionellen Medizinsystemen postuliert wird. Man versteht darunter eine methodisch nicht erfassbare Energieform, die unser Leben leitet bis hin zu unserem Tod und mit diesem verlöscht. Wir kennen aber heute ziemlich genau viele verschiedene Energieformen inner- und außerhalb unseres Körpers, die wir benennen, messen und auch mit verschiedenen Techniken manipulieren können. Mit anderen Worten – wir können damit auch heilen.

Es gibt biomagnetische Felder um den Körper herum, andere werden im Körper selbst durch Elektrizität, Licht, Wärme, Schall, Schwerkraft und Bewegungsenergie erzeugt. Ihre Schwingungen haben unterschiedliche Frequenzen und werden mit dem Blut, das wegen seines hohen Salzgehaltes ein guter Leiter ist, im ganzen Körper verteilt. Ihre Signale steuern Wachstumsprozesse im Körper, Reparaturvorgänge und andere Körperfunktionen. Wenn dieses Netzwerk durch Traumata und Krankheitsprozesse ernsthaft gestört wird, wird der Energiefluss blockiert. Diese Aussage steht analog zu den Vorstellungen, welche die Tibeter in Bezug auf den feinstofflichen Körper entwickelt haben. Mit diesen Fragen befasst sich ein relative neues und noch nicht sehr bekanntes Fach der Medizin – die Energiemedizin.[2] Mehr als gewisse Grundlagen sind aber bisher noch nicht erarbeitet worden, so dass viele Fragen offen bleiben.

Eine besondere Beachtung findet dabei das elektrische Magnetfeld um den Körper, mit einer Frequenz zwischen 8 und 10 Hertz. Am einfachsten kann man es beeinflussen, indem man einen Menschen berührt. In einer japanischen Studie ist gezeigt worden, dass Heiler, die zum Beispiel mit Qi Gong arbeiten, außergewöhnlich starke biomagnetische Felder von ihren Händen abstrahlen und ein gestörtes Schwingungsmuster der Energieflüsse in einem anderen Körper offensichtlich harmonisieren können. Könnte das nicht auch der Atem eines Mantrikers machen? Vor überraschenden Ergebnissen kann man nicht sicher sein, und irgendwann und irgendwie wird das tantrische Konzept eines feinstofflichen Körpers – im Folgenden *Fein*körper genannt – (sh. Kapitel IV, 3) vielleicht bestätigt werden.

Die Natur ist ein komplexes Gebilde von Rhythmen auf allen Ebenen. Das eine Extrem sind die kaum noch vorstellbaren Gezeiten des Universums, deren Periodik in Lichtjahren gemessen wird, das andere die winzigen Oszillationen der Atome und ihrer Teilchen mit Billionen Schwingungen pro Sekunde. Aber – und das machen wir uns nie bewusst – auch unser Körper schwingt auf allen seinen Ebenen. Die Rhythmen der Organe sind unterschiedlich von einem Monat (Eierstöcke) bis zu einer Zehntelsekunde (Hirnwellen). Moleküle haben Millionen Schwingungen pro Sekunde, und alle Zellen erneuern sich in bestimmten Abständen.

Mantras, gesprochen oder gesungen, erzeugen eine Schall- und Vibrationsenergie, die sich biomagnetischen Frequenzen aufpfropfen und sie vielleicht harmonisieren kann. Das wäre aber eine materielle Wirkung, welche die Lamas, mit denen wir darüber gesprochen haben, ablehnen. Dabei muss man allerdings mit einkalkulieren, dass sie sich so gut wie nie mit physikalischen Phänomen befassen oder auch nur als Möglichkeit in ihrem Denken parat haben. Sie beschäftigen sich seit Jahrhunderten allein mit dem Geist, und bislang interessieren sie sich rein gar nicht für etwas außerhalb dieses Themas. Das wird sich langfristig ändern, da bin ich sicher.

Trotzdem kennen wir die wahre Natur unseres Geistes nicht wirklich, genauso wenig wie die der Materie, so verblüffend das klingen mag. Die Wissenschaftler bauen gerade in der Europäischen Organisation für Kernforschung (CERN), in der Nähe von Genf, Versuchsanordnungen, um zu erforschen, was eigentlich die dunkle Materie und die dunkle Energie sind, aus welchen der größte Teil der Materie im Weltenraum bestehen soll – man spricht von etwa neunundsechzig Prozent. Trotzdem sagen die Wissenschaftler uns, dass das Universum in seinen einzelnen Teilen so aufeinander bezogen ist, dass eine auch noch so geringe Aktion eines Teilchens eine unmittelbare Auswirkung auf das Ganze hat.[3]

Damit stehen auch wir Menschen unter dem ständigen Einfluss des Weltganzen und beeinflussen es unsererseits. Jeder Atemzug bringt uns in Harmonie mit dem vibrierenden Kosmos, eine Vorstellung, welche die tibetische Medizin teilt. Ihr zufolge sind wir ein Mikrokosmos, der in seinem Aufbau aus den fünf Elementen dem Makrokosmos draußen entspricht und planetarischen und anderen kosmischen Einflüssen unterliegt. Nach christlicher Auffassung atmet in uns der Heilige Geist, der Geist Jesu, der uns mit dem ganzen Kosmos vereinigt – der kosmische Christus. Schlagen wir einmal kühn den Bogen: Ein Mantra ist – buddhistisch wie christlich gesehen – mit göttlicher Energie geladener Atem, mit dem wir einen anderen Menschen berühren und heilen können. Wie das praktisch aussehen kann, zeigt das folgende Kapitel.

Quellenangabe:

1) Berendt, Joachim-Ernst: Nada Brahma. Die Welt ist Klang. Rowohlt Taschenbuch Verlag, Reinbek 1985
2) Oschmann, James, L.: Energiemedizin. Konzepte und ihre wissenschaftliche Basis. Urban & Fischer, München/Jena 2006
3) Ricard, Matthieu u. Trinh Xuan Thuan: Quantum und Lotus. Vom Urknall zur Erleuchtung. Goldmann Verlag, München 2001

3. Das heilende Mantra eines Hindu-Priesters

In Indien kann man auf Schritt und Tritt Heiligen und Heilern, Sufis wie Hindus, begegnen, manchmal von zweifelhaftem Ruf. Die Heiler profitieren von der Suggestivkraft der Heiligen, welche Tausende von Menschen aus aller Welt anziehen, oft zu ihrem Heil, manchmal werden einige aus der Jüngerschar darüber auch verrückt. Wir haben das nicht nur einmal erlebt; und es bleibt immer die Frage, wie lange eine Heilung anhält, wenn sich der Mensch nicht ändert. Das ist ein Fazit, in dem alle Beobachter spontaner Heilungen, wo auch immer sie geschehen, übereinstimmen. Es ist die innere Wandlung, von der weiter oben die Rede war.

Wie bei den Heilungen der buddhistischen Lamas werden auch von indischen Heilern, Muslimen wie Hindus, Mantras benutzt, vor allem, wenn Geister vertrieben werden sollen. Das läuft allerdings anders ab als bei den Lamas. Es sind die Angehörigen, die vom Priester aufgefordert werden, bestimmte Mantras zu singen, dabei schöpfen sie Wasser von einem Gefäß zum anderen, wobei sich das Wasser mit göttlicher Energie aufladen soll. Der Kranke trinkt dann von dem Wasser zum Verdruss des Geistes, von dem er besessen ist. Daraus entwickelt sich oft ein theatralisches Drama, an dem auch die Familienmitglieder beteiligt sind.[1]

Bei den Hindus und genauso bei den indischen Moslems erhält ein Adept, der in eines der vielen Tantras eingeführt werden soll, "sein" Mantra von seinem Guru und benutzt es zunächst zur seelischen Reinigung und zur Vorbereitung tantrischer Techniken. Man lernt, sich zu konzentrieren, der neuen Erfahrung, die einem bevorsteht, zu öffnen, mit anderen Worten, man lernt, sein Bewusstsein einzuengen, um in einen anderen seelischen Zustand einzutreten. Bei den Buddhisten steht diese Möglichkeit nur einem Mönch nach

Abschluss seines Studiums offen – Laien können keine Tantriker werden. Auch die Hindus setzen voraus, dass die von einem Mantra erzeugte Klangenergie charakteristische emotionale Zustände hervorruft, ohne dies erklären zu können oder zu wollen; denn was zählt, ist allein der nachprüfbare, reproduzierbare und, was mir besonders wichtig erscheint, voraussagbare Effekt. Das heißt, dass der Guru, der die stufenweise Initiation in ein Tantra leitet, ein Abrutschen des Adepten in die falsche Richtung sofort bemerken, korrigieren und damit eine mögliche Psychose verhüten kann. Denn diese Gefahr besteht immer, wenn jemand ohne einen Guru versucht, tantrische Techniken zu erlernen oder auch nur in der falschen Weise meditiert. Wie im Buddhismus, sind mit dem Sprechen von Mantras auch Visualisationen verschiedenster Art verbunden und nicht zuletzt auch, vor allem im Kundalini-Yoga, eine Manipulation des Feinkörpers, auf den wir weiter unter zu sprechen kommen. Ein indischer Autor hat einen sehr beeindruckenden Bericht geschrieben, welchen Gefährdungen und Schrecknissen er ausgesetzt war, als er Kundalini-Yoga übte, ohne dass ihn ein Meister angeleitet hatte.[2]

Wir hatten das Glück, für einige Jahre in Indien einem „kleinen", eher unbekannten Heiligen von Zeit zu Zeit nahe sein zu können. Klein insofern, als er nur eine lokale Berühmtheit war: Nagananda Swami (Foto 3), ein Priester der furchtbaren, menschenfressenden Göttin Kali. Er führte einen kleinen Ashram in Andhra Pradesh, in dem Hunde, Katzen, Affen und Hühner herumspazierten, dazu vierzig Kühe und einige Gazellen. Es wimmelt in der Gegend von Schlangen, besonders den gefährlichen Kobras, deren Biss häufig tödlich ist. Wer von einer Kobra oder einer anderen Schlange (Naga) gebissen wurde und es bis an die Grenze seines Ashrams schaffte, den konnte der Swami heilen. Besonders zur Pflanzzeit der Reispflanzen, wenn die Felder unter Wasser stehen, war er Tag und Nacht beschäftigt, die von Schlangen gebissenen Feldarbeiter zu heilen. Er sprach dazu ein mächtiges Mantra der Göttin Kali über sie – und sie waren gerettet, denn ausreichende Vorräte eines Schlangenserums gibt es in den ländlichen Gebieten Indiens nicht. Der Swami machte auch einen telefonischen Notdienst. Wir trafen ihn eines Morgens an, als er sichtlich erschöpft in seinem Tempel saß. Er habe die ganze Nacht Mantras am Telefon gesprochen, weil es niemanden gab, der die Leute zu ihm hätte transportieren können. Auch das half offenbar.

Er konnte wochenlang ohne Nahrung auskommen, bis an die Decke seines kleinen Tempels levitieren und dort schwebend bleiben, und er konnte verschiedene Dinge materialisieren. Zuletzt konnte er nicht mehr fliegen, er sei, sagte er, zu schwer geworden. Dies sind die üblichen Siddhi-Kräfte indischer Heiliger, die sie gern zur Schau stellen. Swami Nagananda gründete in seiner weiteren Umgebung Schulen und Ambulanzen. Er half, wo er konnte – seine Sponsoren waren Westler – und war in seinem Menschsein ein Vorbild für viele. 2006 starb er im Alter von nur sechsundfünfzig Jahren. Er sagte mir einmal, dass es auch im Hinduismus viele geheime Mantras gäbe, die nur von Meister zum Schüler übertragen würden. Von der Kraft des Übertragenden hänge auch die Kraft eines Mantras ab. Wenn es nicht wirke, dann liege der Fehler nicht beim Mantra, sondern beim Guru. „Ob Du Fortschritte machst oder nicht", sagte er, „hängt allein von Deinem Karma ab. Kannst Du Deine Begierden überwinden, dann wird es Dich vorwärts bringen, schaffst Du das nicht, fällst Du immer wieder in Deine alten Gewohnheiten zurück. Dann bleibst Du in Deiner geistigen Entwicklung eben dort stehen, wo Du gerade bist. Es ist dann ohne Bedeutung, ob Du Tantra übst, Mantras rezitierst oder nicht." Mit dieser Mahnung steht er vollkommen im Einklang auch mit der buddhistischen Lehre.

Ich hatte ihm in seinen letzten Monaten etwas helfen können. Als wir uns von ihm verabschiedeten, wussten wir beide, dass es kein Wiedersehen geben würde. Er war nicht zu überreden, in die nächste

Stadt in ein Hospital zu gehen. Wenige Wochen später war es dann doch nicht mehr zu umgehen; aber er kam nicht wieder in seinen geliebten Ashram zurück. Als er uns segnete, schien er uns, der sich selbst nicht hatte helfen können, die Verkörperung von Liebe und Mitgefühl zu sein. Sein Gesicht leuchtete, von seinem Körper ging ein Duft aus, der völlig natürlich war – der Geruch der Heiligen, den auch tibetische und christliche Hagiographien beschreiben – und ihn umgab eine Aura völliger Liebe.

Quellenangabe:
1) Kakar Sudhir: Schamanen, Heilige und Ärzte. Psychotherapie und traditionelle indische Heilkunst. Biederstein Verlag, München 1984
2) Krishna, Gopi: Kundalini. Erweckung der geistigen Kraft im Menschen. O.W.Barth Verlag, München 1990

4. Christliche, jüdische und sufische Mantras erwecken den „Gott in uns"

Es ist vielleicht nicht zu hoch gegriffen zu sagen, dass Mantras auf die göttliche Natur einwirken, die in uns wie ein Same verborgen liegt, die Buddha-Natur, das Christus-Bewusstsein, keine Substanz, sondern eine Seelenkraft, die in allen Wesen wirkt. Wir müssen sie erwecken und uns im Innersten wandeln, wenn wir auf den Weg der Heiligen kommen wollen. Dieser Gedanke ist allen Religionen gemeinsam. Ein wenig bekanntes Beispiel ist der Apostel Paulus, der ständig krank gewesen sein soll.[1] Sein Grab wurde kürzlich in Rom entdeckt. Er wurde von Überheblichkeit und Stolz geheilt, während in ihm die Kraft Christi erwachte. Sie ließ ihn zu dem Übervater werden, der das erwachende Christentum für zwei Jahrtausende prägte. Gelingt uns diese Wandlung nicht, weil uns unsere Triebe immer wieder durcheinanderschütteln, dann bleibt denen, die an eine Wiedergeburt glauben, nur die Hoffnung, es in einem nächsten Leben besser zu machen, den Samen zur vollen Reife bringen zu können. Anhängern einer theistischen Religion mag der Gedanke Trost bringen, dass es vielleicht reicht, einfach ein besserer Mensch zu werden, auch wenn man immer wieder auf dem Weg strauchelt, um so der Hölle zu entkommen. Aber ein italienischer Kardinal – ich glaube, es war Kardinal Biffi – hat einmal vor ein paar Jahren gesagt, dass die Hölle kein Ort sei, an dem wir bis zum Jüngsten Gericht und vielleicht darüber hinaus in alle Ewigkeit schmachten müssen. Nein, die Hölle erleben wir schon in diesem Leben. Sie ist in uns, sie erstickt den Keim der Liebe, der in jedem Menschen ist, und deckt ihn zu mit Hass und Gier, mit denen wir nicht nur andere, sondern letztlich auch uns selbst zerstören. Diese Aussage wiederum ist Christen und Buddhisten gemeinsam.

„Der Weg der Heiligung oder des Heiligen ist der einzige Weg, der uns zu Christus führt und uns mit ihm vereinigt", sagte Papst Benedikt XVI. am 15. April 2006 bei der feierlichen Erhebung von vier Seligen in den Stand der Heiligkeit. Eingepfercht in einer Menge von vierzigtausend Menschen beobachtete ich vor mir eine Nonne, die lange Zeit ihren Rosenkranz durch die Finger gleiten ließ, während ihre Lippen deutlich ablesbar das Ave Maria formten. Auch das ist ein Mantra, dessen rhythmische Wiederholung den Geist konzentriert und auf ein vorgegebenes Ziel lenkt. Das Gleiche gilt für das Vaterunser und andere Anrufungen und Gebete. Das Amen am Schluss eine Gebetes oder das Hallelujah-Rufen der Baptisten in den USA sind nicht sinnentleerte Silben, die wie bei einem Sanskrit-Mantra aneinandergereiht werden, vielmehr weisen sie über ihre wörtliche Bedeutung hinaus auf etwas anderes, Höheres hin. Das gilt auch für Gregorianische Gesänge oder das Psalmieren der Mönche in christlichen Klöstern. Alles dies und manches andere führt dazu, dass der Geist zur Ruhe kommt, das rastlose Denken unterbrochen wird, unser Bewusstsein sich einengt und die Gedanken filtert – ein Effekt, den das stille Gebet allein nicht haben wird. Im Gebet denken wir in Begriffen, wir denken nach, aber engen unser Bewusstsein nicht ein.

Die Mantras der Muslime, besonders der Sufis, stammen alle aus dem Koran. Die Wurzelsilben der sogenannten *Warzifas* der Sufis sind vorarabisch und gehen auf die semitische Ursprache zurück. Manche der sufischen Mantras sind, wie die Sanskrit-Mantras der Hindus, unverständlich. Der Gläubige muss den Sinn des Mantras in sich selbst suchen und finden. Insofern ähneln sie den Koans der Zen-Buddhisten. Andere, die man *Dhikr*-Gebete nennt, bestehen aus der rhythmischen Wiederholung des Glaubensbekenntnisses: „Es gibt keinen Gott außer Gott" oder einfach der Wiederholung des Namens Gottes „Allah, Allah, Allah". Auch bei den Sufis wird das Mantra dem Gläubigen von einem Meister gegeben, der in einer bestimmten Übertragungslinie stehen muss. Der Schüler, das haben uns viele Sufis bestätigt, die wir in Indien befragt haben, bleibt mit diesem in lebenslanger Verbindung. Sie nehmen, wie viele buddhistische Tantriker, an, dass die Mantras nicht auf den physischen Körper wirken, sondern auf das Formlose in uns, das wir Bewusstsein oder Geist nennen.

Auch Juden kennen kosmische Schwingungen, denn es heißt im *Hekaloth*, dem mystischen Buch der himmlischen Sphären, dass jedes Mal, wenn sich eine neue Seele manifestiert, eine Vibration entsteht, die mit dem gesamten Kosmos kommuniziert. Jedes Geschöpf ist die Kristallisation eines Bruchstückes der Symphonie, den diese Schwingungen bilden. Eigentliche Mantras, wie bei den Hindus und Buddhisten, gibt es bei den Juden offenbar nicht.

Quellenangabe:
1) Johnston, William: Klang der Stille. Meditation in Medizin und Mystik. Mattthias-Grünewald-Verlag, Mainz 1978

IV. Mantras im Tibetischen Buddhismus

1. Heilende Mantras auf der Basis von Liebe und Mitgefühl

Das wichtigste Werkzeug des tantrischen Heilers ist – zusammen mit verschiedenen Ritualen, Visualisationen und Mudras – das Mantra. Im Folgenden werde ich mich allein darauf beschränken; die Astrologie wird beim Heilen mit Mantras nicht zu Rate gezogen. Wer mehr über tantrisches Heilen wissen möchte, mag mein Buch über tantrisches Heilen[1] konsultieren.

Der Tibetische Buddhismus kennt und praktiziert zwei Wege zur Erleuchtung. Den langen Weg der Sutras, der Lehrreden Buddhas, und den kürzeren, der noch in diesem Leben die Erleuchtung bringen kann, das ist der Weg der Tantras – man spricht auch von dem Weg der Mantras.

Jeder von uns, zumindest jeder Buddhist, möchte vielleicht das Mantra dieser oder jener buddhistischen Gottheit, der man zugeneigt ist, lernen und damit experimentieren. Die Meinungen der Lamas, ob Mantras auch dann einen Effekt haben, wenn sie von Nicht-Tantrikern, also von Laien, rezitiert werden, gehen auseinander. Natürlich kann man sich nicht einfach hinsetzen und ein Mantra für eine kranke Person, der man vielleicht gerade gegenübersitzt, sprechen. Man muss, damit dies wirksam wird, gewisse Voraussetzungen mitbringen, vor allem Liebe und Mitgefühl für andere kultiviert haben. Um das zu erreichen, muss man sehr, sehr lange an sich arbeiten. Man muss auch das Vertrauen des Kranken erwerben, wenn das Mantra, dessen Wortsinn ihm unverständlich bleibt, helfen soll. Dann wird sich auch ein Erfolg einstellen. Der Weg dahin ist vielleicht weit, aber, so möchte man hier sagen, der Weg ist das Ziel. Der Rest bleibt ungewiss.

Buddhisten und Hindus unterscheiden zwischen Mantras, die zur Vereinigung mit dem Göttlichen führen, zum Beispiel in der Meditation, und solchen, die allein der Heilung des Körpers dienen – aber diese Unterscheidung ist umstritten. Heilende Mantras beeinflussen die Kanäle und Chakras eines unsichtbaren Energiekörpers innerhalb des physischen Körpers. Mit einem Mantra lassen sich Blockaden innerhalb der subtilen Energiebahnen lösen, sagen manche heilenden Lamas und Swamis[2] – aber auch diese Aussage ist nicht allgemein akzeptiert, und wir werden noch öfter darauf zurückkommen. Um einen Missbrauch zu verhindern, werden heilkräftige Mantras nur mündlich vom Lehrer zum Schüler weitergegeben, denn falsch angewendet könnten sie auch Unheil anrichten. Für Buddhisten wie Hindus ist Schwarze Magie etwas, wenn nicht Alltägliches, so doch Naheliegendes, mit dem man immer rechnen muss. Das Beispiel des berühmten Heiligen, Poeten und Sängers Milarepa steht jedem Tibeter vor Augen, wenn von Schwarzer Magie die Rede ist. War er doch ein Verderben bringender Zauberer, ehe er seinen Lehrer Marpa fand, der ihn auf den rechten Weg brachte. Er blieb ein Magier, ein Ngakpa, aber seine Magie schadete nun niemandem mehr.

Es muss nicht immer die totale Heilung sein, die wir von einem Mantra erwarten können, genauso wenig wie ein Arzt alle Erwartungen seiner Patienten erfüllen kann. Es ist bekannt, dass viele christliche, aber auch tibetische Mönche früher an Unterernährung, Magengeschwüren, Tuberkulose und Neurosen gelitten haben. Aus meiner Zeit als Tropenmediziner erinnere ich mich sehr genau, dass Magen-Darm-Probleme und psychosomatische Störungen bei den christlichen Missionaren in Afrika in den turbulenten sechziger Jahren ungemein häufig waren. Viele junge Mönche in den tibetischen Großklöstern im Süden Indiens haben in eben jenen Jahren und Jahrzehnten die gleichen gesundheitlichen Probleme gehabt, die wiederum der Tuberkulose den Weg bereiteten.

Hier kann ein Mantra sicher nicht heilen, sondern allenfalls andere Maßnahmen unterstützen, denn die genannten Leiden haben ihre Wurzeln im Zusammenleben vieler Menschen. Die äußeren Umstände waren zu widrig und nicht leicht zu ändern, wenn überhaupt. Aber in solchen verfahrenen Situationen kann ein Mantra Kraft geben, den Überlebenswillen stärken und vielleicht – über den Geist? – den Feinkörper mit Energie aufladen und so helfen, die Selbstheilungskräfte des Körpers in Gang zu setzen. Denn diese Kräfte, die im Kranken selbst liegen, sind vielleicht entscheidend; ist es doch verblüffend, dass so viele verschiedene Heilmethoden auf der Basis der unterschiedlichsten religiösen Überzeugungen und Ideologien letztlich alle zu einem Erfolg führen können. Ganz nüchtern mag man auch von einem Placebo-Effekt sprechen oder von der Suggestivkraft eines Mantra, aber entscheidend bleibt doch, ob ein Kranker geheilt und sein Zustand gebessert wird oder nicht.

Darüber hinaus wird es immer notwendig sein, Liebe und Mitgefühl zu erwecken. Dazu brauchen viele Menschen eine Anleitung, einen Guru, einen geistlichen Begleiter – und daran hapert es nur allzu oft. Deshalb brauchen wir Vorbilder, die uns den Weg zeigen. Menschen, die uns ein heiligmäßiges Leben vorleben. Spirituelle Vorbilder, wie den Dalai Lama, den Papst, Sai Baba oder andere. Viele der jeweiligen Anhänger machen den Fehler, ihr Vorbild in einer solchen Ausschließlichkeit zu sehen, dass kein Platz mehr bleibt für andere, obwohl alle spirituellen Führer immer wieder Toleranz gegenüber Andersgläubigen predigen. Wenig taugen allerdings die von den Massenmedien präsentierten Idole als Vorbilder, die lediglich Neid und Habgier erwecken und einem totalen Konsumwahn das Wort reden.

Menschen mit voll entwickelter Liebe, wie sie der Dalai Lama verkörpert und einst der verstorbene Papst Johannes Paul, findet man in der Öffentlichkeit eher selten. Aber man kann sie auch in bescheidenen Verhältnissen finden, etwa in Krankenhäusern bei Menschen, bei denen ein schweres Leiden alle Egozentrik gelöscht und Liebe und Mitgefühl hat heranreifen lassen. Aber sie wirken und sterben in der Stille. Menschen, denen Liebe und Mitgefühl zur zweiten Natur geworden sind, öffentlich zu machen, zum Beispiel durch eine Heiligsprechung, ist eine sehr wichtige Aufgabe. Man erkennt sie sofort, wenn man ihnen begegnet, genauso wie man spirituell weit entwickelte Meister sofort erkennen kann, seien es Christen, Buddhisten oder Sufis – zumindest ist das meine persönliche Erfahrung. Ein Sufi-Meister in Kairo, dem ich meine Erfahrung zu erklären versuchte, lächelte nur und meinte, ich habe schon Recht, so sei es – und solche Menschen würden sich natürlich gegenseitig sofort erkennen.

Christen glauben, dass der Mensch als das Ebenbild Gottes erschaffen wurde. Das heißt aber nicht, dass wir nun alle Götter sind, sondern vielmehr liegt in jedem von uns der göttliche Same verborgen, der durch das Sakrament der Taufe den Anstoß zum Wachsen bekommt. Auch die Buddhisten, hier die Gelug-Lamas, sprechen von der Buddha-Natur, die als Potenzial in jedem Menschen verborgen ist und möglicherweise viele Leben braucht, um zur Reife zu kommen. Bei den Nyingmapas heißt es, dass unsere Buddha-Natur immer präsent, also voll entwickelt ist, aber sie ist durch unser negatives Denken und Handeln so verdunkelt, dass wir sie nicht erkennen. Die tibetischen Ärzte sind sich bewusst, denn so haben sie es während ihrer Ausbildung gelernt, dass es ihre Aufgabe ist, ihre Brüder und Schwestern gesund zu erhalten oder sie, wenn möglich, zu heilen, wenn sie krank werden, damit sie genügend Lebenszeit haben, um ihre Buddha-Natur zu entwickeln. Nur in der Wiedergeburt als Mensch haben wir nach buddhistischer Auffassung diese Chance.

Ähnliches gilt für die Hindus, denn, so sagt Sathya Sai Baba, der Heilige von Putthaparthi, er wisse, dass er ein Avatar sei, das heißt eine Reinkarnation Gottes und damit Gott selbst. Aber auch wir seien Wiedergeburten Gottes, und der Unterschied zwischen ihm und uns sei nur, dass er um seine Göttlichkeit wisse, wir aber nicht. Das entspricht weitgehend der oben zitierten Auffassung der tibetischen Nyingma-Tradition. Wir leben im Dunkel der Unwissenheit, wir kennen die wahre Natur unseres Geistes nicht; ein Makel, den die Buddhisten zu den Giften zählen, die unseren Geist trüben und uns nicht frei werden lassen.

Der Gedanke, dass wir im Grunde unseres Seins alle gleich sind, das gleiche Potenzial haben, setzt sich in den letzten Jahren im religiösen Bereich immer mehr durch. Alle religiösen Führer stimmen darin überein und predigen nicht nur Toleranz gegenüber Andersgläubigen, sondern Liebe – ein Wort, das man in meiner Jugend selten von den Kanzeln der Prediger gehört hat. Wenn sich der Gedanke durchsetzt, und das geht in Zeiten der globalen Kommunikation immer schneller, dass alle unsere Mitmenschen in der Tat unsere Brüder und Schwestern im Geiste sind, dann sollte das irgendwann auch Auswirkungen im sozialen und politischen Bereich haben. Dann dürfte es keine „Schurkenvölker" mehr geben, sondern allenfalls noch Schurken an der Spitze eines Staates, der nicht unbedingt in Asien liegen muss.

Für Menschen, die sich die Auffassung zu eigen gemacht haben, dass es das Ziel unseres Lebens sein muss, unsere geistige Natur zur Reife zu bringen, ist der eintönige Singsang eines Mantras, sei es das Ave Maria, ein OM MANI PADME HUM oder ein anderes Mantra, der immer erneuerte Ruf, sich auf den Weg zu machen, auf ihm zu bleiben, auf ihn zurückzukehren, wenn wir ihn verlassen haben, um dem Heil, dem Heiligen und dem Heilenden, näher zu kommen.

Quellenangabe:
1) Asshauer, Egbert: Tantrisches Heilen und tibetische Medizin. Geistiges Heilen der tibetischen Lamas und Ärzte. Aquamarin Verlag, Grafing 2005
2) Maheswarananda, Paramhansa Swami: Yoga im täglichen Leben. Ibera Verlag/European University Press, Wien 2000

2. Mantras verändern das Bewusstsein

Wenn man einfach ein Mantra spricht, ohne den Sinn zu kennen oder den Bezugsrahmen, also die Gottheit, der es zugeordnet ist, wenn also jemand einfach OM MANI PADME HUM, das Mantra des Avalokiteshvara, vor sich hin sagt, ohne zu wissen, das dies der Bodhisattva des unendlichen Mitgefühls aller Buddhas ist, dann verpufft die Wirkung des Mantras im Leeren, weil die Zielrichtung unbekannt bleibt. Man muss lange üben, sagen die Lamas, bis man ein Mantra richtig aussprechen kann. Aber die Meinungen darüber scheinen geteilt zu sein, ob das dann für Laien nur eine fromme Beschäftigung ist oder ob sie damit wirklich den eigenen Geist entwickeln können, wie das für die Mönche gilt.

Wer über eine bestimmte Gottheit meditiert, wird in der Regel ihr Bild, das einem zuvor der eigene Guru genauestens erklärt hat, visualisieren. Der nächste, viel kompliziertere Schritt wäre dann, das Mandala der Gottheit, ihre Behausung sozusagen, mit ihren Wällen, Toren und Räumen, in allen Einzelheiten vor Augen zu haben und darin spazieren zu gehen. Die Ikonographie einer Gottheit und eines Mandalas ist seit Jahrhunderten genau festgelegt und wird mündlich vom Lehrer zum Schüler weitergegeben. Der Versuch, dem Schüler computergestützt die genaue Ikonographie eines Mandalas zu vermitteln, den Tulku Ngedön im Kloster Namdroling gemacht hat, ist an der Ablehnung der älteren Lamas gescheitert, zu modern und überflüssig, meinten sie.[1]

Die Visualisierung soll man mit dem Mantra der Gottheit beginnen. Ein Mantra ist ein Klang, der hörbar beginnt und dann verinnerlicht werden muss. Er ruft ein bestimmtes Gefühl hervor, das den Meditierenden mit seinem Guru verbindet, der ihm das Mantra übermittelt hat, und leitet damit den Prozess der Visualisierung ein, der ganz genau vom Guru erklärt wird. Das sagt Lama A. Govinda, der übrigens der Drugpa-Schule, einer Unterschule der Kagyü-Tradition, angehörte. Das Kloster des Drukchen in Darjeeling hat ihm und seiner Frau hoch über der Stadt eine Stupa errichtet. Die rhythmische Wiederholung eines Mantras hilft, den Geist zu konzentrieren und alle unerwünschten Inhalte des Bewusstseins fernzuhalten. Das Mantra wird dem Schüler von seinem Guru übertragen, das heißt, er liest es ihm schnell einmal vor. Es kommt nicht darauf an, den Wortsinn zu verstehen, sondern den Klang der Worte zu hören und zu verinnerlichen[2].

OM MANI PADME HUM bedeutet so viel wie „Heil dem Juwel in der Lotosblüte" – die Lotosblüte, die sich leuchtend aus trübem Wasser erhebt, ist ein Symbol der Reinheit. In Japan sagt man stattdessen NAMA AMIDA BUDSO – Ehre dem Buddha Amida. Wenn man das OM richtig ausspricht, zieht man den Klang aus dem Kopf heraus durch die Brust in den Bauchraum. Wenn das Mantra ständig wiederholt wird, gerät dabei der ganze Körper ins Schwingen. OM spricht oder singt man mit dem Ausatmen, das M ist eine Nachschwingung.

OM, AH und HUM sind sogenannte Keimsilben, die Teil eines Mantras sein können. Sie repräsentieren den Körper, die Rede und den Geist eines Buddha. Alle sogenannten Yidam-Gottheiten, die nur in der tantrischen Praxis angerufen werden, sind Buddhas. OM reinigt auf der karmischen Ebene von allen negativen Handlungen, die durch den Körper begangen worden sind, und reinigt die Kanäle des feinstofflichen Körpers. AH reinigt von negativen Handlungen durch die Sprache und reinigt die innere Luft oder die Winde (Lung) – den Fluss der inneren Energie. HUM entspricht dem Weisheitsgeist aller Buddhas und reinigt die „Tropfen" des Feinkörpers, ihre schöpferische Essenz. Während des Sprechens von Keimsilben kann man sie gleichzeitig farbig visualisieren: OM kristallweiß, AH rubinrot, HUM lapislazuli-blau, zum Beispiel als Strahlen, die aus Scheitel, Kehle und Herz von Guru Rinpoche (Padmasambhava) hervorbrechen.[3]

Oft wird an die drei Keimsilben noch ein PHAT angehängt, ein Laut, der von außen Kommendes abwehrt, das möglicherweise Verderben bringen kann. Dazwischen kann man jedes andere Mantra einschieben, das im Bereich des Denkens und Verstehens genauso realisiert werden muss wie auf der Ebene des Herzens, im Bereich des Emotionalen.

Der Mantriker kann sich mit der monotonen Wiederholung eines Mantras in einen anderen Bewusstseinszustand versetzen, in dem er dann auch auf andere einwirken kann. Ein Mantra kann aber nur dann wirken, wenn wir uns den entsprechenden Aspekt der Gottheit, zum Beispiel die Vollkommenheit aktiven Mitgefühls, auch wirklich in unserem Geist vorstellen können – das schaffen wir allein natürlich nicht, sondern dazu brauchen wir einen Lehrer. Wenn wir OM AMITABHA HRIH sagen, dann müssen wir die Gegenwart des Amitabha wirklich empfinden und uns in unserem Geist den Aspekt eben dieses Buddhas vergegenwärtigen können. Das ist keine Magie des Tones, eine Art der Selbst-Suggestion, sondern eine echte Wandlung des Bewusstseins, die vollkommen der Wirkrichtung des Mantra entspricht.[2]

Dabei wirkt die Wiederholung des Mantra, eventuell viele tausend Male, wie ein Filter, der das Bewusstsein eindämmt, so dass unerwünschte, die Konzentration aufweichende und hinderliche Gedanken ausgeblendet werden. Nicht der Klang des Mantra als solcher wirkt magisch, sondern die Verbindung mit einer Änderung des Bewusstseinszustandes. Dies befähigt den Meditierenden dann, auf andere Menschen und deren Bewusstsein einzuwirken; das heißt zum Beispiel, einen Heilungsvorgang in Gang zu setzen, ohne dies im Einzelnen erklären zu können.

Bei den Visualisationen ist es wichtig, sich verschiedenfarbiges oder auch einfach strahlend-weißes Licht vorzustellen, das von einer bestimmten Gottheit in einem Mandala ausgeht. Es wird eine reinigende Wirkung auf den Geist einer Person haben und auf seinen Feinkörper, der eng mit dem Bewusstsein verbunden ist. Zum Beispiel kann ein Meditierender sich Amitayus, den Buddha unsterblichen Lebens, vorstellen, der in seinen Händen ein Mandala hält, das aus den kreisförmig angeordneten Hunderten von Silben seines Langleben-Mantras aufgebaut ist. Dazu spricht oder singt er genau dieses Mantra. Diese Praxis verlängert das Leben und verhindert Krankheiten und einen vorzeitigen Tod.[4] Das ist dann allerdings schon eine Meisterleistung der Visualisation, die ohne die Hilfe und Anleitung eines Guru nicht möglich ist: Amitayus ist eine Meditationsgottheit, die ein Aspekt des Buddha Amitabha, speziell als Gottheit der Langlebigkeit, ist.

Man kann ein heilendes Mantra sich in seinem Geist auch in Form eines Mandala, bestehend aus kreisförmig angeordneten Silben des Mantra, auf den eigenen Handrücken projizieren, um bestimmten Gebärden (Mudras) größere Kraft zu verleihen. Man kann zusätzlich Edelsteine benutzen, die nach altem Glauben heilende Kräfte haben. Inmitten der mythischen Stadt Tanadug steht der himmlische Palast des Medizin-Buddha, der aus vielen Arten wertvoller Juwelen erbaut ist. Sie können alle vierhundertvier Krankheiten heilen, welche die tibetische Medizin kennt. Im Zentrum des Palastes sitzt der Medizin-Buddha (Foto 4) auf einem Juwelenthron, angetan mit den dreißig Merkmalen der Vollendung und den vierundachtzig Zeichen der Schönheit. Er ist umgeben von Göttern und Weisen, Brahmanen, Buddhisten und Nicht-Buddhisten, den acht Göttinnen der Medizin und den drei Großen Beschützern – den Bodhisattvas Manjushri, Avalokiteshvara und Vajrapani. In der rechten Hand hält er eine Myrobalane, als Zeichen des Schutzes vor den Krankheiten der drei Säfte, und in der linken Hand eine Bettelschale, die mit dem Nektar der Unsterblichkeit gefüllt ist.[5] Ein schönes Bild, das man sich auch als Mandala mit Lichtstrahlen vorstellen kann, die vom Medizin-Buddha ausgehen, und dem Gesang himmlischer Feen, die das Mantra des Medizin-Buddha anstimmen.

Quellenangabe:

1) Interview mit Tulku Ngedön, Berlin 2005
2) Lama Govinda, Anagarika: Das Buch der Gespräche. Im Dialog mit einem großen Meister des Buddhismus. O.W.Barth, München 1998
3) Sogyal Rinpoche: Dzogchen und Padmasambhava. Ratnakosha 1990
4) Clifford, Terry: Tibetan Buddhist Medicine and Psychiatry. The Diamond Healing. The Aquarian Press, Wellingborough 1984
5) Tibets sanfte Medizin. Heilkunst vom Dach der Welt. Verlag Herder Freiburg-Basel-Wien 1997, 1998, 1999. Neuauflage Oesch Verlag, Zürich 2003

3. Mantra, Mandala und Feinkörper

Die genaue Beschreibung eines Mandalas ist wichtig, denn in der Meditation muss der Praktizierende eine klare Vorstellung davon haben, um gewisse Manipulationen durchführen zu können, zum Beispiel um die sogenannten Winde des Feinkörpers – Energien, die mit dem Bewusstsein gekoppelt sind – im Zentralkanal zu sammeln. Ein Prozess, der normalerweise während unseres Lebens blockiert ist und erst in der Stunde unseres Todes stattfindet. Die Strukturen des Feinkörpers werden vor allem im Kalachakra Tantra im Einzelnen beschrieben. Die Lamas sagen uns, dass immer, wenn unser Geist aktiv wird, wenn wir zum Beispiel eine tantrische Gottheit und ihr Mandala in allen ihren Einzelheiten visualisieren, auch die feinstofflichen Energien aktiv sind. Wir können das heute in der Tat mit radiologischen Techniken am Gehirn nachweisen. Aber nicht alle Tantras arbeiten mit den Strukturen des Feinkörpers, sondern nur eine bestimmte Gruppe innerhalb des höchsten Yogatantra, der höchsten Tantra-Klasse, während andere, wie Mahamudra und Dzogchen, andere Techniken benutzen.

Diese Strukturen und die Lage des subtilen Körpers sind nichts Feststehendes, sie werden, je nachdem welches Tantra man benutzt, verschieden beschrieben, aber sie sind auch nichts Erdachtes. Geshe Rabten zum Beispiel schreibt in seinem Buch „Auf dem Weg zur geistigen Freude", er denke, dass die Energiekanäle tatsächlich existieren, und gibt eine Übung an, um sie zu reinigen und damit den Geist zu stabilisieren.

Die größte Bedeutung haben der Zentral- und die beiden Seitenkanäle. Der mittlere Kanal ist von den Seitenkanälen so eingeschnürt, dass in ihm normalerweise keine Energien fließen. In ihm sind die äußerst subtilen Winde vorhanden, die mit dem äußerst subtilen

Bewusstsein verbunden sind, so dass wir dieses in unserem Leben nie nutzen können, um die Erkenntnis der Leerheit, von Liebe und Mitgefühl zu erreichen. Könnten wir das, würden wir sehr viel schnellere Fortschritte machen.

Die drei Hauptkanäle sind die Stämme für alle anderen Energiekanäle: Zweiunddreißig vom Scheitel-Chakra, sechzehn von Kehl-Chakra, acht vom Herz-Chakra und vierundsechzig vom Nabel-Chakra, die sich immer noch weiter verzweigen (Foto 5). Insgesamt gibt es zweiundsiebzigtausend Energiekanäle, die sich im ganzen Körper verteilen. Wenn sie einen Defekt haben, können wir uns möglicherweise plötzlich nicht mehr bewegen, weil alle Bewusstseinsaktivitäten mit den Winden zusammenhängen. Defekte wirken sich auf der geistigen wie auf der körperlichen Ebene aus.[1]

Der Geist kann die Strukturen des Feinkörpers in der tantrischen Meditation hervorbringen und mit ihnen arbeiten. Das heißt nicht, dass er sie aus dem Nichts erschafft, sondern vielmehr, dass etwas Verborgenes und Formloses in eine formgebundene Existenz gebracht wird. Das bedeutet, der Gedanke, der Geist des Meditierenden erschafft Materie.

Aber das sind Probleme, auf die niemand eine exakte Antwort weiß, wie auf fast alles, was sich zwischen Geist und Körper abspielt. Wir wissen heute schon sehr viel mehr als noch vor zwei Jahrzehnten, wo in unserem Hirn bestimmte Prozesse ablaufen. Unsere Gedanken, Gefühle, Schmerzen, selbst die Unterdrückung des analytischen Denkens in der Meditation, hinterlassen auf der Karte unseres Gehirns leuchtende Spuren, wenn wir bestimmte radiologische Techniken einsetzen, die uns zeigen, wo der Geist gerade arbeitet. Das ist auch an erfahrenen Meditierenden, wie dem bekannten französischen Nyingma-Mönch Matthieu Ricard, in den USA nachgewiesen worden, als er fünfundvierzig Minuten lang in tiefer Versenkung über Liebe und Mitgefühl meditierte. Damit sind wir allerdings der Frage, ob es einen Geist gibt, der unabhängig von unserem Hirn existiert, um keinen Schritt näher gekommen.

Jedenfalls kann man mit dem Feinkörper in der tantrischen Praxis arbeiten, ihn manipulieren und dadurch seinen Geist entwickeln. Geht die tantrische Praxis tief genug, um die inneren Elemente, die subtilen Energien des Feinkörpers, zu beherrschen, dann bekommt man auch einen Einfluss auf die äußeren und erhält dadurch fast automatisch übernatürliche Kräfte – die Siddhis. Das sind Hellsichtigkeit, Hellhörigkeit, Levitation, die Fähigkeit, sich an andere Orte zu versetzen oder gleichzeitig an mehreren Orten zu sein, Dinge zu materialisieren und andere. Der Buddha hat seinen Mönchen allerdings untersagt, ihre Siddhis zu zeigen, sollten sie solche wunderbaren Kräfte durch ihre Praxis bekommen.

Als ich die Biographien von acht tibetischen Meistern, die alle in den achtziger Jahren gestorben sind, recherchierte, habe ich immer wieder Erzählungen von Menschen aus ihrer Umgebung gehört, die zeigten, dass die verstorbenen Lamas solche Kräfte hatten.[2] Wir selbst kennen indische Meister, die Siddhis haben und sie auch, im Gegensatz zu tibetischen Lamas, zur Schau stellen, um den Glauben ihrer Anhänger zu stärken. Da gibt es unendlich viele Geschichten. Die gleichen Kräfte hatten und haben christliche Heilige. So wird von Pater Pio, der vor wenigen Jahren heilig gesprochen wurde, gesagt, dass er an zwei verschiedenen Orten gleichzeitig sein konnte. Er hat zeitlebens unter den Wundmalen Christi gelitten und wurde von den Offiziellen des Vatikans lange des Betrugs bezichtigt.

Indische und vor allem christliche Meister sind keine Tantriker im streng buddhistischen Sinne – und doch haben sie die gleichen Kräfte? Alexander Berzin, der engste Schüler des vorigen Tsenshap Serkong Rinpoche, hat dafür eine Erklärung: Diese göttlichen Kräfte bekommt automatisch jeder, der die konzentrative Meditation vollkommen beherrscht. Sie ist Vorbedingung und Teil der tantrischen Praxis, aber kann auch nur für sich allein geübt werden. Atisha (11. Jhdt. n. Chr.) hat erklärt, dass diese „divine powers" sehr nützlich sind, um anderen zu helfen und zu wissen, wie man ihnen den Buddhismus am besten nahe bringt.[3]

Tantriker lernen, sicher eher nur sehr wenige perfekt, sich in der Meditation einen Illusionskörper zu erschaffen. Das setzt die vollkommene Beherrschung aller Elemente des Feinkörpers voraus; der Meditierende kann dann seinen Körper verlassen und gehen, wohin er will, sowie zurückkommen, wann und wenn er will. Wenn er sich einen Illusionskörper zum Zeitpunkt seines Todes erschafft, wird er ein Buddha. Es gibt aus der Zeit nach der Okkupation Tibets durch die Chinesen einige Beispiele, zum Beispiel den Vorgänger von Thomthok Tulku in Sera, dass Lamas sich der Gefangennahme und drohenden Folter unter den Augen der Besatzer entzogen haben, nicht durch Selbstmord im gewöhnlichen Sinne, wo man Hand an sich legt, sondern, wenn man so will, durch eine wirkliche Entleibung mittels einer tantrischen Praxis (Trekchö). Damit kann sich ein Tantriker dematerialisieren – es bleiben nur Haare und Nägel übrig, während der Körper sich in regenbogenfarbiges Licht umwandelt. Mit der Tögal-Praxis mag es sogar gelingen, seinen Körper vollständig in Licht, ohne Überreste, aufzulösen. Als wir mit dem Dalai Lama über einen anderen, ähnlichen Fall sprachen – über den selbstgewählten Tod von Tsenshap Serkong Rinpoche, einen seiner Lehrer, mittels der tantrischen Praxis „Tonglen", um Unheil von ihm, dem Dalai Lama, abzuwenden – da sagte er nur: „Das ist alles sehr, sehr geheimnisvoll."[4]

Das Unheil bestand darin, dass die Schweizer Polizei dem Dalai Lama signalisiert hatte, dass sie bei seinem bevorstehenden Besuch in Genf nicht für seine Sicherheit garantieren könne, da Arafat unerwartet seinen Besuch angekündigt habe. Das erfordere alle Sicherheitskräfte zu dessen Schutz. Kurz vorher hatte das Nechung-Orakel verkündet, dass dem Dalai Lama Unheil drohe. Das wurde natürlich im Haushalt des Rinpoche heftig diskutiert, und man fragte ihn, was man denn außer Beten noch machen könne: „Man muss abwarten", sagte er nur leise, „vielleicht kann man ja etwas tun." Die folgende Schilderung der letzten Stunden von Serkong Rinpoche hat mir sein letzter Sekretär gegeben, der mit dem Rinpoche im Tal von Spiti, 4500 Meter hoch im Himalaya, das Kloster Tabo aufgesucht hatte, das dieser sehr liebte:[5]

„Am 29.8.1983 ging der Rinpoche in den Tempel der Armee, um zu beten, sprach dann noch mit einigen Offizieren und redete auch noch mit einigen Buddhisten unter den Soldaten. Dann wurden noch Fotos gemacht – es zog sich alles ziemlich lange hin. Schließlich waren wir zur Lunchzeit zurück im Tabo-Kloster. „Hast Du Geld mit? Nimm keine Bücher mit, nur das Buch, das ich von Seiner Heiligkeit bekommen habe", sagte mir der Rinpoche. In dem Buch waren viele Initiationen aufgeschrieben und gesammelt. „Und ein weißes Bettlaken." „Muss es neu sein oder etwas Besonderes?", fragte ich. „Nein, nein, es muss nur ganz sauber sein." Normalerweise benutzte er immer gelbe Laken. Ein Tantriker benutzt sie bei Ritualen, die seine Fähigkeit, anderen zu helfen, vermehrt; weiße Laken bei solchen, die Behinderungen entfernen sollen.

Nach dem Lunch kamen wir endlich fort. Auf dem Weg sagte Rinpoche ganz unvermittelt: „Meine Arbeit hier ist zu Ende. Es bleiben nur noch zwei Dinge zu tun übrig, zwei Dinge. Ich habe immer noch nicht die Reinkarnation von Dorje Chang gefunden, und ich muss noch eine wichtige Belehrung geben", murmelte der Rinpoche vor sich hin. Er war kaum zu verstehen. „Oh, die Belehrung können Sie machen, wenn wir zurück in Dharamsala sind, das ist kein Problem,

Rinpoche", sagte ich, „und mit der Reinkarnation, da müssen Sie abwarten." „Ja, ja, ja", sagte Rinpoche nur.

Ich schickte einen Jungen nach Kyibar, um unsere Ankunft anzukündigen. Da änderte Rinpoche auf einmal seine Meinung, jetzt wollte er das Kloster Kyi besuchen, das am Weg lag. „Es ist schon 5 Uhr, Rinpoche", sagte ich, „wir haben keine Zeit mehr. Auf dem Rückweg können wir das Kloster genauso gut besuchen." „Ja, ja, macht nichts", erwiderte er, „aber besonders den alten Mönchen wird das gar nicht gefallen, wenn wir jetzt nicht kommen. Ich gehe nur eben mal in den Tempel, und Du gibst den Mönchen genügend Geld für Tee und Tsampa. Danach reiten wir weiter."

Später, als wir im Haus von Lobsang Tsering im Dorf Kyibar waren, bat Rinpoche ihn, das Bettlaken zu wechseln, er habe sein eigenes, und das von Lobsang sei schmutzig, scherzte er. Dann sprach er seine Gebete, zusätzlich aber noch ein anderes Gebet, das wir zunächst nicht verstehen konnten. Ich fragte Rinpoche, wann er essen wolle: „Das ist nicht wichtig, warte. Setze Dich ein wenig zu mir." Dann wollte er zur Toilette gehen, da gab es aber kein Licht, und ich wollte mit ihm gehen. Plötzlich sagte er: „Es geht mir nicht so gut", und legte seinen Kopf an meine Schulter. Als wir von der Toilette zurückkamen, wollte er Licht in seinem Zimmer. Ich fragte ihn, ob ich einen indischen oder einen tibetischen Doktor holen solle: „Nein, nein, nein, ich brauche keine Medizin", sagte er sehr leise und legte sich auf das Bett. Kachen-la und ich saßen ganz still bei ihm im Zimmer – das Licht war an. Zehn bis fünfzehn Minuten später war Rinpoche für immer eingeschlafen. Er lag auf der rechten Seite (in der sogenannten Löwenstellung) und blieb ohne jede körperliche Veränderung so für drei Tage in seiner Todesmeditation. Dann traten zwei Tropfen aus seiner Nase, einer weißlich, einer rötlich-wässerig, wie bei einem starken Schnupfen – das Zeichen, dass sein Bewusstsein endgültig den Körper verlassen hatte.

Wir waren vollständig geschockt. Wir hätten nicht im Traum daran gedacht, dass der Rinpoche sterben könnte. Obwohl, als wir uns ins Gedächtnis zurückgerufen haben, was Rinpoche in den letzten Tagen gesagt hatte, dann hätten wir aufmerksam werden müssen."

Klar wurde seiner Umgebung auch, dass Serkong Rinpoche mit der tantrischen Praxis von „Tonglen", wörtlich „Geben und Nehmen", seinem Leben selbst ein Ende gesetzt hatte, um die Gefahr, die dem Dalai Lama drohte, zu bannen. Seine Ärzte in Delhi hatten ihn noch im Mai durchgecheckt und nichts zu beanstanden gefunden. Es gab keine medizinisch einleuchtende Erklärung für seinen plötzlichen Tod im Alter von neunundsechzig Jahren. Kurz vor der Ankunft des Dalai Lama in Genf sagte Arafat plötzlich seinen Besuch ab, und die Schweizer Behörden konnten sich nun ausschließlich um die Sicherheit ihres hohen tibetischen Gastes kümmern. Die Gefahr war gebannt.

Aber offenbar kann der Geist auch das Gegenteil bewirken, dass der Körper auch nach dem Tod unversehrt bleibt, ohne äußere Manipulationen an der Leiche. Kürzlich hat man in einem Kloster in der Nähe von Ulan Ude in Burjatien die Leiche eines buddhistischen Meisters untersucht, der 1927 in der Todesmeditation gestorben war. Es war der 12. Pandito Hambo-Lama, der höchste buddhistische Würdenträger der Sowjetunion in seiner Zeit. Der Leichnam zeigt jetzt, siebenundsiebzig Jahre nach seinem Tod, keinerlei Verwesungszeichen, und der Zustand der Eiweißbestandteile seiner Gewebe entspricht genau dem eines lebenden Menschen.[6]

Wenn die Windkanäle blockiert sind und die Energien nicht mehr frei fließen können, dann hat das Konsequenzen auf der körperlichen wie auf der geistigen Ebene. Sind die Winde, die das Denken unterstützen, blockiert, kann man nicht mehr richtig meditieren, nicht mehr klar denken, bis hin zum Irrsinn, oder es kommt zu körperlichen

Krankheitssymptomen. Dann ist es hilfreich, das Mantra bestimmter Gottheiten zu sprechen und diese gleichzeitig zu visualisieren. Das kann zum Beispiel der Medizin-Buddha sein. Dabei stellt man sich vor, dass Lichtstrahlen von der Gottheit ausgehen, die über den eigenen Scheitel in den Körper eintreten, die Kanäle durchlaufen und alle Unreinheiten im Energiekörper beseitigen. In diesem Fall sollen die Vibrationen des Mantra und das Licht, das visualisiert wird, die Schwingungen des Feinkörpers harmonisieren Es ist offenbar eine Lehre der Nyingma-Tradition, dass der Feinkörper Ausdruck der manifesten Buddha-Natur einer Person ist; hier gibt es unterschiedliche Auffassungen. Wenn das so ist, würde dies perfekt erklären, dass man bei solchen Ritualen, so heißt es, ein großes Glücksgefühl, eine große Freude und das Gefühl absoluter körperlicher Gesundheit empfindet; ein Gefühl, dass man eigentlich nur in der Jugend vollkommen und über lange Zeit hat. Das ändert sich, je älter man wird.

In keinem Fall sollte man jammern und klagen und in Verzweiflung geraten, wenn man ernsthaft krank wird. Das nützt gar nichts, sondern bringt einen zusätzlich nur noch in psychische Schwierigkeiten, und man kann vor lauter Frust keinen positiven Gedanken mehr fassen. Das hat uns Geshe Ugyen in Sera einmal ganz eindringlich mit auf den Weg gegeben.[7] Man muss völlig anders auf diese ungute Situation reagieren und sich klarmachen, dass man ja selbst diese schädlichen Ursachen angesammelt hat, und darf niemanden und nichts sonst dafür verantwortlich machen, weder seine Umwelt, seine Mitmenschen, die Verhältnisse am Arbeitsplatz noch die Gesellschaft als Ganzes. Es ist besser, wenn auch nicht immer leichter, sich vor Augen zu führen, dass es viele Menschen gibt, die noch viel mehr erdulden, die schlimmer dran sind, kränker sind und hoffnungsloser. Man muss sich vornehmen, etwas Positives aus dem eigenen Leid zu machen, um die Schwierigkeiten zu überwinden. Das Wichtigste und zugleich Schwierigste ist immer, aus den gewohnten Bahnen auszubrechen und sich anders zu verhalten.

Man wird dann erstaunt bemerken, dass andere plötzlich auf einen zukommen, die früher immer Abstand gehalten haben, und sich öffnen, wenn man selbst offen ist. So kann man sich zumindest vom Druck psychosomatischer Störungen weitgehend befreien, und wenn das nicht so ganz gelingt, dann lernt man, sie besser zu ertragen.

Quellenangabe:

1) Tibets sanfte Medizin. Heilkunst vom Dach der Welt. Verlag Herder, Freiburg 1997, 1998, 1999. Neuauflage Oesch Verlag, Zürich 2003
2) Asshauer, Egbert: Tulkus – die Großen Meister Tibets. Vorwort S.H. des Dalai Lama. Aquamarin Verlag, Grafing 2003
3) Interview mit Alexander Berzin. Berlin, April 2001
4) Interview mit S.H. dem Dalai Lama, Dharamsala, Oktober 2001
5) Interview mit Tenzin Ngawang, Kathmandu/Nepal am 4.10.2001
6) Zeitungsnotiz „Die Welt" vom 4.12.2004
7) Interview mit Khensur Geshe Ugyen, Kloster Sera Jhe, Februar 2004

4. Mantra und Tantra

Wer mit Mantras arbeiten will, sei es in der Meditation, sei es zum Heilen, muss sich zunächst in der Aussprache der Mantras der wichtigsten Gottheiten üben, die in den einzelnen Traditionen eine verschiedene Wertigkeit haben. Bei den Gelugpas lernt man das während der einjährigen Ausbildung zum Tantriker in speziellen Klöstern. Das sei viel zu kurz, kommentierte Geshe Ugyen, der Abt eines tantrischen Klosters in den Zeiten war, als auch die Gelugpas drei Jahre Tantra studieren mussten. Jetzt überträgt man ihnen nur die Wurzeltexte, später müssen sie sich in ihrem eigenen Kloster einen Meister suchen, der mit ihnen weiterarbeitet. In den anderen Traditionen gehen die angehenden Tantriker in ein Retreat, in dem sie völlig abgeschlossen von der Umwelt leben und nur Kontakt mit ihrem Lehrer haben. Es dauert drei Jahre, drei Monate und drei Tage. Das, denke ich, bringt dem Einzelnen viel mehr. Es soll und wird sein Bewusstsein völlig verändern; und wenn ich mir einen jungen Tantriker als Lehrer suchen müsste, würde ich sicher keinen Gelugpa nehmen.

Die Mönche lernen unter anderem, Mantras richtig zu intonieren und die Sanskrit-Worte richtig auszusprechen. Mantras sind die Schlüsselworte, die ihnen Eingang in die geschauten Mandalas und in die geheimen Räume ihrer Gottheiten verschaffen. Jede der vielen göttlichen Wesenheiten im Pantheon der Tibeter, die letztlich nichts anderes sind als Aspekte des Buddha-Geistes, hat ihr eigenes Mantra. In einem Mandala kann eine einzige Gottheit leben, es können aber auch Dutzende, ja Hunderte sein. Es heißt, dass der Buddha entsprechend dem Verständnis seiner Schüler eine unbegrenzte Zahl von Gottheiten erschaffen habe: Kalachakra hat siebenhundert Gottheiten, Heruka vierundsechzig, Guhyasamaja, eine andere Gottheit der höchsten Tantra-Klasse, zweiunddreißig. Das sind aber nicht zweiunddreißig geistige Wesen, sondern nur ein einziges – die anderen sind ihre Emanationen. So schrumpft die Welt der Gottheiten dann doch erheblich zusammen.

Niemand weiß genau, wie viele Mantras es gibt. Es gibt in Indien eine kaum überschaubare Zahl von Gottheiten, denn auch bei den Hindus hat jede Gottheit ihr eigenes Mantra. Die Inder sprechen von etwa viertausend Mantras. Die indischen Tantras sind sehr unübersichtlich, ihre Übertragung durch die Jahrhunderte ist korrupt, und das Ziel der Übung oft weniger religiös bestimmt als mundan zum Erwerb weltlicher Genüsse – ein Konsum-Trip der besonderen Art.

Das Studium der Tantras bei den Tibetern schränkt diese Bandbreite sehr ein. In der Gelug-Tradition sind die wichtigsten Tantras die von Guhyasamaja, Heruka und Yamantaka, auch von Kalachakra, das aber nicht in den tantrischen Klöstern gelehrt wird, sondern nur im Kloster des Dalai Lama in Dharmasala, dem Namgyal-Kloster. In der zweiten Linie stehen Tara, Vajrayogini und Avalokiteshvara. Bei den Kagyüpa steht Hevajra im Vordergrund, ebenfalls bei den Sakyapa, bei den Nyingmapa Hayagriva, eine pferdeköpfige Gottheit.

Das Guhyasamaja-Tantra wirkt auf die Windenergie in den Kanälen des Feinkörpers, die ihrerseits untrennbar mit dem Bewusstsein oder Geist gekoppelt ist. Beide Begriffe gebrauchen Tibeter gleichsinnig. Heruka und Yamantaka unterstützen beide und beseitigen Blockaden in den Kanälen. So hat jedes Tantra einen spezifischen Angriffspunkt. Heruka, Tara und Vajrayogini sind weibliche Gottheiten – wie bei den Tulkus sind auch bei den Göttern die meisten männlichen Geschlechts. Frauen können sich in der Meditation durchaus als männliche Gottheiten visualisieren, und umgekehrt Männer als weibliche Gottheiten. Die Frage, ob sich Frauen im tantrischen Vollzug auf höheren Stufen dann auch einen männlichen Partner nehmen können, erübrigt sich, weil Nonnen bislang keinen Zugang zu tantrischen Klöstern oder entsprechenden Dreijahres-Retreats haben. Jedenfalls wird nichts dem Zufall überlassen, und schon gar nicht sind die Visionen des Adepten solche, die aus seinem eigenen Unbewussten aufsteigen. Sie werden vom Guru streng kontrolliert. Inhalt und Form der tantrischen Meditation sind bis ins kleinste Detail vorherbestimmt. Das Ergebnis ist genau vorhersagbar; und das seit Jahrhunderten ohne die geringste Änderung. Auch wenn diese Aussage nicht nachprüfbar ist, scheint sie doch glaubwürdig zu sein.

Viel kann man als Laie über die tantrische Praxis nicht erfahren, vieles, wenn nicht das Meiste bleibt geheim, und Tantriker müssen sich eidlich verpflichten, das Geheimnis zu wahren. Tun sie es nicht, drohen ihnen schwere Strafen in diesem und in den nächsten Leben. Die Tibeter kennen Höllenstrafen, denen gegenüber die Danteschen Visionen harmlos sind. Alle Sekten haben innere, äußere und geheime Tantras, und es bleibt oft der engsten Umgebung verborgen, welche tantrische Praxis ein Meister ausübt. Manchmal wird das erst bei seinem Tode offenbar, wenn überhaupt.

Bei den Indern sickert da schon eher etwas durch, und in der indischen Literatur kann man viele, manchmal reichlich abstruse und oft regelrecht abstoßende Berichte über tantrische Praktiken lesen. Meist sind sie stark sexuell eingefärbt, das kommt dann ihrer Anziehungskraft besonders im Westen zugute.

Ein Mantra entwickelt seine Kraft nur in Verbindung mit einem Mandala, also innerhalb der tantrischen Praxis. Sonst hat es, das ist die Ansicht von Tulku Ngedön (Foto 6) im Kloster Namdroling[1], von dem wir noch öfter hören werden, nur einen sehr, sehr geringen Wert. Dem normalen Laien, sagt er, bringt es nichts, wenn er zweihunderttausendmal ein Mantra spricht, aber er fühlt sich danach vielleicht besser, weil er an die Macht des Mantra glaubt, und es hilft ihm, ruhiger zu werden, entspannter. Insofern nutzt es dann auch, selbst wenn es, von einer hohen Warte aus gesehen, eine zwecklose Übung war. Wir werden aber weiter unten noch andere Meinungen dazu lesen.

Dasselbe machen im Grunde die tibetischen Mediziner, die dem Kranken eine Arznei geben und ihm empfehlen, bei der Einnahme das Mantra des Medizin-Buddha zu rezitieren. Das ist ein heiliger Text, und wenn der Arzt sagt, der wird Dir helfen, dann hilft ihm das Mantra zu genesen. Man könnte auch, sagt Tulku Ngedön sehr überspitzt, „den Zahn einer Sau nehmen und sagen, das ist Buddhas Zahn, nimm den und Du wirst gesund" – auch das mag helfen, denn wie Christus gesagt hat: „Geh hin, Dein Glaube hat Dir geholfen."

Das alles ist nicht gemeint, wenn man in einem tantrischen Kloster lebt und Mantras spricht. Im Kloster will man das Nichtwissen beseitigen, die Illusion, dass wir ein Ich haben und diese, unsere sichtbare Welt die letztendliche ist. Wir führen ein Leben hinter Gittern wie in einem Käfig. Wir müssen ihn nicht verlassen, sondern die Gitter transparent machen. Dann sind wir im Nirvana und haben keine Probleme mehr. Das Bewusstsein, das sich in die Existenz eines Buddhas hinein fortsetzt, ist dann gereinigt, vollkommen klar und alle Qualitäten und alle Potenzen des Bewusstseins sind vollkommen entwickelt auf der Basis von Liebe, Mitgefühl, Weisheit und Vertrauen. Lassen wir uns dagegen in unserem irdischen Leben von Hass, Neid, Stolz und Habgier mitreißen, dann erfahren wir die Hölle. Es hängt ganz allein von uns ab, was uns einmal geschehen wird. Ich denke, auf dieser Basis können sich Christen und Buddhisten sehr gut verständigen.

Ob man die Befreiung in diesem Leben oder in vielen folgenden erreicht, das bleibt dahingestellt. Insofern sind die großen Tantriker für uns alle wichtig, weil sie durch ihr Leben, durch ihre Praxis zeigen, was schon in diesem Leben erreichbar ist.

Quellenangabe:
1) Interview mit Tulku Ngedön, Berlin, März 2005

5. Mantra und Karma

In jedem Fall steht uns immer unser Karma im Weg. Das ist ein Hindernis, das wir nicht abschätzen können. Wir wissen nicht, wie stark die Bindungen, die Fesseln sind, die uns unser Karma auferlegt. Lama A. Govinda hat einmal gesagt, dass Karma nichts anderes sei als gewohnheitsmäßiges Handeln. Wenn man aus diesem zwanghaften Verhalten ausbricht und lernt, verantwortlich zu handeln, dann kann man auch sein Karma löschen. Für einen Buddha gibt es keine Menschen, die befreit werden müssen, sie sind schon befreit. Das, sagte Tulku Ngedön[1], stehe im Buch drin, im Buddha-Buch, also in den Sutras, welche die Worte Buddhas wiedergeben. Es ist dies eine Nyingma-Lehre, die von den Gelugpas so nicht geteilt wird, dass unser Geist von einer ursprünglichen und unzerstörbaren Reinheit ist, die wir mit Hilfe der Dzogchen-Meditation schlagartig und bleibend erfahren können.

Aber das ist ja eben das Problem, wir wissen nicht, dass wir schon befreit, schon erlöst sind, dass wir Teil haben am Göttlichen oder wie immer das in den verschiedenen Religionen benannt wird. Gemeint ist immer dasselbe. Es ist allerdings eine Sache, ob wir bereits, ohne es zu wissen, Buddhas sind, und eine andere, ob unsere Buddha-Natur ein Potenzial ist, das geweckt und sorgsam entwickelt werden muss. Das mögen die Theologen bereden.

Aber was hat das mit Mantra-Heilen zu tun? Es gibt zwei Formen der Heilung. Die eine, endgültige, ist die Erleuchtung. Erlangen wir sie noch in diesem Leben, dann können wir krank werden und leiden, aber es kann uns nicht mehr im Tiefsten berühren. Allenfalls werden damit Reste schlechten Karmas verbrannt. Denn, so formulierte es Zong Rinpoche einmal uns gegenüber, die Erleuchtung zerstört das Karma an seinen Wurzeln.

Bei jeder Krankheit, so die Aussage der traditionellen Medizin, spielt auch immer ungünstiges Karma mit hinein, das der Kranke in diesem oder in früheren Leben angesammelt hat. Abgrenzen kann man das natürlich nicht. Bestimmte Krankheiten, genauer gesagt sind es hundertundeine, gelten als unheilbar. Die Lepra ist eine dieser Krankheiten, und ein lepröser Tibeter, ein seltener Fall, bleibt mit seinem Leiden allein, kein tibetischer Arzt wird ihm zu helfen versuchen. Er wird ihn nicht einmal zu einem westlichen Arzt überweisen, der heute durchaus wirkungsvolle Mittel besitzt, Lepra zu heilen. Wir haben einen solchen dramatischen Fall erlebt. Die Untätigkeit tibetischer Ärzte kann man sich nur so erklären, dass eine momentane Heilung wohl erreichbar sein mag, aber das Karma holt den Kranken dann eben ihn seinem nächsten Leben ein; und wer weiß, ob es ihm dann nicht noch übler ergeht.

In solchen ganz eindeutigen Fällen könnte man ein Mantra einsetzen. Ob dies einzelne tantrische Heiler wirklich tun, weiß ich nicht, meistens halten auch sie sich wie die Ärzte zurück – siehe dazu auch das Interview mit Khensur Geshe Topgyal in Kapitel IX, 3. Ein Mantra hat die spezielle Eigenheit, dass es ganz schnell schlechtes Karma auflösen kann. Das ist der Grund, dass man schon in diesem Leben, sogar in nur drei Monaten, erleuchtet werden kann. Diese Aussage von Tulku Ngedön hat mich sehr überrascht, darauf war ich nicht gefasst, das war bisher von niemandem angesprochen worden.

Manche dieser Heiler sind hellsichtig, sagt Tulku Ngedön, sie können angeblich sehen, welches schlechte Karma hinter einer bestimmten Krankheit steht, sogar ob sie überwiegend karmisch bedingt ist. Oder sie machen das MO-Orakel und stellen astrologische Berechnungen an, wie uns dies Geshe Topgyal erklärt hat. Sie können sogar sagen, wann sich das Karma angesammelt hat, in diesem Leben oder vor drei Leben oder wann auch immer. Der Yogi kann dann ganz gezielt sein Mantra sprechen und den karmischen Knoten lösen – nicht aber das ganze schlechte Karma einer Person zerstören! Alles, was der Kranke selbst machen müsste, um sein Problem zu lösen, macht dann der Yogi für ihn. Wird er wieder krank, muss er zum Yogi zurück, denn er, der Kranke, weiß ja nicht, welche Art von Karma sein Leiden hervorruft. Diese Erklärung ist irgendwie logisch und gibt eine akzeptable Deutung der Heilerfolge mantrischer Heiler; denn eine rationale, wissenschaftlich diskutable Erklärung können wir ohnehin nicht anbieten.

Den endgültigen Weg zur Heilung zu gehen, den der Erleuchtung, ist aber wohl doch nicht so einfach. Jampa Rinpoche im Kloster Loseling schätzt, dass es in den letzten hundert Jahren vielleicht fünfunddreißig Erleuchtete in Tibet gegeben habe.[2] Das ist vielleicht nicht viel, aber allein zu wissen, dass es einem Menschen möglich ist, in seiner Lebenszeit die Erleuchtung zu erlangen, dass solche Menschen immer unter uns leben werden, muss uns immer und immer wieder ein Ansporn sein. Denn streben wir nicht alle danach, von den Fesseln dieses Lebens frei zu werden? In jedem Fall kann man ein besserer Mensch werden, Mitgefühl in sich entwickeln, alle guten Anlagen in sich hervorholen, das Schlechte zurücktreten lassen – das allein, wenn es viele tun, kann zweifellos die Welt verändern.

Im Westen haben wir oft das Gefühl, dass wir nur dieses Leben zur Verfügung haben, auch wenn wir mit dem Verstand an eine Wiedergeburt glauben mögen. Das macht uns ungeduldig, und wir wollen, dass die Lamas uns alles und sofort geben. Die Tibeter sehen das mit größerer Gelassenheit. Wenn es in diesem Leben nicht klappt, dann war die ganze Mühe eben eine sehr gute Vorbereitung für das nächste Leben. Tibeter, zumindest die Gebildeten, denken in Zeitaltern, in Myriaden von Lebenszyklen. Das gibt ihrem Denken und ihrem Leben eine völlig andere Dimension.

Anlässlich seines Aufenthaltes in Oslo, zur Verleihung des Friedensnobelpreises im Jahr 1989, gab der Dalai Lama eine Pressekonferenz, auf der er dieses und jenes in Zusammenhang mit der chinesischen Okkupation Tibets gefragt wurde. Plötzlich lachte er los und sagte sinngemäß: „Wissen Sie, wir leben schon seit vielen Jahrhunderten mit den Chinesen zusammen, mal im Guten, mal im Schlechten. Jetzt haben wir eine schlechte Zeit zusammen. Aber so, wie es bisher gelaufen ist, kann man sicher sein, dass es auch wieder gute Zeiten geben wird. Vielleicht wird das noch zehn Jahre dauern, zwanzig, vielleicht auch hundert Jahre. Niemand kann das wissen." Und bei der Verleihung der Ehrendoktorwürde in Rom, im Oktober 2006, sagte der Dalai Lama: „Je länger die Feindseligkeit zwischen unseren Völkern dauert, desto mehr kommen wir, und besonders unsere jungen Leute, in Gefahr zu vergessen, dass wir unseren chinesischen Brüdern und Schwestern Mitgefühl schulden. Das muss man sich immer wieder in Erinnerung rufen!" Die Studenten in der Aula der Römischen Universität III, in der die Zeremonie stattfand, klatschten dazu heftig Beifall.

Quellenangabe:
1) Interview mit Tulku Ngedön, Berlin, März 2005
2) Interview mit Jampa Rinpoche, Kloster Drepung-Loseling, Februar 2003

V. Tulkus und ihre Bedeutung für die Klöster

1. Wie findet man einen Tulku?

Es ist bemerkenswert, aber vielleicht nicht so erstaunlich, dass viele der heutigen Lharampa Geshes, also Geshes des höchsten von vier Graden, und viele Tulkus aus Nomaden-Familien stammen, denn vor 1959 waren 46% aller Tibeter Nomaden, die vor allem in Osttibet lebten. Heute hat ihre Zahl drastisch abgenommen, weil die Chinesen in den letzten Jahren viele von ihnen zwangsumgesiedelt haben. Mit dem sozialen Umfeld hatte der Aufstieg in die höchsten Bildungsebenen, welche die tibetische Kultur kennt, offensichtlich nichts zu tun, auch scheint der Intelligenzquotient der Nomadenkinder unabhängig von ihrer Herkunft zu sein. Auch der 17. Karmapa Urgyen Trinley Dorje oder Thuksey Rinpoche aus der Drukpa Tradition, einer Untergruppe der Kagyü-Tradition, waren Nomadenkinder. Aber man fragt sich natürlich, wie denn ein Lama in einem Nomadenkind eine gesuchte Reinkarnation erkennen kann? Wir sprachen darüber mit dem Generalsekretär des Dali Gompa in Darjeeling, dem Hauptkloster der Drukpa-Tradition im Exil[1]:

„Drukpa ist eine der ältesten Traditionen in Tibet, sie besteht etwa seit dem Ende des 10. Jahrhunderts und ist heute die Staatsreligion von Ladakh und Bhutan. Bei uns und bei den Nyingmapa muss eine Reinkarnation von einem Lama gefunden werden, der exzellent in seiner Meditationspraxis ist, völlig sein Ego überwunden hat, der absolut nichts mit Politik zu tun hat, der voller Mitgefühl mit allen Menschen ist und eine große geistige, tantrische Kraft (Yeshe) besitzt. Nur der kann einen Tulku erkennen, nur er kann entscheiden, ob es der wahre Tulku ist. Das hat absolut nichts zu tun mit intellektuellem Wissen, das der suchende Lama außerdem haben mag. Er sucht nach einem Wesen mit hochentwickelter Spiritualität, das sofort nach seiner Auffindung sehr, sehr wichtig für viele Menschen sein wird. Das hat nichts zu tun mit der Art, wie man den neuen Präsidenten von Amerika findet.

Solche Lamas haben in ihrer Meditation gewisse Visionen und Träume. Als unser Lehrer Kyabje Thuksey Rinpoche (1916-1983) starb, der dem Dalai Lama sehr nahe stand, baten wir unseren Lama, seine Reinkarnation zu finden. Er, der Drukchen, das Oberhaupt der Drukpa-Tradition, war selbst der Schüler des Verstorbenen gewesen. So taten sich beide zusammen, der Dalai Lama und der Drukchen. Es dauerte drei Jahre. Schließlich meditierten beide zusammen in einer Retreat-Höhle in Ladakh, in der Nähe des Klosters Hemis. Dann schrieben beide, jeder für sich, den Namen der Reinkarnation nieder – beide hatten den gleichen Namen. Das war die endgültige Entscheidung. Keine anderen Kandidaten, keine Prüfung."

Das Kind ist 1986 in einem ganz kleinen Dorf in Ladakh geboren worden, die Familie ist sehr arm, wie die meisten Leute dort, sie haben keine richtigen Häuser, sondern leben meist in Zelten, aber sie haben Yaks und andere Tiere. Sie sind eine Art von Nomaden. Die Leute haben damals, zur Zeit der Geburt des Tulkus, viele Zeichen gesehen, die niemand je beobachtet hatte. Es kreisten auf einmal über den Zelten große Vögel, so groß wie Krähen, die keiner vorher gesehen hatte; und es regnete eine Woche lang, obschon es um die Jahreszeit nie regnet, und es gab noch andere außergewöhnliche Begebenheiten. Der kleine Rinpoche wurde mit knapp drei Jahren vom Dalai Lama anerkannt und auch in Ladakh inthronisiert. Die Ladakhi sollen sehr glücklich gewesen sein, dass der Thuksey Rinpoche wieder da war, der viel für Ladakh getan hatte. Es war schon lange her, dass ein wirklich hoher Lama in Ladakh geboren worden war. Er kam dann gleich anschließend an seine feierliche

Inthronisation in das Dali Gompa nahe der Stadt Darjeeling, wo wir ihn mehrfach besucht haben. Als wir ihn das erste Mal sahen, war er zwölf Jahre alt und der zauberhafteste kleine Tulku, dem wir je begegnet sind, ein wahrer kleiner Prinz (Foto 7).

Quellenangabe:
1) Interview mit Lama Ngawang Tenzing Gyatso, Generalsekretär des Klosters Sangag Choling (Dali Gompa), Darjeeling, September 1999

2. Die Tsogchen-Tulkus von Mundgod

Die inkarnierten jungen Lamas (Tulkus) sind Teil eines Bewusstseinsstromes, der auch ihren Vorgänger – ihr „previous life", wie sie sagen – getragen hat. Wenn Tantriker auf dem Weg zur Erleuchtung weit fortgeschritten sind, können sie Ort und Zeit ihrer Wiedergeburt selbst bestimmen und werden nicht, wie wir gewöhnlichen Sterblichen, im Zwischenzustand zwischen Tod und Geburt von karmischen Winden ziellos hin und her getrieben. Sie inkarnieren sich, wo und in wen immer sie wollen und können dies vor ihrem Tod bereits verschlüsselt angeben.

Manchmal gibt es aber auch noch andere Wesen, die an dem gleichen Bewusstsein partizipieren oder Teil davon sind. Der verstorbene Kyabje Zong Rinpoche machte in einem Interview die Bemerkung, dass ein Lama einmal berichtet habe, er kenne etwa zweihundert andere Brüder im Geiste, die alle wie er aus der gleichen Bewusstseinquelle stammen[1].Wenn sich der individuelle Bewusstseinsstrom eines spirituell weit fortgeschrittenen Meisters auf einer bestimmten geistigen Ebene, jener des Sambhogakaya, in drei Aspekte teilt, wird er sich als Reinkarnation in drei Personen manifestieren, die jeweils dessen Körper, Rede und Geist repräsentieren. Er muss dazu mindestens den „Pfad des Sehens" auf dem Weg eines Bodhisattva und damit die geistige Kraft erreicht haben, seine nächste Wiedergeburt kontrollieren zu können. Eine Teilung in fünf Aspekte – hinzu kommen dann „Qualität" und „Aktivität" eines individuellen Bewusstseins – ist ebenfalls möglich. Solche keineswegs seltenen Reinkarnationen kennen sich oft untereinander und sterben zu verschiedenen Zeiten. Man nennt sie Tulpas und findet sie besonders häufig bei den Karma-Kagyüpa, der größten Untergruppe der Kagyü-Tradition.

Tulkus der Gelug-Tradition, die regierungsamtlich anerkannt sind, nennt man Tsogchen Tulkus, Sie stehen rangmäßig über den Datsang Tulkus, die nur von ihrem jeweiligen Kloster als Tulkus anerkannt worden sind, und sitzen im Tempel auf deutlich erhöhten Sitzen. Im Falle der Tsogchen Tulkus in Mundgod wird allgemein angenommen, dass ihre Vorgänger teils schon zu ihren Lebzeiten erleuchtet waren oder in ihrer Todesmeditation die Erleuchtung erlangten. Solche Tantriker können bis zu zwei Wochen nach dem Erlöschen der physischen Lebenszeichen in ihrer Meditationsstellung verharren, ohne dass Verwesungszeichen sichtbar werden. Erst wenn zwei klare Tropfen aus beiden Nasenlöchern austreten, hat das Bewusstsein den Körper endgültig verlassen.

Natürlich kann niemand exakt wissen, ob eine andere Person, und sei sie noch so verehrungswürdig, erleuchtet war oder ist. Genau das sagte uns der Dalai Lama lächelnd, als wir ihn in zwei konkreten Fällen fragten, wie er denn solche Aussagen beurteile. Wir fragten auch Kyabje Zong Rinpoche (Foto 8) ganz direkt, was er denn davon halte, dass man sage, er sei in seinem vorigen Leben erleuchtet gewesen und wie sich das denn in diesem Leben auswirke. Er lebt in einer schönen Villa im Kloster Ganden-Shartse. Der Tulku lachte und sagte: „Oh, wenn das denn so stimmt, dann braucht mich das nicht mehr zu kümmern, dann bin ich natürlich auch erleuchtet, denn ich bin Teil des gleichen Bewusstseinstromes. Aber ich glaube nicht, dass der Vorige erleuchtet war." Erschrocken fragte ich: „Wieso?" Darauf erwiderte er: „Weil ich mich überhaupt nicht erleuchtet fühle. Irgendetwas müsste ich doch merken, nicht wahr? Wenn jemand einmal erleuchtet worden ist, dann ist sein Karma mit den Wurzeln ausgerottet", erklärte er dann. „Der Betreffende hat kein Karma mehr und kann tun und lassen, was er will. Geht er nicht nach seinem Tode in ein Buddha-Feld ein, sondern reinkarniert wieder, dann gilt das genauso für seine Reinkarnation, die ja Geist von seinem Gott ist." Eine nicht ungefährliche Deutung, denn wenn sich ein Tulku die Auffassung zu eigen machen würde, dass sein Vorgänger erleuchtet war, dann besäße er einen Freibrief, zu tun und lassen, was er möchte. Aber davor schützt ihn allerdings die rigorose Erziehung, die ein Tulku eines solchen Ranges hat – doch davon später.

Der jetzige Kyabje Ling Rinpoche im Kloster Drepung-Loseling (Foto 9) wurde nach dem Tode seines Vorgängers zusammen mit zwei anderen Kandidaten aus sechshundertdreißig Bewerbern in die engste Wahl gezogen. Man hatte im ganzen Land herumgehört, wo in einem bestimmten Zeitraum ein Junge geboren worden war, bei dessen Geburt besondere Zeichen bemerkt worden waren – zum Beispiel das Blühen eines Obstbaumes mitten im Winter, besonders auffällige körperliche Kennzeichen oder besondere Träume in der Schwangerschaft der Mutter und anderes. Die Kinder sind zwischen drei und fünf Jahren alt, also alt genug, um sprechen zu können und sich an ihr Vorleben zu erinnern – was wir gewöhnlichen Menschen nicht können. Späterhin verliert sich diese Fähigkeit schnell. Dem endgültigen Kandidaten werden dann Gegenstände, die dem Verstorbenen gehört haben, vermischt mit anderen vorgelegt, die er, wenn er denn die richtige Reinkarnation ist, sofort korrekt identifiziert. Manchmal erkennt er Angehörige der Suchkommission und nennt sie beim Namen, obwohl er sie nie gesehen hat. Ling

Rinpoche erzählte uns einmal, dass er sich bis zu seinem fünften Lebensjahr an die Namen der Mönche erinnern konnte, die ihn früher, also als sein Bewusstsein noch im Körper seines Vorgängers war, umgeben hatten.[2]

In Mundgod sind es vor allem Ling Rinpoche, Zong Rinpoche (beide geb. 1985), die beiden Serkong Rinpoches (geb. 1980 und 1984) (Foto 10) und Demo Rinpoche (geb. 1981), die wir seit mehr als zehn Jahren regelmäßig besuchen. Sie sind alle Tsogchen-Tulkus und Reinkarnationen berühmter Meister. Es ist eine Freude zu sehen, wie sich diese wohlbehüteten jungen Menschen physisch wie geistig entwickeln. Wir bekommen inzwischen ohne Anmeldung jederzeit Zutritt zu ihnen und können mit ihnen plaudern, ohne dass, wie es anfangs der Fall war, einer der Betreuer im Hintergrund saß. Sie begrüßen uns ohne großes Zeremoniell, und Tenzin Wangchuk, unser Freund im Zong Labrang, meint immer wieder, was für ein ungemein gutes Karma wir haben müssten, dass wir so viele hochgestellte Lamas kennen und ganz ohne Formalitäten mit den Rinpoches verkehren können. Wir waren oft Zeugen, wenn einfache Tibeter zu ihnen kommen, um ihren Segen zu erbitten. Tiefgebückt kommen sie in das Zimmer, werfen sich dreimal vor dem Rinpoche zu Boden und überreichen ihm einen Begrüßungsschal, den er dem Geber wieder um den Nacken legt. Ähnliche Erfahrungen haben wir seit 1984 selbst bei den vielen Zusammenkünften auch mit dem Dalai Lama gehabt sowie mit Thronhaltern und Regenten anderer Traditionen, die uns ohne große Formalitäten die Hand geschüttelt haben. Dass es uns dabei nicht an Respekt mangelt, ist selbstverständlich.

Alle diese ungemein höflichen, gut erzogenen Tulkus sprechen ein ausgezeichnetes Englisch, haben Computer, Digitalkameras und was es sonst an Elektronik gibt, aber, so weit ich weiß, kein Fernsehen. Ihre Erzieher haben es mit ihren heranwachsenden Schützlingen nicht immer leicht. Sie lassen sich nicht mehr alles sagen, wollen dies und jenes ändern und verhalten sich eben wie andere Jungen in ihrem Alter auch, geben Widerworte und werden hin und wieder widerborstig. Die Mitglieder des jeweiligen Haushaltes nehmen das mit Liebe und Respekt hin.

Tenzin Wangchuk wollte schon vor Jahren in dem großen Garten des Zong-Labrang ein Schwimmbad bauen lassen, in dem die jungen Tulkus sich hätten treffen und tummeln können, aber der für die Ausbildung des Tulku verantwortliche achtzigjährige Lama hat diesen Plan strikt abgelehnt. So hocken die Tulkus denn ständig im Schneidersitz in ihren Zimmern, vor sich einen Tisch mit Obst, Keksen und den Büchern, aus denen sie lernen. Kontakte mit anderen Mönchen haben sie generell nicht, mit anderen Tulkus selten, allenfalls auf der Straße, auf dem gemeinsamen Gang zum Tempel. So bekommen sie denn, wenn sie eine entsprechende Anlage mitbringen, Gewichtsprobleme. Das war aber immer so, also lässt man alles beim Alten. Fast alle berühmten Rinpoches waren und sind im Alter sehr massige, schwer bewegliche Männer geworden, die behutsam treppauf und treppab geführt werden. Natürlich sind nicht alle älteren Lamas so – man muss es schon sagen – verbohrt. In der mittleren Altersgruppe, so um die Vierzig, haben wir in den vielen Klöstern, die wir in Indien und Nepal besucht haben, viele sehr aufgeschlossene, weltoffene und gewandte Lamas getroffen.

Manche der Betreuer haben schon von kleinauf dem Vorigen gedient oder sind von ihm – wie Tenzin Wangchuk von Zong Rinpoche – regelrecht zur Erziehung der kommenden Reinkarnation ausgewählt worden, andere sind vollkommen neu, vor allem wenn der Vorgänger vielleicht verheiratet war und keinen eigenen Haushalt im Kloster gehabt hat, wie das zum Beispiel bei Gomo Rinpoche (geb. 1988) im Kloster Sera der Fall ist. Er ist die Reinkarnation eines berühmten Tulkus, der in den Laienstand getreten war und seine Mönchsgelübde zurückgegeben hatte – das ist jederzeit möglich. Der junge Tulku sprach, als er nach Sera gebracht wurde, kein Tibetisch, denn er war als Kind tibetischer Eltern an der Westküste der Vereinigten Staaten aufgewachsen, und sein Verwalter, derjenige, der für seine Finanzen verantwortlich ist, war ein italienischer Mönch aus Pomaia. Es war anfangs eine schwierige Situation für den Tulku.

Ranghohe Tulkus haben einen eigenen Haushalt (Labrang) und wohnen in mehr oder weniger großen Villen mit eigenem Garten. Zum Haushalt gehören neben den Betreuern (attendants) meist auch bis zu zehn junge Mönche oder Novizen, die hier wohnen können und verköstigt werden. Früher gehörten zu einem Labrang, vor allem im Osten Tibets, ganze Dörfer samt Menschen, sprich Leibeigene, Tiere und große Ländereien, die nach dem Tode eines Tulkus an seine Reinkarnation fielen. Der Verwalter eines solchen Besitzes war, wie sich denken lässt, eine wichtige Persönlichkeit. Wenn ein Tulku seinen Körper verlassen hatte, musste die Suche nach der Reinkarnation möglichst schnell erfolgen, denn wenn der Thron des inkarnierten Lamas zu lange verwaist blieb, flossen die Spenden der Gläubigen nur noch spärlich[2].

Heute, im Exil, kommen die finanziellen Mittel meist aus den buddhistischen Zentren im Westen, die von den vorhergehenden Inkarnationen dort in den siebziger und achtziger Jahren gegründet worden waren. Milde Gaben sind immer erwünscht, so bezahlen denn Laien für den Segen eines Tulkus in Indien hundert Rupies, das sind im Moment etwa 1,50 Euro, aber die Kaufkraft ist natürlich eine ganz andere. Diese kleine Summe kann den Verdienst eines ganzen Arbeitstages bedeuten. Manche der Tsogchen Tulkus, die kein eigenes Einkommen haben, werden aus der Privatkasse des Dalai Lama unterhalten, wie Demo Rinpoche im Kloster Drepung, von dem noch die Rede sein wird. Die meisten Datsang-Tulkus sind genauso arm wie die übrigen Mönche. Ähnlich ist es bei den anderen Traditionen. Denn mögen manche Tulkus auch Klöster in

Tibet haben und von dort gelegentlich eine finanzielle Unterstützung bekommen – auch das ist heute möglich – eigene Klöster im Exil haben nur sehr wenige, mit Ausnahme der Thronhalter der verschiedenen Traditionen.

Die hohen Lamas kennen sich alle untereinander, was bei den heutigen Kommunikationsmöglichkeiten fast selbstverständlich ist. Recht viele sind mit den Angehörigen der kinderreichen Oberschicht verschwägert oder sie stammen direkt aus deren Familien. Es braucht eine gewisse Zeit, bis man dieses Netzwerk durchschaut. Allein die Familie des Dalai Lama, mit seinen sechs Geschwistern und deren Familien, repräsentiert schon ein weltweites Geflecht von Beziehungen – von Hongkong bis in die Vereinigten Staaten. Als Außenstehender kann man aber kaum beurteilen, ob und welche Rolle dies in der exil-tibetischen Gesellschaft spielt, die ein homogener Körper geblieben ist. Heiraten zwischen Indern oder Westlern und Tibetern kommen kaum vor.

Quellenangabe:
1) Bärlocher, Daniel: Testimonies of Tibetan Tulkus, Vol.I. Opuscula Tibetana, Fasc.15a, Tibet Institut, Rikon 1982
2) Asshauer, Egbert: Tulkus – Das Geheimnis der lebenden Buddhas. Verlag Herder, Freiburg 2000. Erweiterte Neuauflage Aquamarin Verlag, Grafing 2004

3. Gute und schlechte Tulkus – eine Frage der Erziehung?

Die Erziehung eines Tulkus hat uns vor Jahren einmal Tulku Ngedön im Kloster Namdroling der Nyingma-Tradition in Bylakuppe sehr eindrücklich so geschildert[1]:

„Ich kam mit zwölf hierher, mein Bruder war sechzehn. Wir waren beide ein Jahr vorher in der Schweiz gefunden worden. Bis ich hierher kam, bin ich ganz normal in eine Schweizer Schule gegangen und hatte im Kloster anfangs erhebliche Schwierigkeiten, Tibetisch zu sprechen. Mein Bruder, ich und ein anderer Tulku bekamen drei Lehrer. Wir waren vierundzwanzig Stunden unter Kontrolle, es gab keine Möglichkeit, ohne sie zu sein. Wir waren drei Jahre lang zusammen in einem Zimmer, wenn man da raus geht, dann ist das etwa so, als wenn man von hier nach Amerika geht, tolle Ferien. Ich durfte nur einmal in der Woche drei Runden um den Tempel machen, selbst das war schon wie Urlaub. Aber ich hatte einen Hund. Wenn man so eine Erziehung noch nicht kennt, dann wird dafür gesorgt, dass man sie kennenlernt."

„Friss, Vogel, oder stirb?"
„Nicht gerade sterben, aber in dem alten System war es so, dass der Lehrer vollkommene Verfügungsgewalt über seinen Schüler hatte; und es gibt in der Geschichte durchaus Beispiele, dass junge Tulkus – nun, dass sie diese Art Erziehung nicht überlebt haben. Der Lehrer hat die Macht und die Vollmacht, alles zu tun, was er für richtig hält, und das wird von niemandem in Frage gestellt."

„Gibt es so etwas wie neurotische oder verhaltensgestörte Tulkus durch diese Art der Erziehung?"
„Sie werden dadurch ein neuer Mensch. In Tibet hat so etwas etwa fünfzehn Jahre gedauert. Am Ende sind Sie ein vollkommen anderer, vollkommen erzogener Tulku. Manchmal gibt es Tulkus, die diese Art Erziehung nicht bekommen oder wo sie irgendwie unterbrochen wird. Wir haben damit in vielen Klöstern ein grundlegendes Problem. Wir haben zwar einen Tulku, aber niemand weiß so recht, wie es weitergehen soll. Man kann heutzutage niemanden in dieses System hineinzwingen, ihn schlagen oder für drei Tage nichts zu essen geben, nur weil er vielleicht einen bestimmten Text

nicht auswendig lernen konnte. Das kann man natürlich nicht mehr akzeptieren. Aber der Lehrer weiß oft nicht mehr, was er machen soll. Er kennt nur die Methoden, wie sie früher üblich waren. Auch der Tulku weiß nicht, wie er sich in dieser neuen Zeit verhalten soll. Das gesamte Kloster weiß das nicht. Das Resultat ist, dass es da sehr seltsame Tulkus gibt; man weiß nicht, was da einmal herauskommt.

In dem alten System wusste man, von hundert Tulkus wurden hundert gut. Ein Tulku ist dazu bestimmt, sein Leben für alle Lebewesen zu opfern. Er hat kein eigenes Leben. Er lebt für die Anderen; und er stellt nie in Frage, ob das richtig oder falsch ist. Während einer solchen Erziehung wird seine Persönlichkeit auseinandergenommen und so wieder zusammengesetzt, wie sie eben bei einem Tulku sein sollte. Dann ist er frei. Er kann sich auch wieder zurückverwandeln, wenn er will, niemand wird ihn davon abhalten. Oder er macht weiter, wie es seine Bestimmung ist. Aber die Chance, ein guter Tulku zu werden, ist sehr groß. Er hat gelernt, was er sein soll, wofür er leben soll. Es gibt keine Fragen mehr."

Diese Schilderung der Erziehung eines Tulku ist zweifellos sehr beeindruckend. Allerdings gibt es heute viele Tibeter, selbst unter den Tulkus, die davon überzeugt sind, dass es viele schlechte Tulkus gibt, dass es zu viele Tulkus gibt, ja, dass man das ganze System aufgeben solle, das primär einmal dem Machterhalt der Klöster in Tibet gedient hat. Eine Frage, die Tulku Ngedön ausgeklammert hat und die höchst selten überhaupt angesprochen wird, ist die, welchen Einfluss die Erziehung eines Tulkus in einer absolut frauenlosen Umgebung auf die Persönlichkeit eines Kindes haben mag. Denn wenn es heißt, dass das Tulku-System das Potenzial zur Reife bringt, das inhärent in allen Wesen ist – also die Qualitäten der vollendeten Weisheit, der unbedingten Liebe und des allumfassenden Mitgefühls –, dann sind das höchste Ideale. Aber das Leben verläuft doch wohl in den meisten Fällen weit unterhalb dieser Schwelle.

Das Ressort der Exil-Regierung, das für die Religiösen zuständig ist, schätzt die Zahl der Tulkus auf fünfhundert, genaue Zahlen kennt niemand. Nur zwei davon sind Frauen, und wir fragten einmal S.H. den Sakya Trizin, den Thronhalter der Sakya Tradition, warum das so sei.[2] Der Sakya Trizin (geb. 1945) trägt große goldene Ohrringe, die von einem rotem Band mitgehalten werden, und hat sein langes Haar wie ein Yogi zu einem Zopf gebunden. Er strahlt Souveränität und Charisma aus – halb Yogi und halb Weltmann. Er schob uns ohne Anmeldung zu einem Interview ein, obgleich viele Menschen anlässlich einer Klostereinweihung in Bir auf ihn warteten. Er ist in der Tat ein Yogi, kein Mönch, und verheiratet. In der Sakya-Tradition alternieren zwei Familien in der Thronfolge, sie können heiraten, und ein Sohn oder Neffe wird der Nachfolger.

Die beeindruckende junge Frau des Trizin und einer seiner erwachsenen Söhne waren dabei, als wir den Trizin interviewten. Er meinte auf meine Frage hin, warum es so wenige weibliche Tulkus gäbe, lachend, warum wir denn keinen weiblichen Papst hätten, und alle Umstehenden prusteten los. Aber dann fügte er etwas ernster hinzu, dass ein Tulku in der Erscheinung auftrete, in der er in einer gegebenen Zeit am meisten bewirken könne. Einmal werde auch die Zeit reif sein, dass Tulkus als Frauen wiedergeboren werden. Der Dalai Lama machte im Juli 2007 in Hamburg eine ähnliche Bemerkung, und schon stempelten ihn die Journalisten zum Frauenrechtler!

Quellenangabe:
1) Interview mit Tulku Ngedön, Kloster Namdroling, September 1999
2) Interview mit S.H. Ngawang Künga, dem Sakya Trizin, Bir, Oktober 1999

4. Ling Gala Rinpoche – ein ganz normaler Tulku

Außer den Tsogchen-Tulkus, von denen bisher die Rede war, gibt es allein in Mundgod über hundert Datsang Tulkus ohne Einkommen, ohne besonderen sozialen Status und ohne ein Geflecht von Beziehungen. Einer davon ist unser Patensohn Ling Gala Rinpoche (geb. 1975) (Foto 11), der kurz vor dem Abschluss seines Studiums steht und uns mehrere Jahre lang als Dolmetscher gute Dienste geleistet hat. Als wir ihn kennenlernten, war gerade sein Guru, sein spiritueller Betreuer, gestorben, der auch finanziell für ihn gesorgt hatte. Als mir der Tulku, der anfangs sehr schüchtern war, eines Tages eine Buddha-Statue überreichte, welche das einzige Vermächtnis seines Lehrers und gerade zuvor vom Dalai Lama geweiht worden war, hatte ich irgendwie das Gefühl, ich solle wohl in die Fußstapfen des verstorbenen Gurus treten und zumindest bis zum Ende seines Studiums für sein materielles Wohl sorgen.

Ich erwähnte schon, dass tibetische Klöster wie Dörfer angelegt sind, mit einer Hauptstraße und Nebenstraßen, die sich in kleinen Gassen verlieren. In Mundgod liegen die meisten Gebäude rechts und links einer langen Straße, die wohl fünf bis sechs Kilometer lang ist und die Klöster Ganden und Drepung mit ihren Nebenklöstern verbindet. Die Mönche wohnen in zweistöckigen großen Gebäuden, die vierzig bis hundert und mehr Studenten aufnehmen können. In jedem dieser „Khamtsen" wohnen Mönche, die selbst bzw. deren Familien aus einer bestimmten Gegend in Tibet stammen oder stammten. Das ist ein ziemlich antiquiertes System, das man auch auf das Wahlsystem übertragen hat. Dazwischen liegen die Labrangs hoher Lamas hinter Mauern, die keinen Einblick gestatten, aber mit Bougainvilla überwuchert sind. Spitzartige Hunde (Apsos) melden laut bellend jeden an, der sich der Eingangstür nähert.

Als wir 2006, auf unserer Reise durch Karnataka, Mundgod, erreicht hatten, fanden wir den Khamtsen unseres Rinpoche im Kloster Drepung-Loseling schnell, aber er war nicht da. Zwei Mönche brachten uns in sein Zimmer, das eher so wirkte, als sei gerade eine Bombe eingeschlagen. Wir setzten uns vorsichtig hin und harrten der Dinge, wobei uns die barfüßigen Mönche vor der offenen Tür stumm lächelnd nicht aus den Augen ließen. Sie waren hochgewachsen und sehr kräftig, Khampas, also Tibeter aus der Region Kham, die als ziemlich wild, kriegerisch und furchtlos gelten und sich noch lange gegen die chinesischen Besatzer gewehrt hatten, als der Dalai Lama längst ins Exil gegangen war. Für sie gilt noch heute das tibetische Sprichwort: „Besser einen Tag ein Tiger sein als hundert Jahre lang ein Schaf!" Der Rinpoche war in den Ort Mundgod, einige Kilometer von der tibetischen Siedlung entfernt, zum Einkaufen gefahren, um Bettlaken, Esswaren und anderes für uns zu kaufen.

Schließlich bugsierte man uns wieder in unser Auto, ein Mönch kam mit und dirigierte unseren Fahrer zum neuerbauten Ling Khamtsen. Ling Gala hatte das Bauprojekt im Jahr zuvor geleitet, ohne viel Dank zu ernten, wie er sagt – und spricht seitdem nicht mehr mit dem hochgestellten Rinpoche, der sich das Gebäude nicht einmal angesehen habe. Es ist ein schöner Bau, in dessen Untergeschoss sich Wohnräume für dreißig Mönche befinden. Darüber liegt ein meist verschlossener Versammlungsraum, und im obersten Stockwerk gibt es ein großes Zimmer für Ling Rinpoche, mit einem einfachen Gästezimmer davor, aber groß und hell mit zwei Betten, auf denen Teppiche lagen – für uns. Daneben befindet sich ein einfaches Badezimmer. Der Rest des Stockwerkes besteht aus einer sehr großen Terrasse und einem außen umlaufenden Balkon. Eine ziemliche Raumverschwendung für unsere Begriffe, aber großzügig und hell, so dass man sich schnell heimisch fühlt. Der neue Ling Khamtsen hat neunzigtausend Euro gekostet. Das Grundstück ist einen Hektar groß und wurde von der Ling-Stiftung, mit Sitz in New York, von einem „Corporate Trust" gekauft, der alles Land in den Siedlungen von der indischen Regierung in Erbpacht hat.

Hier trafen wir nun auch Ling Gala Rinpoche, der gerade die Betten zurecht machte. Wir setzten uns und tranken erst einmal Tee. Drei Mönche standen um uns herum und gossen, sobald wir einen Schluck getrunken hatten, Tee nach und reichten uns den nächsten Keks, kaum hatten wir einen gegessen. Sie sprachen kein Wort Englisch, waren aber rührend um uns besorgt, und zwei von ihnen saßen noch lange unbeweglich auf den zwei Stühlen im Zimmer, nachdem wir uns am Abend schon so weit ausgezogen hatten, wie dies schicklich war, uns hingelegt hatten und fast eingeschlafen waren, während der Rinpoche mit unserem Auto einschließlich Fahrer einkaufen gefahren war. Leise schlossen die Mönche irgendwann die Tür, nicht ohne sich zu uns mit einem Lächeln heruntergebeugt zu haben – schlafen sie nun oder schlafen sie nicht, stand deutlich in ihren Gesichtern zu lesen.

Ling Gala Tulku ist 1975 in der Nähe von Shigatse in Zentraltibet geboren worden, in der heutigen Autonomen Region Tibet. Seine Eltern hat er zuletzt 1989 gesehen und kann sich an das Gesicht seiner Mutter nicht mehr erinnern. Die Eltern hatten ihn nach Dharamsala gebracht, als er sechs war und ihn im TCV, das ursprünglich einmal ein Waisenhaus war, zurückgelassen und waren nach Tibet zurückgekehrt. Sie glaubten, wie so viele andere Tibeter auch, das Kind habe in Indien bessere Chancen, wo es unter dem Schutz des Dalai Lama aufwachse. Der Tulku hat kein Geld, die Eltern zu besuchen und umgekehrt. Er hat auch seit einem Jahr nicht mehr mit ihnen telefoniert und meinte, sie müssten nur weinen, wenn er mit ihnen rede, und er könne überhaupt nichts verstehen. Unseren Vorstellungen einer Eltern-Kind-Beziehung widerspricht das heftig, ist aber unter Tibetern und Asiaten, nach meiner Erfahrung, ganz allgemein gang und gäbe.

Sein Kloster Bada oder Batha im nordwestlichen Kham liegt in der Region Lithang bei Derge und stammt aus der Zeit des 5. Dalai Lama. Bis 1959 lebten dort drei inkarnierte Tulkus, die alle geflohen sind. Heute hat das Kloster wieder etwa hundertdreißig Mönche, von denen ein Dutzend inzwischen nach Drepung in Indien gekommen ist. Als der Älteste der Tulkus, der Abt des tantrischen Klosters Gyütö in Arunachal Pradesh gewesen ist, verstorben war, suchten die beiden überlebenden Rinpoches neun Jahre nach seiner Reinkarnation. Es kamen Jungen infrage, die im Tiger-Jahr geboren worden waren, und man suchte erst in Lhasa, später im TCV in Dharamsala. Als Ling Gala schließlich als die gesuchte Reinkarnation, die siebte in seiner Linie, bestätigt wurde, war er bereits neunzehn Jahre alt. Es gab keine Prüfung, sie wäre in dem Alter sinnlos gewesen. Offenbar hat der Dalai Lama lediglich seinen Stempel neben den Namen auf einer Kandidatenliste gesetzt.

Der zweite inkarnierte Lama ist 2002 in Drepung gestorben. Er wurde verbrannt, man hatte über seine Leiche geschmolzene Butter gekippt, und es gab eine riesige Stichflamme. Trotzdem fand man dann in der Asche seine Augen, seine Zunge und sein Herz verschmiert mit Asche, aber unversehrt, bewahrte sie auf und gab sie 2006 dem Abt seines tibetischen Klosters mit, der zusammen mit einigen ihn begleitenden Chinesen an der Kalachakra-Initiation in Amarawati, in der Nähe von Hyderabad, teilgenommen hatte. Der dritte Tulku ist derzeit Zuchtmeister – verantwortlich für die Disziplin der Mönche – im tantrischen Kloster Gyütö, das in die Nähe von Dharamsala umgesiedelt wurde und jetzt auch die Residenz des Karmapa ist.

Ling Gala Tulku versteht einigermaßen den Dialekt seines Heimatdorfes, das er mit sechs Jahren verlassen hat, nicht aber den der Region in Osttibet, in der sein Kloster liegt, das er bislang noch nicht gesehen hat. Er macht auch keine Anstalten, Chinesisch zu lernen, obschon der Abt, zwei Jahre jünger als der Tulku, fließend Chinesisch spricht, viel in China herumreist und Vorträge über den Tibetischen Buddhismus hält. Das ist heute durchaus wieder möglich, denn es gibt ein zunehmendes Interesse in China am Buddhismus, und erstaunlich viele Chinesen sponsern den Wiederaufbau oder die Erweiterung tibetischer Klöster in den osttibetischen Provinzen. Der Abt unterhalte sehr gute Beziehungen zu den chinesischen Behörden, meinte der Tulku, und sein Kloster baue jetzt mit chinesischen Geldern eine Schule, ein Hospital und außerdem einen Labrang für ihn, weil der alte während der Kulturrevolution zerstört worden war. Man wolle ihn durchaus zurückhaben, aber es zieht ihn mehr in den Goldenen Westen, sprich in die USA. Auch kleine Erbschaften werden ihm gelegentlich vermacht, und sein Kloster schickt ihm von Zeit zu Zeit Geld! Aber seit einem Jahr telefoniert er nicht mehr mit seinem Abt, weil der ihm Spenden, die für ihn, den Tulku, bestimmt waren, verschwiegen hat. Er würde ihn sofort feuern, wenn er könnte, schimpft er wenig liebevoll, aber pragmatisch.

Obwohl der Tulku ein Datsang Tulku ist, der nur von seinem eigenen Kloster als Reinkarnation anerkannt wird, ist er gleichwohl nicht eigentlich arm. In seinem Zimmer hat er eine gute Musikanlage, und wir waren mit ihm in Bangalore, wo er einen G4 Laptop im Apple Shop ausgehändigt bekam, den ihm Amerikaner gestiftet hatten. Natürlich hat er ein Handy, eine Digitalkamera und inzwischen ein eigenes Haus. Er telefoniert ständig mit Freunden im Kloster, in Dharamsala, in Delhi und wo sonst noch, und man fragt sich, wer denn die Telefonrechnung am Ende bezahlt. Wahrscheinlich ich, sein Sponsor seit sechs Jahren.

Offensichtlich hatte er Probleme mit seinem Status innerhalb der Kloster-Hierarchie und kränkelte 2006 das ganze Jahr über. Es seien die Nagas, die Schlangengeister, meinte er damals, die gestört wurden, als er verantwortlich für den Bau des neuen Khamtsen war.

Man habe viele Pujas für ihn gemacht, die nichts halfen, aber viel Geld kosteten. Er fühlte sich ständig krank, war bei allen erreichbaren Ärzten, traditionellen wie indischen, und machte, um Verdienste zu erwerben, hundertfünfzig Niederwerfungen täglich. 2006 hat er gar hunderttausend gemacht, als er sich in einem indischen Dorf bei Dharamsala einquartiert hatte – er war ein ganzes Jahr auf Reisen.

In Bodhgaya hat er viele Leute getroffen, auch den Shamar Rinpoche gehört, den Regenten der Karma-Kagyü-Tradition, der „seinen" Karmapa aus Tibet herausgeholt hat, was zur Spaltung der Kagyüpa in aller Welt führte. Ling Gala Tulku hat sehr richtig gesehen, dass man an solchen heiligen Orten, wo alle Traditionen zusammenkommen, das Gute und Wahre auch der anderen Schulen achte, von denen man im Studium leider so gar nichts höre. Er traf Tulkus anderer Traditionen, hörte von deren Problemen und tauschte sich mit ihnen aus. Dem Studium tue das nicht so sehr Abbruch, meinte er, man könne das alles nachlesen, und so sehr schnell gehe das Studium ohnehin nicht voran. Früher gab es solche Reisen nicht und damit auch keinen Austausch zwischen den Mönchen verschiedener Traditionen. Auch das ist ein sehr positiver Effekt der Sponsorengelder aus dem Westen, die ursprünglich einmal gegeben wurden, um die ärgste Not zu lindern, nach dem Motto: „Milch und eine Banane täglich für die kranken Mönche." Wer vor einem Jahrzehnt keinen Sponsor hatte, war schlecht dran, er bekam keinen Platz in seinem Khamtsen, wenn er nicht zahlen konnte. Ich erinnere mich noch an den Fahrer des Wagens des Gesundheitskommittees in Sera Jhe, der aus diesem Grund im Auto schlafen musste.

Ling Gala Tulku hat sich die Hand lesen lassen, es hieß da, er werde viel reisen. Das sei gut, meint er, damit könne er anderen „Benefit" bringen, ihnen Gutes tun. Das Reisen hat er seit neuestem für sich entdeckt, besonders nach Bangalore und Delhi zieht es ihn immer wieder. Leider tut er nicht immer, was er tut, aus Liebe und Mitgefühl, wie wir das naiverweise von einem Tulku erwarten, sondern zuallererst, um seinen sozialen Status in der klösterlichen Hierarchie zu festigen – und er hat damit offenbar auch Erfolg. Was ihm fehlt, ist ein spiritueller Berater, ein Guru. Er möchte Geld verdienen und glaubte vor einem Jahr, er könne aufhören zu studieren, wenn er den niedrigsten Grad eines Geshe erreicht habe. Dann habe er das Madhaymika-Studium abgeschlossen. Mehr wüssten die meisten Geshes, die jetzt im Westen lehren, auch nicht – und für Tibet reiche das auch aus. Nun hat er aber den nächsten Geshe-Grad erreicht und will noch fünf weitere Jahre studieren, um den Titel eines Geshe Lharampa zu erwerben – das sei der Goldstandard für einen Mönch, meint er nun, völlig zu Recht.

Inzwischen hat er sich tatsächlich seinen Traum von einem eigenen Labrang erfüllt, der ihm, wie er glaubt, rangmäßig zustehe. Nun lebt er dort zusammen mit einem Attendant und vier oder fünf Studenten, die er betreuen muss – sie bekommen nur das Essen vom Kloster gestellt. Wenn sie reisen wollen, dann muss der Rinpoche ihnen das Geld geben, aber das bekommt er ja irgendwie auch von mir, seinem Sponsor. Der Bau hat 32.000,- € gekostet, 20.000,- $ habe er von Freunden aus den USA bekommen, 10.000,- $ von einem seiner Mönche aus Kham, der in den USA in einem Museum jobbe und das Geld gespart und ihm gegeben habe – der verehre ihn sehr. Als ich ihn sehr direkt fragte, ob er glaube, es sei im Sinne des Dalai Lama, dass er nur seine Habgier stille, da gab er mir völlig offen die Antwort: Dem gefalle das sicher nicht, aber schließlich gehe sein Abt in Loseling mit ungutem Beispiel voran, denn der habe das schönste Haus weit und breit. Es ist schwer vorstellbar, wie aus diesen Umständen die Bereitschaft erwachsen soll, nach Tibet zurückzukehren, nicht nur zurück in die Armut, sondern vielleicht auch in die Bedeutungslosigkeit.

„Unser" Tulku entspricht ganz sicher nicht dem hohen Ideal eines Tulkus, wie ihn Tulku Ngedön skizziert hat, aber er hat keine entsprechende Erziehung gehabt und orientiert sich mehr an der gängigen Praxis in den Klöstern und unter den Hunderten von Tulkus, denen Ideale sicher nicht fremd sind, die aber leicht der Verführung erliegen, die ihnen ein westlicher Lebensstil vorgaukelt. Auch dies ist eine Folge der Öffnung der Klöster in den letzten Jahren, hier aber mit einem eher negativen Effekt.

Aber 2007 hat der Rinpoche, damals dreiunddreißig Jahre alt, einen mächtigen Sprung nach vorn gemacht. Nicht nur dass er sich entschlossen hat, den höchsten Geshe-Grad anzustreben und in seiner Klasse von hundertzwanzig Studenten unter den sieben oder acht Besten ist, nein, er kletterte unversehens auch in der Kloster-Hierarchie nach oben, als ihn die Äbte und Ex-Äbte seines Klosters zum Chairman des Organisationskomitees für die Einweihung der neuen Versammlungshalle ernannten. Fünfzig Mönche arbeiteten mit ihm zusammen, aber, wie er sagt, die wichtigsten Ideen, wie man diese Aufgabe anpacken und zum Erfolg führen könne, waren von ihm, einschließlich der Tragetaschen für die Gäste, Kalender, Newsletter, eine Broschüre zur Geschichte von Loseling und Medaillen aus schwerer Bronze. Hier zahlten sich sein Reisen im Vorjahr, seine Erfahrungen, die er unterwegs gemacht hatte, endlich aus; und eine Einladung, später in den USA zu lehren, hat er auch schon in der Tasche. Andere Tulkus hatten ihm abgeraten, den Vorsitz des Komitees zu übernehmen, das vertrage sich nicht mit der Würde eines Tulkus; aber der Rinpoche schlug das alles in den Wind, denn inzwischen hat er eine ziemlich präzise Vorstellung davon bekommen, was einen modernen Mönch heute ausmacht, was er nicht nur tun kann, sondern was er tun muss, wenn die Gesellschaft, in der er lebt, vorankommen will. Wir hatten zwar in den früheren Jahren viele Stunden mit ihm über unsere Vorstellungen gesprochen, aber bis dato immer ohne jede Resonanz – das Gewicht der Tradition, wie sie den jungen Mönchen vermittelt und vorgelebt wird, war offensichtlich immer stärker gewesen.

Nicht ohne Stolz erzählte er uns, dass die Präsidentin von Indien, der Vizepräsident und eine Reihe anderer wichtiger Persönlichkeiten vor ihm aufgestanden waren, um ihm Respekt zu erweisen, als er ihnen die Einladungen zur Einweihung persönlich überbrachte. Sein Abt sei noch nie aufgestanden, um ihn zu begrüßen! Ich konnte das gut nachfühlen, war ich doch selbst einmal sehr erstaunt gewesen, als ich zur Nobelpreisverleihung in Oslo war, und der Dalai Lama, der mich von früheren Begegnungen kannte, aufstand und mir die Hand schüttelte, als ich an der Security vorbei in eine eben begonnene Sitzung mit dem norwegischen Außenminister hineinplatzte, um ein Foto zu machen.

VI. Zur Frage einer künftigen Regentschaft

1. Auf Kandidatensuche

Die Mönche sind, so sagten übereinstimmend alle von uns befragten Lamas, an Politik nicht interessiert, obwohl es auch in den Klöstern kleine Gruppen des Youth Congress – der Tibetischen Jugendorganistation – gibt. Hinter vorgehaltener Hand beschäftigt man sich aber heute doch mit der Frage, wer wohl nach dem Tode des Dalai Lama die Regentschaft übernehmen solle – sollte es denn überhaupt einen Regenten geben. Denn der Dalai Lama hat öfter angedeutet, er erwäge es, die Tradition der Dalai Lamas erlöschen zu lassen, indem man seine Reinkarnation nicht mehr suche. Die Frage ist, ob die Funktion eines Regenten in diesen politisch so diffizilen Zeiten überhaupt opportun sein kann? Eine Regentschaft dauert nach dem Tode eines Dalai Lama bis zur Volljährigkeit der folgenden Reinkarnation. Wenn man sieht, welche rasante wirtschaftliche und politische Entwicklung die asiatischen Länder, besonders China und Indien, in den vergangenen Jahren genommen haben, muss man sich freilich fragen, wer denn für so einen Posten geeignet wäre. Dies dürfte wohl auch eine brennende Sorge des Dalai Lama sein, und wohl auch deshalb hat dieser im November 2007 in einem Interview mit „Voice of America" Überlegungen angestellt, ob es nicht besser sei, entgegen aller Tradition, den zukünftigen Dalai Lama schon jetzt selbst zu ernennen oder aber durch hochrangige Mönche der Exilklöster – ähnlich der Papstwahl – wählen zu lassen. Früher kamen die Regenten aus dem Kreise der Groß-Äbte der Gelug-Klöster, die in der heutigen Zeit, bei allem Respekt, sicher nicht den notwendigen politischen und ökonomischen Sachverstand haben – und auch früher nicht hatten.

Der Sakya Trizin, von dem schon die Rede war, ist im Exil nach dem Dalai Lama der ranghöchste, auch erfahrenste und allseits angesehene Lama – allerdings kein Gelugpa. Trijang Rinpoche (geb. 1982), der oft als möglicher Kandidat genannt wurde, hat die Robe ausgezogen und lebt heute in den USA. Ling Rinpoche (geb. 1985) und Demo Rinpoche (geb. 1981) werden ebenfalls erwähnt. Letzterer (Foto 12) ist ein junger Tsogchen Tulku in Drepung Loseling, in dessen geistiger Ahnenreihe es bereits mehrere Regenten gegeben hat. Zwei seiner Vorgänger waren nach dem Tode des VII. (1708-1757) bzw. VIII. Dalai Lama (1758-1804) vom chinesischen Kaiser zu „Königen Tibets" ernannt worden. So heißt es in einem Dokument, das der Rinpoche mir vor Jahren geschickt hatte. Auch sein Vor-Vorgänger war Regent Tibets während der Minderjährigkeit des 13. Dalai Lama (1876-1933) gewesen. Er war der inkarnierte Lama des reichen und großen Tengyeling-Klosters in der Nähe von Lhasa und Regent des 13. Dalai Lama. Am Ende des 19. Jahrhunderts brach eine Art Bürgerkrieg aus zwischen Tengyeling, das von chinesischen Beratern unterstützt wurde, und der Regierung in Lhasa. Er dauerte viele Monate, und ein Teil Lhasas soll dabei am Ende zerstört worden sein. Demo Rinpoche verlor den Krieg und wurde ermordet. So hat es Anfang der achtziger Jahre der Sohn der Reinkarnation des Rinpoche erzählt und bezog sich dabei auf Trijang Rinpoche als Gewährsmann – aber in regierungsamtlichen Dokumenten werde man darüber nichts finden.[1] So hat es uns auch der jetzige Demo Rinpoche berichtet.[2] Die Regierung gab ein Edikt heraus, demzufolge die Reinkarnation des vormaligen Regenten nicht mehr anerkannt werden solle, und sein Kloster wurde dem Erdboden gleichgemacht. Diese Darstellung deckt sich nicht sehr gut mit der von Goldstein (sh. Kap.III,1). Bei Thomas Laird kann man noch eine dritte, eher harmlose Version finden. Wenn ein Volk über Jahrhunderte nur an Religion interessiert sei, wie der Dalai Lama selbst oft betont habe, dann bleibe eine korrekte Geschichtsschreibung, wie wir sie im Westen verstehen, auf der Strecke, und die Vergangenheit versinke hinter einem Vorhang, gewoben aus Wahrheiten und Halbwahrheiten, die zunehmend in Mythen und Legenden umgedeutet würden. Fünfzig Jahre im Exil haben daran leider nichts geändert. Es ist zu spät, die vielen Lücken in unserem Wissen über die politischen und sozio-ökonomischen Verhältnisse im alten Tibet aufzufüllen, denn es gibt keine Zeitzeugen mehr.

Wunderbarerweise wurde der Demo Rinpoche aber als Neffe des 13. Dalai Lama wiedergeboren und trotz des Ediktes anerkannt. Der kleine Junge, der gerade sprechen gelernt hatte, sagte immer wieder: „Ich bin Demo Rinpoche." Das wurde von vielen Lamas, Schutzgottheiten und den Heiligen Seen bestätigt, erzählte uns der jetzige Demo Rinpoche über seinen direkten Vorgänger[2]: „Jener Junge hatte kein Kloster mehr und keinen Labrang, wurde in Drepung erzogen und später im tantrischen Kloster von Gyüme. Aber er war ein Schürzenjäger und zog die Robe mit siebenundzwanzig oder achtundzwanzig Jahren aus. Der Rinpoche war ein Schüler des berühmten Phabongkha Rinpoche und ein enger Freund von Trijang Rinpoche. Er war sehr, sehr mächtig und eine Art Kontrolleur von Schutzgottheiten und Geistern – die Leute nannten ihn manchmal den König der Geister. Er schlichtete die Streitigkeiten, die auch Gottheiten miteinander haben. Das Volk respektierte ihn als einen der größten Lamas von Tibet. Er starb 1969 oder, nach anderen Quellen, im Jahr 1973."

Übrigens hat der 13. Dalai Lama 1916 auf den Ruinen des Tengyeling-Klosters den Mentsekhang, die später sehr berühmte Medizinschule, erbauen lassen. Das Kloster Sera Jhe hätte fast ein ähnliches Schicksal wie Tengyeling erlitten, als es sich in den vierziger Jahren auf die Seite des vormaligen Regenten Reting Rinpoche schlug, der des Hochverrats angeklagt worden war und 1947 in der Untersuchungshaft im Potala plötzlich verstarb oder ermordet wurde. Der Aufstand der Mönche – die Großklöster hatten ja ihre eigenen

Mönchs-Soldaten – wurde von den Regierungstruppen niederge-
schlagen, ohne dass Sera Mey seinem Schwesterkloster zu Hilfe
gekommen wäre.

Quellenangabe:
1) Bärlocher Daniel: Testimonies of Tibetan Tulkus. A research
among Reincarnate Buddhist masters in Exile. Vol.I. Opuscula
Tibetana. Fasc.15a. Tibet-Institut, Rikon 1982
2) Asshauer, Egbert: Tulkus – Das Geheimnis der lebenden Buddhas. Verlag Herder, Freiburg 2000. Erweiterte Neuauflage
Aquamarin Verlag, Grafing 2004

2. Karmapas und Panchen Lamas – wer ist der Richtige

Auch der 17. Karmapa Gyalwa Urgyen Trinle Dorje (geb.1985) (Foto
13) wird in diesem Zusammenhang genannt, das Oberhaupt der
Kagyü-Karma-Tradition. Seine Auffindung in einem Nomadenzelt
in Tibet wurde durch den Film „Little Buddha", von Clemens Kuby,
sehr bekannt. Anerkannt sowohl vom Dalai Lama als auch von den
chinesischen Behörden, wurde er zunächst im Stammkloster der
Karmapas, dem Kloster Tsuphur in Zentraltibet, erzogen, floh aber
Anfang 2000 nach Indien. Er lebt nun in der Nähe des Dalai Lama
im tantrischen Kloster Gyütö nahe Dharamsala und ist nicht nur für
Tibeter, sondern auch für Westler eine Art Kultfigur geworden. Sie
reisen in Scharen selbst nach Tsuphur in Tibet.

Alle denkbaren Wunder sind bei den siebzehn Karmapas in der
Vergangenheit aufgetreten[1]: Naturereignisse, wie Regenbögen, vielfarbige Wolken, Donner und Erdbeben oder blühende Blumen im
Winter. Bei Geburt und Tod regnen Blumen vom Himmel, und es
ertönt eine himmlische Musik. Am Himmel erscheinen Gottheiten
oder der Karmapa selbst. In seiner Asche finden sich Herz und Zun-

ge (1. Karmapa) oder Augen, Herz und Zunge (2. Karmapa) oder das Herz allein (16. Karmapa) unverbrannt, und auf nicht-verbrannten Knochen sieht man Bilder von Buddhas, auch der Fußabdruck des Toten ist in der Asche sichtbar.

Der Embryo verlässt die Gebärmutter für einen Tag oder singt, wie man deutlich hören kann, Mantras in der Gebärmutter. Der neugeborene Karmapa spricht und läuft sofort nach der Geburt, sagt das Sanskrit-Alphabet auf, und man sieht den Buchstaben Ah auf seiner Zunge und den Abdruck eines Dharma-Rades an den Fußsohlen. Das Kleinkind kann lesen, schreiben und Texte rezitieren, ohne dass man es ihm beigebracht hat, und erinnert sich als Kind an Einzelheiten aus vielen früheren Leben.

Karmapas können durch Felsen gehen, verbrennen nicht, wenn sie in Feuer geraten, drehen ein Schwert zu einem Knoten zusammen und hinterlassen ihre Hand- und Fußabdrücke in Felsen. Sie hemmen Epidemien und Trockenheit, lassen es regnen und können Steine wie Ton kneten, Statuen reden und sich bewegen lassen. Sie sind gleichzeitig an verschiedenen Orten, heilen und machen Blinde sehend, sind hellsichtig und fliegen auf einem Hirsch. Alle diese wunderbaren Ereignisse werden auch von andern Tulkus berichtet, aber in keiner anderen Tulku-Linie sind sie, wie bei den Karmapas, in dieser Häufung aufgetreten. Die Karmapas waren die ersten hohen Lamas, die sich Tulkus nannten und in einer Linie durch die Jahrhunderte reinkarnierten.

Sie haben nicht immer ein gutes Verhältnis zu den Dalai Lamas gehabt, und vor allem im 17. Jahrhundert regelrecht Krieg gegen den Großen Fünften Dalai Lama (1617-1682) geführt. Da die Kagyüpas bei rituellen Anlässen helmartige rote Mützen tragen, sprach man früher auch von der Rotmützen-Sekte im Gegensatz zu den Gelbmützen, den Gelugpas. Um die zweihundertfünfzig ihrer Klöster wurden damals konfisziert und zwangsweise in Gelug-Klöster umgewidmet.[2] Genauso erging es den Jonangpa, einer buddhistischen Schule, von der heute kaum noch jemand spricht. Sie überlebten in aller Stille in Osttibet und in der Mongolei. Bemerkenswert umso mehr, dass der jetzige Dalai Lama den jungen Karmapa zu vielen Auftritten und offiziellen Audienzen zumindest in Indien mit hinzu zieht, auch zu wissenschaftlichen Konferenzen, wie den bekannten „Mind and Life"-Konferenzen. Er hat ganz zweifellos Charisma, jedenfalls empfindet man das so, wenn man vor ihm steht. Es ist immer schwer abgrenzbar, wie viel davon in der eigenen Erwartungshaltung begründet liegt.

Die Suche nach der Reinkarnation des verstorbenen 16. Karmapa (1924-1981) hat zu einer tragischen Teilung der Kagyü-Tradition geführt. Der Shamar Rinpoche, der höchstrangige der drei überlebenden Regenten des Karmapa – einer, Jamgon Kongtrul Rinpoche, ist inzwischen verstorben – präsentierte einen eigenen, in Tibet geborenen und von ihm nach Indien geschmuggelten Kandidaten – den mit dem erwähnten Urgyen Trinle Dorje fast gleichaltrigen Trinle Thaye Dorje (geb.1983), der in Delhi und Kalimpong lebt und inzwischen eine große Anhängerschaft in Asien, aber auch im Westen hat. Wir haben ihn vor etlichen Jahren in Kalimpong aufgesucht und waren auch von ihm sehr beeindruckt. Uns wurde allerdings damals vom Sekretär eines hohen Kagyü-Lamas bedeutet, wir sollten uns sehr ernsthaft überlegen, ob wir in dem Buch, für das wir damals Recherchen machten, dieses Treffen erwähnen würden. Wir haben es nicht erwähnt.

Man könnte die beiden als Teil des gleichen Bewusstseinskontinuums ansehen, zwei Blüten am gleichen Stamm, das haben uns mehrere Lamas bestätigt. Keiner der beiden ist bisher mit dem Schwarzen Hut gekrönt worden, dem Zeichen der Würde eines Karmapa, den der fünfte Karmapa (1384-1415) einst vom Chinesischen Kaiser verliehen bekommen hat. Der Hut, so sagt die Legende, sei aus Engelshaar gefertigt worden. Aber beide haben inzwischen je einen Jungen als die Reinkarnation des vormaligen Regenten Jamgon Kongtrul Rinpoche anerkannt – so geht das Schisma weiter und weiter. Immerhin ist die Notiz bemerkenswert, dass der Dalai Lama den Shamarpa, dem es von der Regierung in Lhasa zwei Jahrhunderte lang untersagt war, offiziell zu reinkarnieren – was an sich schon eine interessante Geschichte ist –, 2006 in den USA getroffen hat. Dies hörten wir vom Ngari Rinpoche. Trotzdem würde es der Tradition widersprechen, wenn ein Karmapa Regent des Dalai Lama werden würde, wenn es nicht ein Faktum gäbe, welches eine andere Sicht der Situation bewirken könnte. Beide, der Dalai Lama und der Karmapa, gelten als Emanationen des Avalokiteshvara, des Buddha der Liebe und des Mitgefühls. Sie sind also, anders ausgedrückt, eines Geistes, Geist vom gleichen Geist. Das könnte vielleicht auch die Mönche, die so sehr in der Tradition verhaftet sind, dazu bringen, sich für den Karmapa als Regenten auszusprechen.

Ähnliche Probleme wie bei der Suche nach der Reinkarnation des Karmapa haben sich bei der Suche nach dem 11. Panchen Lama ergeben. Der 10. Panchen Lama war in Tibet die höchste geistliche Autorität nach dem Dalai Lama, wir haben in Tibet sein Foto in vielen Häusern auf dem Hausaltar gesehen. Er hat vierzehn lange Jahre im Gefängnis in Einzelhaft gesessen und heiratete 1979, nach seiner Entlassung, die Tochter eines chinesischen Generals gegen dessen Willen. Er hat sich immer für die Belange der Tibeter eingesetzt und starb unter ungeklärten Umständen 1989, im Alter von einundfünfzig Jahren, in seinem Kloster in Shigatse. Er war erst zehn Jahre nach seiner Auffindung, als er schon dreizehn Jahre alt war, vom damals nur drei Jahre älteren und gerade vorzeitig, aufgrund der politischen Umstände, als volljährig erklärten Dalai Lama unter Druck der chinesischen Regierung anerkannt worden, weil die Regierung in Lhasa einen anderen Kandidaten bevorzugt und die Anerkennung des Jungen um viele Jahre hinausgezögert hatte.[3]

Der Dalai Lama hatte nach dem Tod des Panchen Lama seit 1991 Divinationen gemacht, aber stets erklärt, die Zeit zu einer Suche nach dem 11. Panchen Lama sei noch nicht reif. 1995 wurde von einer von den Chinesen bestätigten Suchkommission aus dem Kloster Tashi Lhunpo ein damals sechsjähriger Junge gefunden und dies dem Dalai Lama signalisiert, ehe die chinesischen Behörden informiert waren. Der Dalai Lama erkannte das Kind mit dem Namen Gedhun Choekyi Nyima sofort als die gesuchte Inkarnation an, aber die Chinesen weigerten sich, vorhersehbar, das Gleiche zu tun. Der Junge wurde aus dem Kloster in Shigatse nach China verbracht, und man weiß nichts Konkretes über seinen Verbleib. Dafür präsentierten die Chinesen im gleichen Jahr einen anderen, ein Jahr jüngeren Jungen, Gyaltsen Norbu, dem wiederum der Dalai Lama die Anerkennung versagt hat. Auch dieser Tulku lebt in China, offenbar in Peking, und tritt von Zeit zu Zeit in der Öffentlichkeit auf. Diese beiden unglücklichen Jugendlichen, die in die Mühlen der Politik geraten sind, kann man ebenfalls als zwei Aspekte des gleichen Bewusstseinskontinuums ansehen.

Die Panchen Lamas sind zwar Gelugpas und gelten als Reinkarnationen des Bodhisattva Manjushri – er verkörpert die Weisheit aller Buddhas, waren aber in der Vergangenheit politisch autonom und standen oft im Gegensatz zur Regierung in Lhasa. Der VI. und der IX. Panchen Lama lebten länger in Peking als Flüchtlinge als in Shigatse in ihrem Kloster. Die 1983 geborene Tochter Yabshi[4] des X. Panchen Lama ist 1996, mit offizieller Erlaubnis, in die USA gegangen und besuchte zunächst eine Schule in Brooklyn. Später kam ihre Mutter nach, und sie zogen nach Washington um. Das junge Mädchen wurde dort von dem Schauspieler Steven Seagal betreut; dieser war früher von S.H. Penor Rinpoche, dem Oberhaupt der Nyingma-Tradition, als Tulku anerkannt worden. Das hatte unter den Lamas anderer Traditionen zu erheblichem Stirnrunzeln geführt, denn dem Schauspieler fehlen alle notwendigen Belehrungen und

Initiationen, ohne die ein Tulku absolut nutzlos ist – das bestätigten uns mehrere führende Lamas der gleichen und anderer Traditionen.

Nach einem Studium der Politik in den USA kehrte die Tochter des Panchen Lama 2005 auf Anregung des chinesischen Präsidenten Hu Jintao nach Peking zurück und machte an der dortigen Universität ihren Master in Wirtschaftswissenschaften. Die telegene tibetische „Prinzessin", wie sie in den chinesischen Medien genannt wird, könnte durchaus eine Kultfigur werden. Schon als Kind wurde sie, wo sie unter Tibetern erschien, förmlich angebetet. Sie kam 1990 zum ersten Mal in Sechuan in eine von Tibetern bewohnte Region, und alsbald bildeten sich lange Schlangen von Menschen – kilometerlang heißt es in einem Bericht –, die dem Kind des Panchen Lama ihren Respekt bezeugen wollten. Sie selbst hat sich aber, wie ich dem Internet entnehme, vor kurzem geweigert, dem Gyaltsen Norbu ihren rituellen Respekt zu erweisen, also sich vor ihm niederzuwerfen.

Doch kommen wir nach diesem Ausflug in die Abgründe der Religionspolitik zur Frage der Regentschaft des Dalai Lama zurück. Es gibt wohl zur Zeit keine einzige Persönlichkeit in der Umgebung des Dalai Lama, in der Exilregierung oder in den Klöstern, welche die politische Erfahrung hat, das politische Gewicht in West und Ost und das nötige Charisma zu Hause, um die Tibeter hinter sich zu vereinen: Das sagt einem jeder Tibeter, mit dem man darüber spricht, ob jung oder alt, hochgestellt oder einfach. Junge, politisch interessierte Tibeter sagten uns 2007 in Dharamsala, dass sie den Dalai Lama nicht als Bodhisattva sähen, das sei ihnen egal. Er sei ihr politischer Führer, aber wenn er nicht mehr da sei, werde es niemals eine Autonomie für Tibet geben. Das sei ihre Furcht und mit ein Grund, beizeiten auszuwandern.

Es gibt keine zweite charismatische Medienfigur wie den Dalai Lama, keine Persönlichkeit von dem moralischen Gewicht wie der Friedensnobelpreisträger und keinen anderen Tibeter, der sich unangefochten an die Spitze aller Tibeter, in Tibet wie im Exil, stellen könnte. Für alle Tibeter ist er als Verkörperung des Bodhisattvas Chenrezig, der seinen Auftrag, sich um Tibet und die Tibeter zu kümmern, vom Buddha selbst erhalten hat, Beschützer und Führer, dessen göttlicher Energie sie sich völlig anvertrauen.

Über die Veränderungen, die bereits in der zweiten Generation nach der Flucht des Dalai Lama 1959 ins Exil in Tibet vorgegangen sein müssen, spricht niemand, vielleicht weiß es auch niemand so genau. Jedenfalls gibt es dort eine neue Mittelschicht; aber wie diese im Falle einer in Indien eingesetzten Regentschaft reagieren würde, kann heute unmöglich vorausgesagt werden. Im Exil konnte sich keine Mittelschicht bilden, weil die fehlenden Ausbildungs- und Aufstiegschancen das verhindert haben. Es gibt nur eine kleine, vernetzte Oberschicht und eine junge Unterschicht, zumeist ohne Selbstbewusstsein, ohne Gefühl für Verantwortung und ohne Zukunft. Einer unserer hochrangigen Gesprächspartner meinte, das hänge auch mit einer gewissen Trägheit der Tibeter und mit fehlendem Wagemut zusammen, die es auch verhindert hätten, dass Tibeter in Tibet in größerer Zahl in höhere Positionen gekommen seien. Aber ist das so verwunderlich, wenn der größte Teil eines Volkes über mehr als ein Jahrtausend hinweg in Unwissenheit und Abhängigkeit gehalten worden ist?

Die alten Verhältnisse will und kann niemand wiederherstellen – aber wirkliche Demokraten sind die Tibeter im Exil bisher nicht geworden, auch wenn sie eine Verfassung haben. Das Parlament mit sechsundvierzig Abgeordneten tritt nur zweimal jährlich zusammen, es gibt keine Parteien, und der Dalai Lama hat in allen wichtigen Fragen immer noch das letzte Wort, nicht weil er darauf besteht, wie er einmal vertraulich sagte, sondern weil es so eben Tradition ist; und weil Tibeter bis heute nicht gelernt haben, Verantwortung zu tragen – das sagte uns jetzt ein sehr aktives Parlamentsmitglied. Was immer die Exilregierung beschließt, gilt nur für die Tibeter in den weit zerstreuten Siedlungen, die sehr unterschiedlich strukturiert sind. Die Tibeter hängen wirtschaftlich immer noch am Tropf des Westens, ohne große Möglichkeiten, eigene Initiativen zu entwickeln. Sie werden, sollten sie nach Tibet zurückkehren – und das wollen sicherlich nicht alle –, dort keine Führungsrolle übernehmen können, sondern eine kleine Minderheit bleiben. Es klingt schon ein bisschen resignierend, wenn Kelsang Gyaltsen, Mitglied der Verhandlungskommission des Dalai Lama mit der chinesischen Regierung, sagt: „Die Frage, ob die Exiltibeter ihre Identität und Kultur bewahren können, halte ich nicht für relevant. Denn es geht um Tibet und die sechs Millionen Tibeter. Für ihre Rechte kämpfen wir."[5] Ob der Aufstand der Tibeter, im März 2008, an der unguten Situation etwas geändert hat, wird man abwarten müssen,

Quellenangabe:

1) Kagyu Thubten Choling Publications Committee: Karmapa. The sacred prophecy. Wappinger Falls 1999
2) Goldstein, Melvin C.: A history of modern Tibet 1913-1951. The demise of the lamaist state. University of California Press, Berkeley 1989
3) Hilton, Isabel: The search for the Panchen Lama. Viking 1999
4) Chi censura la figlia del Lama. Corriere della Sera 2006
5) Interview mit Kelsang Gyaltsen. Tibet und Buddhismus, Heft 84, 2008

VII. Studium, Freizeit
und soziale Probleme der Mönche

1. Alltag der Mönche:
Aggressionsstau und Disziplinlosigkeit nehmen zu.

In den Klöstern in Mundgod und noch ausgeprägter in Bylakuppe ist inzwischen die Moderne eingezogen. Es gibt viele kleine, einfache Restaurants – oft primitive Bretterbuden, vor allem in Mundgod (Foto 14) –, in denen man Tee, Softdrinks und einfache Speisen essen und, ganz wichtig, Fernsehen schauen kann! Abends sind sie brechend voll mit Mönchen, die in der wärmeren Jahreszeit sehr locker in Netzhemden oder sonstwie leicht gekleidet (Foto 15) herumlaufen, gemischt auch mit Indern und indischen Mädchen, die in der Siedlung arbeiten. Oder es kommen Verwandte der Mönche von außerhalb zu Besuch. Unsere zwei aufwartenden Mönche in Drepung-Loseling ließen ihre junge Cousine ohne Umstände mit in ihrem Zimmer schlafen. Das wäre in einem indischen Ashram unmöglich, dort achtet man auf eine strenge Trennung der Geschlechter, nicht nur im Tempel, sondern auch in den Kantinen und selbst beim Anstehen nach Essensmarken oder so simplen Dingen wie Eiscreme.

Überraschend viele Mönche frühstücken morgens in den neuen Restaurants, die in Mundgod von Indern, in Sera auch von Mönchen betrieben werden. Früher bekamen sie nur einen Fladen Brot mit Buttertee während der morgendlichen Puja. Aber die Tausende von Broten gehen durch viele schmutzige Hände während des Backens, des Transportes zum Tempel und bei der Verteilung (Foto 16, 17), auch ist das Brot oft nicht durchgebacken und riecht schlecht. Dies soll mit eine Ursache der häufigen Magen- und Darminfektionen sein, unter denen die Mönche leiden – der häufigsten Klage in den Ambulanzen. Da praktisch jeder Mönch heute einen Sponsor hat, kann sich auch jeder ein bescheidenes Frühstück außerhalb des Tempels leisten.

Der Hunger nach indischem Fernsehen muss ungeheuer groß sein. Uns besuchten einmal zusammen mit Ling Gala Tulku zwei andere Mönche aus Drepung in unserem Winterquartier. Sie hatten auch ein Mädchen dabei, eine Verwandte, und waren abends nicht vom Fernseher in der Nachbarschaft wegzubekommen. Sogar der inzwischen über achtzigjährige Geshe Ugyen, aus dem Kloster Sera, pflegte von Zeit zu Zeit mit seinen Studenten in das etwa drei Stunden entfernte Mysore zu fahren, um sich dort indische Videos anzusehen.

In den Klöstern ist das verboten, genauso wie etwa Fußballspielen. Ein Film, der vor einigen Jahren Furore machte, mit einer Fußballmannschaft aus einem tibetischen Kloster, entspricht nicht der wirklichen Situation. Da praktisch keinerlei Sport erlaubt ist, müssen sich die Tausende junger Männer mit Niederwerfungen und der körperlichen Bewegung bei den Debatten – aber zu denen sind nur die höheren Semester zugelassen – begnügen. Bei den Debatten, die im Freien stattfinden und stundenlang dauern, können die Studenten Gelerntes in einem Frage- und Antwortspiel vorführen und dabei Dampf ablassen. Der Befragte springt vor dem sitzenden Frager mit genau abgezirkelten Arm- und Handbewegungen hin und her, was hübsch anzusehen ist (Foto 18). Die Debatte hat eine lange Tradition, besonders bei den Gelugpas und den Nyingmapas. Sie findet zweimal täglich im Freien auf den großen Klosterhöfen statt. Jedes Nicht-Wissen wird dabei erbarmungslos vorgeführt. Das motiviert nicht nur, besser zu lernen, sondern formt über viele Jahre hinweg den Charakter und verhindert das Aufkommen von Überheblichkeit und Stolz auf die eigene Leistung; denn irgendwann erwischt es jeden. Am Ende weiß der fertige Lama nicht nur auf jede Frage eine Antwort, sondern er weiß, dass er es weiß, und kann vor Hunderten von Menschen frei sprechen.

Früher durften (mussten) die Mönche noch Feldarbeit machen, aber dann hieß es vor ein paar Jahren, das halte sie vom Studieren ab, und nun machen eben Inder die Arbeit. So wenigstens war es in Sera Jhe. In anderen Klöstern machten und machen ohnehin Inder alle Handarbeiten. Die Jungen wirkten damals unglaublich fröhlich, wenn sie abends von den Feldern um das Kloster herum heimkamen. Wie Bauernburschen, die sie ja von Haus aus auch waren (Foto 19). In der klösterlichen Situation ist es oft schwierig, aufgestauten Frust und Aggressionen abzubauen. Aber darum kümmert sich niemand, man merkt nicht viel von sozialer Verantwortung in den Klöstern. Bei einer solchen Masse physisch unausgelasteter junger Männer, die eng zusammen wohnen, gibt es immer viele Probleme, die, wie wir über die Jahre hinweg immer wieder selbst beobachten konnten, zu psychosomatischen Störungen führen. Es gibt keine psychologische Betreuung wie an unseren Universitäten. Wenn jemand krank wird und einen Spezialisten in der nächsten Stadt aufsuchen will, weil ihm die Ärzte in der Klosterambulanz nicht geholfen haben, dann legen die Kollegen schon einmal Geld zusammen, damit der Mönch in die Stadt fahren kann. Einen Fonds von Seiten des Klosters hierfür gibt es bisher nicht. Krankheit und Sorgen bleiben Privatsache, ich erwähnte das schon.

Es ist das wohl eine Eigentümlichkeit tibetischer oder weiter gefasst asiatischer Kultur. Kürzlich schrieb einer unserer tibetischen Patensöhne, dass er jetzt eine Freundin habe, aber ans Heiraten könne er noch nicht denken. Er sei ja erst Ende zwanzig, und das scheine ihm zu früh zu sein. Am Telefon fragte ich dann seinen älteren Bruder nach der Freundin. Oh nein, sagte er, dazu könne er gar nichts sagen, er habe seinen Bruder nie danach gefragt – das sei wirklich zu privat. Nun ja, bei uns ist es das nicht. Alex Berzin[1], der engste Schüler von Tsenshap Serkong Rinpoche, mit dem er neun Jahre lang eng zusammenlebte, erzählte uns, und das klingt in unseren Ohren sehr seltsam, dass tibetische Lehrer ihre Zuneigung nicht verbalisieren. Wenn ein Lama seinen Schüler ausschimpft, dann ist das schon ein Zeichen seiner Fürsorge – und Serkong Rinpoche hat Berzin häufig vor anderen gescholten und ihn auch schon einmal einen Idioten genannt. Berzin meint, das habe ihm seinen Stolz auf seine akademische Herkunft ausgetrieben und ihn unempfindlich gegenüber Kritik und Misserfolgen gemacht. In all den Jahren hat der Rinpoche sich niemals nach der Familie oder nach dem Privatleben von Berzin erkundigt – und nur ein einziges Mal „Danke" zu ihm gesagt. Aber Berzin wird gewusst haben, dass es nur wenige Lamas gibt, die ganz gelegentlich „Bitte" und „Danke" sagen.

So ist auch kaum etwas über die sexuellen Probleme, die unter den tausenden junger Männer unvermeidlich auftreten müssen, zu erfahren. Dem schon mehrfach zitierten Autor Goldstein zufolge wurde heterosexuelles Fehlverhalten früher mit der Entlassung aus dem Kloster bestraft, homosexuelle Praktiken wurden geduldet, „wenn keine Körperöffnungen penetriert wurden". Daran hat sich bis heute, so weit ich weiß, nichts geändert. Nur nebenbei: Der Dalai Lama hat zwar bei seinen Belehrungen 1998 in Schneverdingen präzise gesagt, dass Oral- und Analverkehr generell und Homosexualität speziell abzulehnen seien, aber es gibt offensichtlich kein Verbot homosexueller Beziehungen in den buddhistischen Schriften. Vielleicht überschätzen wir auch den Druck sexuellen Frustes aus unserer eigenen Sicht. Ich erinnere mich an ein Interview mit dem früheren Sekretär von Serkong Rinpoche, Ngawang Lak, in dem er sagte[2]: „Wenn Sie mich fragen, wie wir auf Schülerinnen unseres Lamas im Westen reagiert haben, dann muss ich sagen. Wir waren Mönche, jung, aber eben Mönche, und haben uns nichts Böses gedacht. Wir haben nicht gesehen, ob sie hübsch waren oder nicht oder bemerkt, dass sie so hinter den Rinpoches her waren. Später ja, als ich kein Mönch mehr war, da habe ich das anders gesehen. Ich glaube, die meisten Lamas haben damals so reagiert wie ich. Sie hatten einfach kein Gefühl dafür, dass es Frauen waren oder dass sie sich anders verhielten als Männer. Wir kannten nicht einmal Worte mit sexueller Bedeutung."

Es ist nicht besonders verwunderlich, dass seit der Öffnung der tibetischen Großklöster Indiens zur Außenwelt die Disziplinlosigkeit zunimmt, wie das schon länger aus den osttibetischen Klöstern berichtet wird. Dort fehlen allerdings auch qualifizierte Lehrer, denn von den jungen Geshes und Tulkus im Exil scheint kaum einer bereit zu sein, nach Tibet zurückzukehren. Heute wäre das kaum mehr ein Problem, wenn sie sich einen chinesischen Pass ausstellen ließen, den man, so hat man uns gesagt, problemlos bei jeder Behörde in China beantragen kann. Das ist natürlich ein heißes Eisen. Dem Erhalt der tibetischen Kultur und Religion würde es nur förderlich sein, wenn religiöse Lehrer diesen Weg gehen würden. Sollte Tibet einmal den autonomen politischen Status bekommen, den der Dalai Lama anstrebt, würden die zurückkehrenden Tibeter ohnehin chinesische Pässe bekommen. Aber das Leben im Goldenen Westen – und der beginnt schon in Indien – scheint zu verlockend zu sein. Man könne das, wie ein hochrangiger Tulku aus der Umgebung des Dalai Lama dies einmal formulierte, auch Hab- und Geldgier nennen, welche die Geshes und Tulkus heute umtreibe; denn nichts ist manchen tibetischen Zentren im Westen lieber, als einen Rinpoche ihr eigen nennen zu dürfen. Thamthog Tulku in Mailand bestätigte das einmal in einem Interview mit feinem Lächeln, meinte dann allerdings: „Ich glaube, es gibt viele Tulkus, die schlecht sind, sie sind nicht viel wert. Sie tragen nur den Namen eines Tulku. Aber für die Verbreitung der Lehre ist ein perfekter Rinpoche besser, der auch ein Geshe Lharampa ist, der also den gleichen Wissensstandard hat wie ein Geshe, der kein Rinpoche ist. Als Rinpoche hat er eine andere Erziehung gehabt, er denkt ganz anders, er spricht anders. Es ist, nach meiner Erfahrung, eine Frage der Energie, die von ihm ausgeht. Viele meiner Schüler sagen mir, es sei für sie ein großer Unterschied, ob ein Geshe oder ein Rinpoche ihnen Belehrungen gibt."[3]

Die älteren Geshes, wie Tenzin Wangchuk und andere Lamas in den Labrangs der Tsogchen Tulkus, klagen seit Jahren, dass das Wissen und die moralische Qualität der jungen Geshes doch sehr zu wünschen übrig ließe. Viele der jungen Mönche wollten überhaupt nicht studieren, sie seien nur in die Klöster gekommen, weil es für sie nirgends Arbeit gebe. Die Rinpoches beklagen sich über die Disziplinlosigkeit und die rüden Manieren der Neuankömmlinge aus Tibet. Man gehe ihnen besser aus dem Wege.

Diese meist aus Osttibet stammenden Flüchtlinge, große, kräftige Khampas, die im Straßenbild der Klöster überwiegen, sehen die Chinesen durchaus nicht durchweg als Feinde, als Okkupanten, an, sondern als diejenigen, die Elektrizität in die Dörfer gebracht und Straßen, Schulen und Krankenhäuser gebaut haben sowie die entlegenen Gegenden Osttibets aus der jahrhundertelangen Isolation geholt haben. Sie sprechen gut Chinesisch und sind, das hören wir immer wieder, besser als die tibetischen Schulabgänger in Indien, vor allem in Mathematik und Physik, aber selbst in tibetischer Grammatik. Die Schulbildung sei in Tibet in letzten fünf, sechs Jahren deutlich besser geworden. Vor allem die Kinder von Tibetern, die in der chinesischen Verwaltung arbeiten, hätten durchweg eine gute Erziehung, und da wiederum vor allem die aus Kham stammenden. In Amdo ist die Situation offenbar schlechter, aber die jungen Leute, die von dort kommen, sind meist Nomaden, die man anders beurteilen muss, heißt es. Generell könne man nicht sagen, dass die Tibeter unter den Chinesen keine gute, der indischen gleichwertige Schulbildung bekommen.

Weil die Meinungen dazu doch sehr geteilt sind, befragten wir einige Schüler in der Sherab Gatsel Ling School in der Nähe von Dharamsala.[4] Hier werden Neuankömmlinge aus Tibet – die meisten kommen aus Kham und Amdo – im Alter zwischen zwanzig und dreißig Jahren aufgenommen. Sie können bis zu fünf Jahren bleiben, doch die meisten bleiben nur zwei bis drei Jahre. Etwa ein Viertel kehrt dann nach Hause zurück. Monatlich kommen zwischen fünf und fünfunddreißig neue Schüler hinzu. Zur Zeit (Ende 2007) sind es ca. fünfhundert Jungen und zweihundert Mädchen (Foto 20). Die Disziplin ist strikt, wer Drogen nimmt oder zu viel Alkohol konsumiert, fliegt raus. Man lernt Tibetisch – viele der Neuankömmlinge sprechen nur lokale Dialekte – Englisch, Mathematik (Rechnen) und Computer. Auffallend war die große Höflichkeit der jungen Leute uns gegenüber, die man bei uns nicht mehr gewohnt ist. Das widerspricht den erwähnten Klagen aus den Klöstern, dass die Osttibeter so rüde Manieren hätten. Wir und auch die Lehrer dieser Schule, die wir fragten, können das nicht bestätigen.

Dass noch immer so viele junge Leute kommen, hat einen Mix von Gründen: Familienprobleme, Lust auf Neues, falsche Vorstellungen von den Chancen in Indien. Vor allem wollen sie Englisch lernen, um in China bessere Chancen zu haben; und an erster Stelle nennen sie, dass sie den Dalai Lama sehen wollen. Viele haben durchaus ein weiteres Ziel, so hörten wir von den Lehrern: Nämlich Indien als Sprungbrett zu benutzen, um in die USA zu kommen, nachdem sie genug Englisch gelernt haben. Von eindeutig politischen Gründen, wie Verfolgung, Folter, rassischer Diskriminierung, wie sie Asylbewerber bei uns belegen müssen, haben wir in keinem Fall gehört, obgleich es solche Fälle natürlich gibt. Doch sie sind nicht die Regel. Manche gehen schwarz über die Grenze, weil sie keinen Pass haben und müssen dafür rund 25.000,- Rupien (5.000,- Yüan bzw. 500,- Euro) an Fluchthelfer bezahlen. Andere, vor allem die Jugendlichen aus Osttibet, können ohne Probleme mit ihrem chinesischem Pass die Grenze passieren; und umgekehrt ginge das auch, wurde uns versichert, wenn sich ein Exiltibeter an den Kontrollstellen einen chinesischen Pass ausstellen lassen würde.

In Kham und Amdo gibt es auch in ländlichen Gebieten rein chinesische Schulen, an denen auch Tibeter auf Chinesisch lehren.

Die Kinder lernen dort neben Chinesisch auch Englisch, aber kein Tibetisch. Daneben gibt es tibetische Schulen, an denen Tibetisch, aber auch Chinesisch und in den höheren Klassen, zumindest in den Städten, Englisch gelehrt wird. Eine Schulpflicht für neun Jahre gibt es erst seit kurzem.

Wer von einer chinesischen Schule kommt, hat später sehr gute Arbeitsplatzchancen, wer nur Tibetisch spricht, kommt nur schwer weiter. Wer nach sechs Jahren Mittelschule eine höhere Schule besuchen will, muss dafür 4.000,- Yüan = 400,- Euro im Jahr bezahlen, für arme Familien eine erhebliche Ausgabe. Es gebe aber keine ethnische Diskriminierung, entscheidend seien für das Weiterkommen auch späterhin gute Noten, hörten wir übereinstimmend. Das Erziehungssystem in Ost- und in Zentraltibet ist dasselbe, aber in den entlegenen Regionen ist die Ausbildung schlecht, nicht wegen eines fehlenden Angebotes, sondern weil arme Familien ihre Kinder – die von uns Befragten hatten alle zwei bis drei Geschwister – nach drei oder vier Jahren nicht mehr zur Schule schicken, sondern zu Hause arbeiten lassen, Ob dies aus Not geschieht oder weil die Eltern, besonders bei Mädchen, die Notwendigkeit einer besseren Schulbildung nicht sehen, bleibt dahingestellt. Die alten Muster, Mädchen nach Indien zu schicken, damit sie Nonnen werden, gelten aber offenbar immer noch und erklären zum Teil den wachsenden Zustrom von Nonnen in Mundgod.

Wir fragten einige Schüler, ob sie zu Hause böse Gefühle gegenüber den Chinesen gehabt hätten, besonders wenn diese, wie in Amdo, in der Überzahl sind. Die Antwort war ein klares Nein. Aber jetzt, seit sie in ihrer neuen Schule etwas über die tibetische Geschichte gehört hätten, empfänden sie Feindseligkeit gegenüber den Chinesen, und ein Lehrer ergänzte: „Der Hass auf die Chinesen ist der Motor unseres Kampfes um die tibetische Freiheit!" Als wir meinten, dass dies doch wohl nicht so ganz im Sinne des Dalai Lama sei, der Koopera-

Foto 1 (oben links):
Kyabje Yongdzin Ling Rinpoche
(1903-1983), Copyright Ling Labrang

Foto 2 (unten links):
Ven. Jampa Rinpoche, Kloster
Drepung-Loseling

Foto 3 (oben rechts):
Swami Nagananda

Foto 4 (oben links):
Medizin-Buddha, Thangka Nepal

Foto 5 (oben rechts):
Chakras und Energieleitbahnen. Thangka Nepal

Foto 6 (unten):
Tulku Ngedön, vormals Kloster Namdroling

Foto 7 (oben):
Laukse Rinpoche im Alter
von 12 Jahren

Foto 8 (Mitte):
Kyabje Zong Rinpoche

Foto 9 (unten):
Kyabje Ling Rinpoche

Foto 10 (oben links): Kyabje Dorjee Chang Tulku (re.), geb. 1980 und Kyabje Tsenshap Serkong Rinpoche (links), geb.1984

Foto 11 (oben rechts): Ling Gala Tulku

Foto 12 (unten): Kyabje Demo Rinpoche

Foto 13 (oben):
S.H. der 17. Karmapa
Gyalwa Urgyen
Trinle, Dorje.
Copyright TTC-Hamburg

Foto 14 (Mitte):
Open Air Restaurant in Mundgod

Foto 15 (unten):
Sommerlich gekleidete Mönche,
Kloster Drepung-Loseling

Foto 16 (oben):
Brote verteilende Mönche, Kloster
Drepung-Loseling

Foto 17 (rechts):
Frühstück im Tempel, Kloster Sera Jhe

Foto 18 (unten):
Mönche bei der Debatte, Kloster
Drepung-Loseling

Foto 19 (oben): Mönche kehren von der Feldarbeit zurück, Kloster Sera Jhe ca. 1992

Foto 20 (Mitte): Eine Gruppe junger Tibeter in der Sherab Gatsel Lobling School für Neuankömmlinge aus Tibet

Foto 21 (unten): Mönche besorgen die Müllabfuhr, Kloster Sera Jhe

Foto 22 (oben):
Mönche beim
Gemüseputzen,
Kloster Drepung-
Loseling

Foto 23 (Mitte):
Feuervergoldete
Statue als
Spende eines
neugebackenen
Geshe, Kloster
Sera Jhe

Foto 24 (unten):
Bauplan des
Klosters Dolma
Ling

oto 25 (oben):
onnen des
losters Dolma
ing

oto 26 (Mitte):
inchen Khando
hoegyal

oto 27 (unten):
eflüchtete
onnen bei
rer Ankunft in
haramsala, 1990

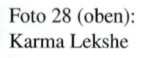

Foto 28 (oben):
Karma Lekshe
Tsomo

Foto 29 (Mitte):
Sherab Ling Chölin[
Nunnery in Spiti

Foto 30 (unten):
Yangchen Chöling
Nun´s Monastery ir
Spiti

Photo 31 (oben):
Khensur Geshe Lobsang
Ngawand, Kloster Ganden-
Shartse

Photo 32 (unten):
Khensur Geshe Ugyen
Rinpoche, Kloster Sera Jhe

Foto 33 (oben):
Khensur Geshe Topgyal,
Dharamsala

Foto 34 (unten):
Lama Tenzin Wangchuk, Zong
Labrang, Kloster Ganden
Shartse

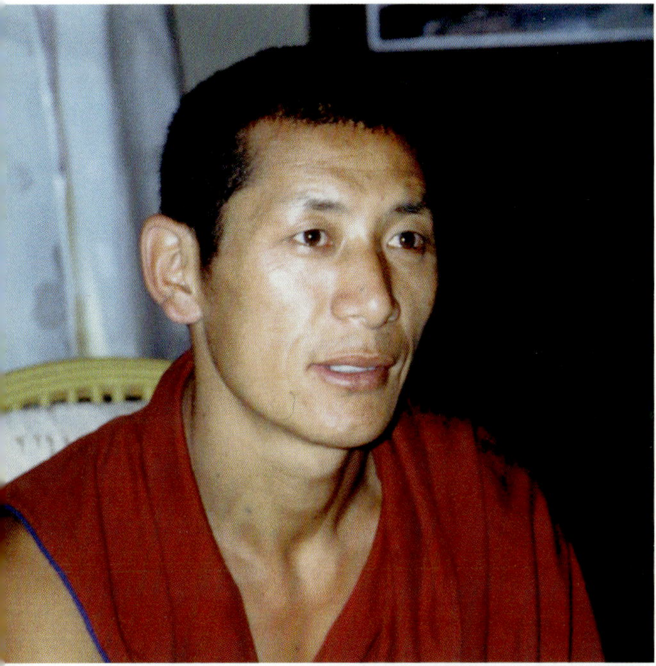

Foto 35 (oben): Geshe Thubten Gyaphel, vormals Health Care Committee des Klosters Sera Jhe

Foto 36 (unten): Do Drupchen Rinpoche, Chorten Lhakang in Gangtok, Sikkim

Foto 37 (oben): Die Frau (Consort) von Do Drupchen Rinpoche

Foto 38 (unten): Park im tantrischen Kloster Gyüme

to 39: Guru Kyab, Mantra-Heiler in Kollegal

tion mit den Chinesen suche, aber nicht Konfrontation, zuckte er nur mit den Schultern. Einer unserer Gesprächspartner aus dem Umfeld Seiner Heiligkeit in Dharamsala gab zu, dass da wohl so etwas in Richtung einer leichten Gehirnwäsche stattfinde. Der Hass gegenüber den Chinesen wurde schon vor vielen Jahren den Kindern im TCV eingeimpft. Das ist eine Tatsache, die uns von ehemaligen Schülern dort mehrfach bestätigt wurde, wenn auch nur sehr zögernd.

Es gibt natürlich in Tibet regionale und lokale Unterschiede, besonders in der Schulbildung und in der Krankenversorgung, aber das ist in den ländlichen Gebieten Indiens nicht anders und ganz gewiss keine Besonderheit des besetzten Tibet. Inzwischen fließen auch westliche Spendengelder nicht nur für die Klöster nach Tibet, sondern auch für den Bau von Schulen und Ambulanzen oder kleinen Krankenhäusern, an denen es oft mangelt. Das sollte aber kein Grund sein, die Situation nur schwarz-weiß zu malen: Hier die unterdrückten, notleidenden Tibeter und da die Chinesen, die Unterdrücker und Folterer. Das fördert und verewigt den Hass und lässt keine Verständigung, vor allem unter der jungen Generation, zu. Wir erleben, wohin das in Israel und Palästina geführt hat. So bitter und grausam auch die Vergangenheit war – 1,2 Millionen Tibeter haben dabei ihr Leben gelassen, auch fünfzig Millionen Chinesen sollen in den Laogai, den chinesischen Lagern, umgekommen sein – und so bedrückend die gegenwärtige Situation für viele Tibeter ist; vieles hat sich in den vergangenen fünfzehn Jahren zum Besseren gewendet, und es gibt begründete Hoffnung für die Menschen auf eine bessere Zukunft. Tibets Grenzen sind heute sehr viel durchlässiger als noch in den achtziger Jahren – für Menschen genauso wie für Hilfsaktionen. Der Aufstand der Tibeter, im März 2008, hat die Situation allerdings zunächst völlig verändert.

In Tibet ist der Andrang zu den Klöstern in manchen Regionen so groß, dass die chinesischen Behörden den Zugang limitieren. Wenn man das einmal praktisch sieht, ist das eine vernünftige Maßnahme, die verhindert, dass, wie früher, ein großer Prozentsatz (20-25%) der männlichen Bevölkerung in den Klöstern verschwindet. Man kann nicht auf der einen Seite über den Genozid an den Tibetern klagen und andererseits gegen Maßnahmen polemisieren, die den Zugang zu den Klöstern reglementieren. Offenbar empfinden viele Familien in Tibet, aber auch im Exil, in abgelegenen Gebieten wie Ladakh, es immer noch als eine Ehre, wenn zumindest eines ihrer Kinder ein Mönch wird, auch wenn es nicht viel mehr lernt, als Rituale zu praktizieren – Originalton Ling Gala Tulku. Wir haben die gleiche Erfahrung gemacht, als wir den Ngari Rinpoche, den jüngeren Bruder des Dalai Lama, auf einer Inspektionsreise seiner sieben Klöster in Ladakh begleitet haben. Für uns ist es jedoch schwer vorstell- und nachvollziehbar, welche Bedeutung die Religion im Leben der einfachen Menschen hat, welche Verehrung sie für den Dalai Lama, für ihre Tulkus und Lamas haben und wie diese Hingabe ihr Leben trägt und sie reich und zufrieden macht – zufriedener jedenfalls, als wir es in all unserem Überfluss sind. So kommt es, dass in der öffentlichen Wahrnehmung im Westen Tibet und die Tibeter die letzte Bastion des Heiligen sind – und die Vielschichtigkeit tibetischer Geschichte und Tradition, auch der aktuellen Situation, dabei gern übersehen wird.

Die Zahl der Mönche in den Exil-Klöstern ist nicht feststehend, es kommen immer neue junge Männer aus Osttibet als Flüchtlinge hierher, die teils schon vorher Mönche waren oder aber von der Exilregierung in die Klöster gesteckt werden, weil es keine Arbeit für sie gibt. Viele verlassen die Klöster auch wieder. Um Kommen und Gehen kümmere sich niemand, heißt es. Man schätzt, dass jährlich zwei- bis fünfhundert neue Mönche kommen, dafür geben andere ihre Gelübde zurück – das ist jederzeit möglich.

Die jungen Mönche aus Kham und Amdo lieben chinesische Videos und Filme, die sie sich in den Internet-Cafes auf ihre Computer – und erstaunlich viele haben einen – herunterladen oder dort ansehen. Es ist eine ungemein mitreißende Mischung aus tibetischen und chinesischen Songs und Tänzen. Nach zehn Jahren im Exil singen manche Flüchtlinge, wenn man denn noch von Flüchtlingen sprechen kann, an Neujahr und anderen Festtagen immer noch am liebsten chinesische Lieder. Man mag hier jammern, dass das alte Feindbild verblasst, aber es muss sich doch nach siebenundvierzig Jahren etwas ändern im Miteinander, wie sonst soll eine neue und hoffentlich bessere Situation für die Tibeter in Tibet entstehen. Wie sonst sollen junge Tibeter und junge Chinesen sich eine gemeinsame Zukunft schaffen können?

Erstmals, so weit ich weiß, hat der Dalai Lama 2006 empfohlen, dass die jungen Leute im okkupierten Tibet Chinesisch lernen sollen, um bessere Fortkommenschancen zu haben, fast ein halbes Jahrhundert nach der Einverleibung Tibets durch die Chinesen. In einer Ansprache an die Tibeter, die zu Neujahr aus Tibet nach Dharamsala gekommen waren, hat er im März 2006 auszugsweise Folgendes gesagt[5]: „...Als Flüchtlinge fingen wir 1960 an, Schulen aufzubauen, um den Tibetern eine gute Ausbildung zu ermöglichen. Unser Wissensstand war damals weit am Ende der gesamten Welt. Anstelle von Klöstern sollten wir mehr Schulen errichten, denn mit einer modernen Ausbildung stehen wir im Einklang mit den anderen Völkern. Wenn die Tibeter in Tibet eine höhere Ausbildung, selbst in tibetischen Wissenschaften, erlangen wollen, so ist dies nur über eine chinesische Schulbildung möglich. So ist jedenfalls die derzeitige Situation. Meiner Ansicht nach sollte ein großer Teil der Studenten auch gute chinesische Sprachkenntnisse besitzen. Mein Appell an die Tibeter in Tibet: Es ist besser, Eure Kinder auf eine chinesische Schule zu schicken, als auf gar keine Schule..." Dem stellen sich offenbar auch viele Exil-Tibeter entgegen, das war jedenfalls unser Eindruck in Dharamsala, ein halbes Jahr vor dem März-Aufstand.

Quellenangabe:
1) Interview mit Alexander Berzin. Berlin, April 2001
2) Interview mit Nawang Lak, Kathmandu 2001
3) Interview mit Thamthog Tulku, Mailand, April 2000.
4) Interviews in der Sherab Gatsel Lobling School nahe Dharamsala, September 2007
5) Rundbrief Nr.1 der Deutschen Tibethilfe, Juni 2006

2. Studium zwischen Tradition und Moderne

Gewöhnlich sind morgens und nachmittags die Klöster erfüllt von Summen und Brummen, wenn die Mönche ihre Texte auswendig lernen. Jedes Kloster hat seine eigenen Texte aus der Fülle der buddhistischen Literatur zusammengestellt, insofern lernen die Mönche der verschiedenen Klöster, auch wenn sie derselben Tradition angehören, sagen wir der Gelug-Tradition, nicht immer das Gleiche. Erschwerend kommt hinzu, dass das Curriculum oft geändert wird, so dass ältere Geshes klagen, dass sie nicht so recht wissen, was nun eigentlich gilt. Aber es kommt wesentlich auf die Interpretation der Texte an, mehr als auf den geschriebenen Text selbst, und da gleichen sich die Verschiedenheiten wohl aus oder werden, im Gegenteil, noch größer, auch das ist möglich. So sollen die Sutras ohne Erklärung durch den Lehrer völlig unverständlich sein; und es gibt ganz wenige Studenten, die den Text sofort und ohne Erklärung verstehen.

Diese Interpretationsbedürftigkeit der Texte, in der Philosophie, aber auch in der Medizin, macht Ausländern das wirklich tiefe Eindringen in den Gehalt der Texte so schwierig, wenn nicht unmöglich, selbst wenn man Tibetisch – das Tibetisch der Literatur – lesen kann. Dieses und das Umgangstibetisch sind zwei verschiedene Sprachen, nicht ganz so verschieden wie Italienisch und Latein. Es sei denn, man macht das Studium eines Arztes oder Geshes von Anfang bis Ende mit. Da gibt es meines Wissens nur zwei Westler, die das getan haben: Der Amerikaner Michael Roach hat in Sera Jhe Philosophie studiert und der Neuseeländer Berry Clark in Dharamsala bei einem Privatarzt Medizin gelernt. Das spricht für sich.

Die Studenten lernen zunächst nur ihre Texte auswendig. Damit beschäftigen sie sich in den ersten Jahren. Der Sinn des Gelernten wird ihnen erst sehr viel später erklärt. Ein Lehrer hat etwa hundert bis hundertfünfzig Schüler, die zweimal wöchentlich zu ihm kommen. So etwas wie Uni-Gebäude oder Klassenräume gibt es nicht. Alle sitzen in einem großen oder kleinen Raum auf dem Boden. Diese Art des Lernens erscheint uns vielleicht als Zeitverschwendung und würde jeden westlichen Studenten – der eine völlig andere Erfahrung im Lernen hat – frustrieren, hat aber den Vorteil, dass das Gelernte meist lebenslang abrufbar ist. Man kann bei Vorträgen tibetischer Lamas, vor allem wenn sie übersetzt werden, sehr deutlich merken, wenn der Lama in den Pausen *auf Autopilot schaltet* oder müde wird und nur noch laut memoriert, ohne selbstständig zu formulieren.

Das Ziel der studierenden Mönche ist es letztlich, die Geshe-Prüfung zu schaffen. Es gibt vier verschiedene Grade, der höchste ist der Grad eines Lharampa-Geshes, sozusagen der Goldstandard, vergleichbar einem Doktor der Theologie bei uns. Bei den Geshe-Prüfungen fallen regelmäßig fünfzehn bis zwanzig Prozent durch, die Betreffenden können das aber in den nächsten Jahren nachholen. Zeit spielt im Grunde keine Rolle, denn was macht man schon mit so einem Titel, wenn man im Kloster bleibt? Man lehrt selber bzw. bleibt eine Art Hilfslehrer, wenn es für die höheren Weihen nicht gelangt hat. Die jungen Geshes unterrichten junge Studierende, die älteren helfen den berühmten Lehrern, die Hunderte von Studenten haben und sich um Einzelne nicht kümmern können. Da das Studium aber so lange dauert, ergibt sich zumindest zwischen Lehrern und Meisterschülern ein lebenlanges Vertrauensverhältnis. Allein in Loseling gibt es mehrere hundert Geshes aller Grade, von denen vierzig in die USA gegangen sind und dort, wie die Zurückgebliebenen neidisch anmerken, unheimlich viel Geld verdienen. Andere jobben ein paar Monate in den USA in buddhistischen Zentren und bringen, so heißt es, viel Geld zurück. Alle Geshes seien heute *non-sectarian*, wurde uns gesagt, das heißt über den verschiedenen Schulen des Tibetischen Buddhismus stehend. Das ist eine Richtung, die Ende des 19. Jahrhunderts in Ost-Tibet aufkam und das Trennende zwischen den verschiedenen Traditionen vernachlässigt und die Gemeinsamkeiten – auch mit gewissen Bön-Lehren – betont. Zunächst waren es nur einige hohe Lamas aus der Nyingma-Tradition, welche diese Denkrichtung vertraten, in den letzten Jahrzehnten wuchs ihre Anhängerschaft aber lawinenartig an. *Non-sectarian* zu sein, ist trendy geworden, selbst unter den Gelugpas, die der Bewegung anfangs misstrauisch gegenüberstanden.

In der Nyingma-Tradition ist es so, hat uns Tulku Ngedön erklärt[1], dass man sein Wissen nicht unbedingt sofort weitergeben, das heißt lehren darf, auch wenn man sein Studium erfolgreich abgeschlossen hat, sondern man muss darüber zehn, zwanzig Jahre meditieren, ehe man sich fragt, wie man nun als Lehrer fungieren soll. Man lernt dann, wie man ein Gespräch mit einem neuen Schüler führt, wie man ihn einschätzen kann und aufgrund welcher Kriterien. Wenn man als Lehrer eine Spitzenleistung erbringt, dann kann man in fünf Minuten einen Lehrplan für ein ganzes Leben ausarbeiten. S.H. Penor Rinpoche ist so jemand: Ein Kandidat kommt herein, man redet über das Wetter und Penor Rinpoche weiß dann schon ungefähr, wie der Andere einzuschätzen ist und welche Kapazitäten er hat. Dieses Studienobjekt wird für ihn zu langweilig sein, zu wenig Herausforderung; und jenes wird er nie annehmen oder sich vorstellen können. Der neue Mönch bekommt dann seine für ihn passende Weltsicht. Würde man darüber hinweggehen, dann würde man ihn vor eine Mauer stellen, die er nicht überwinden kann.

Die Wissensübermittlung ändert sich von Generation zu Generation, abhängig vom sozialen Umfeld. Sie kann plötzlich ganz schmal werden, nur noch von Lehrer zu Schüler, nicht mehr in der Breite. Dann wieder ändert sich das Ganze. Seit Jahrhunderten festgeschriebene Belehrungen können so verlorengehen, weil der Halter der Lehre glaubt, die nachfolgende Generation sei geistig zu eingeschränkt. So überlegen die hohen Lamas ständig, welche Lehren weitergegeben werden sollen und welche nicht. Manche sind nur eine Seite lang, andere sind in mehreren Büchern niedergelegt.

Solche Aussagen klingen wie ein Bericht über einen geheimen Rat in Shangri-la, wo über Wohl und Wehe der anderen entschieden wird. Penor Rinpoche, sagt der Tulku, der selbst zu so einem obersten Rat gehört, hat die Macht, jederzeit Gelübde, die nicht mehr zeitgemäß sind, abzulegen und andere einzufügen. Wie einst Petrus, kann er binden und lösen. Er entscheidet nach Beratung mit den hohen Lamas, welche der Lehren weiter übermittelt und übertragen werden und welche archiviert und vergessen werden. Ein solches Vorgehen ist nur dort möglich, wo die Führung, unter voller Ausnutzung aller Möglichkeiten elektronischer Kommunikation, straff zentralisiert ist – man kann sich das in der Gelug-Tradition aber in gar keiner Weise vorstellen, auch nicht in der Kagyü-, allenfalls in der Sakya-Tradition.

Quellenangabe:
1) Interview mit Tulku Ngedön, Berlin, Oktober 2006

3. Moderne Mönche

Ganz allmählich öffnen sich die Lamas auch der Moderne. Noch vor zehn, zwölf Jahren gab es ältere Lamas, die strikt gegen das Aufstellen von Toilettenhäuschen auf dem Klostergelände in Sera waren, obwohl es wahrlich kein erhebender Anblick war, die Mönche gegen die Mauern urinieren zu sehen – ganz abgesehen von dem erbärmlichen Gestank überall. Sie meinten, das ganze Getue sei völlig unnötig, in Tibet sei man auch auf die Felder gegangen oder dahin, wo ein bisschen Grün wuchs.

Aber Anfang der achtziger Jahre begann der Dalai Lama den Westen zu bereisen, und das taten zur gleichen Zeit auch viele Rinpoches und Geshes. Auf nicht wenige von ihnen wirkte das, wie einer von ihnen es uns gegenüber einmal ausdrückte, wie eine Gehirnwäsche. Sie sahen auf einmal, wie sauber und schön das alles im Westen war, die sauberen Straßen und Blumen und blühende Büsche in den Gärten; und langsam kam auch in den Großklöstern ein Bedürfnis nach Sauberkeit und grünen Flächen auf. Das fing mit den Häusern der hohen Lamas an – Guru Village nennt man in Sera das Viertel, wo sie ihre Villen haben – und breitete sich über die Klosterdörfer bis hin zu den Siedlungen der Bauern aus. Nachts leuchten die Solarlampen, die Straßen sind jetzt asphaltiert und sauber, und schmiedeiserne Straßenschilder weisen den Weg. Man kann in den klostereigenen Restaurants essen und trinken, ohne sein Besteck und sein Glas vorher dreimal abzuwischen; und der Müll liegt nicht mehr herum, sondern wird von den Mönchen selbst abgefahren (Foto 21). In den letzten etwa fünf Jahren sind in dieser Hinsicht wahre Wunder geschehen.

Der Dalai Lama hat zwar Einfluss auf die Klöster und kann raten und mahnen und wohl notfalls auch anordnen, aber er sucht bei

Konflikten wohl, wie in anderen Dingen auch, eher einen mittleren Weg. Bei den Gelugpas ist auch nicht der Dalai Lama der Thronhalter, sondern der „Gaden Tipa"; der jetzige ist der 101. und lebt im Kloster Ganden-Shartse. Die Machtbefugnis in den Klöstern haben einerseits die Äbte, die in Ganden, Drepung und Sera vom Dalai Lama, basierend auf einer Liste mit handverlesenen Kandidaten, ernannt werden, aber die eigentlichen Amtsgeschäfte führen Administratoren, die von der Gesamtheit eines Klosters gewählt werden. In Loseling sind das acht Personen. Abt zu sein, ist ein Ehrenposten für fünf oder auch sechs Jahre, dennoch verantwortungsvoll. Wir kennen einige dieser Äbte und haben den größten Respekt vor ihnen.

Mönch-sein ist nicht gleichbedeutend mit Student-sein in den Klosteruniversitäten, von denen hier die Rede ist. Viele der Mönche, rund ein Drittel, sind, so hören wir immer wieder, am Studieren nicht besonders interessiert. Über zehn Prozent der Mönche seien absolut ungeeignet für ein Studium und bekommen etwa einen Job in der Küche (Foto 22) oder in der Verwaltung. Viele von ihnen haben beim Bau der neuen Tempel und riesigen Versammlungshallen, die zehntausend Personen und mehr fassen können, mitgeholfen, obschon Tibeter dafür bekannt sind, dass sie Handarbeit ablehnen. Sie treiben lieber Handel.

Wir haben uns oft gefragt, warum man die Mönche nicht als Lehrer in die Grundschulen schickt, anstatt indische Lehrer zu beschäftigen. Es ist zum Beispiel in Nepal ein großes Problem, dass es dort keine oder nicht genügend tibetische Schulen gibt, so dass die dort lebenden tibetischen Flüchtlinge gezwungen sind, ihre Kinder für nicht wenig Geld auf eine tibetische Internatsschule in Indien zu schicken. Auf unsere Fragen, warum das so sei, haben wir vor vielen Jahren nur ein Achselzucken von dem zuständigen Minister der Exilregierung als Antwort bekommen, was wohl so viel hieß wie: Dann müssen die Klöster uns erst einmal ihre Mönche dafür freigeben. Darauf hätten sie keinen Einfluss. Heute soll sich das langsam, aber keineswegs in zureichendem Maße ändern, denn jetzt werden tibetische Lehrer in Dharamsala und Varanasi ausgebildet. Dafür gibt es nun das Problem, dass die zuständigen indischen Schulbehörden selbst sehen müssen, dass nicht indische Lehrer arbeitslos werden.

Tibeter aus Tibet bekommen angeblich leichter die Arbeitserlaubnis für die USA, und so geben sich dann Tibeter im Exil auf den US-Konsulaten als Flüchtlinge aus und benutzen alle möglichen Tricks, um ein Visum zu bekommen. Einige Geshes gehen für vier Wochen nach Dharamsala, um dort an einem Kurs für „Science" (Physik, Biologie und Chemie) teilzunehmen, den westliche Lehrer dort abhalten. Ein Team aus der Schweiz macht übrigens Ähnliches in den Klöstern – unser Tulku hat in Loseling zwanzig Teilnehmer gezählt, etwas mehr als ein Prozent aller Studenten des Klosters. Solche Geshes versuchen dann, eine Einladung aus den USA für wissenschaftliche Arbeit und damit ein Zweijahres-Visum zu bekommen. Sie sind nur am Visum interessiert, als Sprungbrett für die so begehrte „Green Card". Es scheint, als klafften zwischen den Nöten und Hoffnungen der Basis und dem, was von ganz oben über die Medien verbreitet wird, dass man nämlich den Mönchen die Naturwissenschaften nahe bringen wird, Welten.

Es gibt Mönche, die eigene, bescheidene Häuser haben, wenn sie aus reichen Familien stammen. Sie nehmen dann mittellose Mönche in ihre Häuser auf. Einer unserer Freunde in Sera Jhe, ein Geshe, der elf Geschwister hat und dessen Familie in Nepal mit Teppichen handelt, ließ in seinem kleinen Haus elf andere junge Mönche wohnen. Pro Person bekam er dafür fünfzig Rupien im Monat vom Kloster erstattet – heute sind das weniger als ein Euro. Zum Teil hatte er die Leute selbst über die Grenze von Tibet nach Nepal gebracht. Das hatte ihn einmal fünfzigtausend Rupien gekostet, das sind zwar weniger als tausend Euro, aber die Kaufkraft ist zehnmal so hoch. Da er das Geld nicht hatte und auch seine Familie nicht fragen wollte, borgte er es sich bei einem indischen Freund. Um ihm das Geld zurückzuzahlen, borgte er sich weitere vierhunderttausend Rupien von allen möglichen Leuten und Organisationen, gab das Geld auf die Bank und bekam dafür damals achtzehn Prozent Zinsen. Dieses Geld verlieh er wiederum an Inder für fünfundzwanzig Prozent Zinsen, und von der Differenz, den sieben Prozent, zahlte er innerhalb von zwei Jahren den ursprünglichen Kredit von fünfzigtausend Rupien zurück.

Der Geshe, der zu dem Zeitpunkt in der Verwaltung des Gesamtklosters Sera beschäftigt war, betonte, man müsse flexibel sein und manchmal auch ein bisschen doppelzüngig, wenn man etwas erreichen wolle, auch im Umgang mit westlichen Sponsoren. Man könne ihnen nicht immer die ganze Wahrheit sagen, wenn sie nur für einen ganz bestimmten Zweck zahlen wollten, man aber das Geld viel besser anders anlegen könne. Er beklagte sich aber, dass nie jemand Danke sage, wenn man gute Arbeit geleistet habe. Die Vorstellung, dass man alles in seiner Macht Stehende nur tue, um sein eigenes Karma zu verbessern und Verdienst zu sammeln, ist zwar eingefleischt, frustiert aber offensichtlich auch einen tüchtigen und ungemein praktischen Mönch.

Das einzige Problem, das man mit Tibetern haben kann, ist, wir sagten es schon, dass man mit ihnen keine Termine vereinbaren kann. So ging es uns auch wieder einmal in Sera. Wir standen vor dem Haus von Gomo Rinpoche, und es hieß: „Ja, der Rinpoche ist gestern gerade nach Italien abgereist, nach Pomaia" – das ist ein tibetisches Kloster in der Toskana. Shiwalha Tulku, der ranghöchste Tulku in Sera, war gerade für ein Jahr in die Schweiz geflogen, wo er geboren worden war. Thomthog Tulku war in Mailand – und so fort. Andere reisen in Asien herum, um Spenden einzusammeln, oder sie sind gerade für ein halbes Jahr nach Dharamsala gefahren. Aber auch die einfachen Mönche gehen schon mal in die nächste Stadt ins Kino, fahren zu Belehrungen des Dalai Lama in andere Klöster oder zu einer Kalachakra-Initiation nach Bodhgaya oder Amaravati. Bei solchen Anlässen reist das ganze Kloster in Bussen und LKW's fröhlich winkend und singend ab. Seit zwei Jahren besucht eine Gruppe tibetischer Mönche sogar den Ashram von Sathya Sai Baba in Puttaparthi in Andhra Pradesh, um dort mit Indern und Chinesen aus Südostasien zusammen das chinesische Neujahrsfest zu feiern. Auch 2009 – immerhin ist das nach den politischen Turbulenzen im Vorjahr bemerkenswert. Die Isolation der frühen Jahre im Exil, die nicht gerade glorreich war, ist vorbei, und das hat sicher sein Gutes. Das Mindeste, was die Mönche tun, ist sich die weite Welt aus dem Internet auf ihren Computer zu holen, wenn sie denn einen geschenkt bekommen haben. An bestimmten Festtagen dröhnen dann indische Liebeslieder aus den Bollywood Filmen aus den Fenstern der Khamtsen, und abends tanzen Mönche ausgelassen in illuminierten Gärten oder spielen eine Art Bingo – um Geld. Das erste Mal, als wir da zuschauten, waren wir entsetzt, weil das gar nicht in unser Bild von einem mönchischen Leben passte. Inzwischen finden wir es gut, dass die Jungen einmal im Jahr die Möglichkeit haben, ohne Reue zu feiern – wie bei uns im Karneval.

Ihre Studenten seien so unkonzentriert, klagen die Geshes; und wir ergänzen: Die jungen Mönche, die wir näher kennen, wirken total unorganisiert. Um eine Sache zu tun, laufen sie dreimal hin und her, fahren eben mit der indischen Riksha in den nächsten Ort, um etwas einzukaufen, was absolut Zeit hätte, oder fahren mit dem Bus nach Hubli oder Mysore oder mit dem Zug nach Bangalore. Auch eine Reise nach Delhi, die gut zwei Nächte und zwei Tage dauert, ist keine Hürde. Sie brauchen für längere Reisen zwar die Erlaubnis ihres Lehrers, aber das ist offenbar unproblematisch. Man schaut wenig nach innen und mehr auf das Äußere, auf das, was andere haben, im Ausland oder in anderen Klöstern, oder die hohen Lamas in dem eigenen Umfeld. Aber was erwarten wir denn? Lauter kleine Heilige in den Klöstern? Im Westen, in den buddhistischen Zentren zumal, wird der Mythos Tibet nach wie vor so gepflegt und gehegt, dass wir uns ein tibetisches Kloster nur noch als eine Ansammlung bedürftiger Mönche vorstellen können, die Gebete murmelnd mit gefalteten Händen herumlaufen – und nicht als eine Ansammlung von Tausenden junger Männer mit ganz irdischen Problemen, Wünschen und Sehnsüchten.

Viele Mönche sind extrem abergläubisch nach allem, was wir in den Klöstern gehört haben – aber das soll auch für viele westliche Buddhisten gelten. Sie laufen bei den alltäglichsten Anlässen zu ihren Lamas und lassen das Mo machen, eine Art der Divination, für die es verschiedene Techniken und spezielle Orakelbücher gibt, aus denen das Ergebnis abgelesen werden kann. Der Dalai Lama hat in Mundgod gesagt, berichtete uns Ling Gala Tulku, die Mönche sollten doch die ganzen verrückten Pujas mit ihrem Glöckchengebimmel lassen. Das sei alles Bön und habe mit dem wirklichen Buddhismus nichts zu tun. Im gleichen Atemzug erzählte der Tulku uns, dass ein *Builder*, also ein Baulöwe, plötzlich gestorben sei. Einige Nächte später sprach der Tote plötzlich aus einer Frau. Der Tulku sollte helfen und nahm ein Band, wie man es als Lesezeichen benutzt, und legte es der Frau um den Hals. Der Geist fuhr darauf in eine andere Frau. Ling Gala Tulku, der Student, der von tantrischen Techniken noch keine Ahnung hatte, wiederholte das so lange, bis der Geist entnervt verschwand und nicht wieder auftauchte. Ist das auch Aberglauben?

Die Kommunikation zwischen den verschiedenen Siedlungen und auch zwischen den Klöstern funktioniert offensichtlich schlecht. Große Meister, wie Geshe Ugyen, die in einem Kloster seit langem lehren und dort hoch verehrt werden, sind jüngeren Mönchen in anderen Klöstern total unbekannt. Über die Unterschiede und

Gemeinsamkeiten zwischen den einzelnen tibetischen Traditionen lernen die Studenten nichts; und welche Tibeter wo im weiten Indien und in den angrenzenden Himalaya-Ländern leben, darüber wissen die Jungen und wohl auch die Älteren herzlich wenig. Bei einer so kleinen Gemeinschaft von maximal 130.000 Menschen verwundert das schon etwas, aber es gibt innerhalb der Exilgemeinschaft keine wirklichen Medien und auch keine Zeitungen. Die Älteren können nicht lesen, und die Jüngeren sind eher uninteressiert, an Politik sowieso.

4. Im Hintergrund lauert manchmal die Habgier

Die etwas älteren Studenten schauen manchmal etwas hochmütig drein und spielen mit ihren Handys. Jeder habe jetzt eines, dank ihrer Sponsoren, sagte ein Lama. Die Zeiten haben sich geändert, und es sei eben wie überall, die Habgier nehme zu, nicht zuletzt genährt durch das Fernsehen, das den Mönchen in den meist von Indern betriebenen Cafes überall zur Verfügung steht. Dort sehen sie, wenn sie es nicht ohnehin schon wissen, was es alles gibt auf dieser schönen Welt. Sie sehen die westlichen Besucher, die alle mögliche Elektronik mit sich herumtragen, und so ist es nur zu natürlich, dass sie das alles auch gern haben möchten. Daher drehen sie so lange an den Händen der Gutmenschen aus dem Westen, bis die tatsächlich das Gewünschte materialisieren oder wenigstens das Geld dazu – ein Verhalten, das wir übrigens von wirklich bedürftigen Indern nicht kennen. Das Bodhisattva-Gelübde scheint in weite Ferne gerückt. Man befriedigt sein Ego unter dem Vorwand, dass man ja den Gutmenschen etwas Gutes tue, wenn man sie veranlasst, dem Robenträger einen Wunsch zu erfüllen; denn damit gibt man ihm Gelegenheit, Verdienste für die Ewigkeit zu sammeln. Irgendwie ist das wohl auch so eine Art Spiel geworden, herauszufinden, wie weit man gehen kann, wenn man seine Wünsche anmeldet.

Schließlich sind es junge Leute, mit denen man in diesen Dingen zu tun hat, nicht hartgesottene Profis. Meine große Sympathie für Tibeter im Allgemeinen und Mönche im Besonderen wird durch solche Überlegungen nicht geschmälert.

Versuche, zu erklären, wie das Leben bei uns ist, wie hart die meisten von uns arbeiten müssen oder wie die sozialen und politischen Verhältnisse bei uns sind, versanden fruchtlos. Das übersteigt offenbar das Vorstellungsvermögen derer, die nie im Westen waren. Ob die Geshes und Rinpoches, die im Westen von Zentrum zu Zentrum weitergereicht werden, mehr davon erfahren, ist zweifelhaft. Das ist eigentlich schade, denn die tibetische Exilgemeinschaft hat Jahrzehnte am Tropf des Westens vor sich hingedämmert. Es hieß immer, man betreibe Hilfe zur Selbsthilfe, aber von einer Anstrengung, sich selbst zu helfen, war bisher wenig zu spüren. Als der derzeitige Chef der Exilregierung, Samdong Rinpoche, 2006 meinte, es sei nun Zeit, zur Selbsthilfe zu greifen und die Exiltibeter auf Eigenverantwortung umzustellen, ging ein freudiges Raunen durch die Reihen der Wohltäter aus dem Westen. Nun hätten sich wohl doch alle Anstrengungen über so viele Jahre hinweg gelohnt. Allerdings hatte der Dalai Lama schon im Jahr zuvor in einer Ansprache seine Landsleute darauf hingewiesen, nicht einfach die Hände in den Schoß zu legen und abzuwarten. Nach Jahren großzügiger Hilfe aus dem Ausland sollten sie allmählich selbst die Verantwortung für ihr Wohlergehen übernehmen. Er sprach auch die Tatsache an, dass immer noch jährlich etwa dreitausend Tibeter ihre Heimat verlassen und nach Indien kommen; die meisten von ihnen seien Kinder und Jugendliche, die nicht politisch verfolgt seien, sondern von ihren Eltern geschickt würden, weil sie sich bessere Ausbildungsmöglichkeiten erhoffen oder auch, weil sich die Eltern getrennt haben oder arme Familien sich kein Kind mehr leisten können – ein offensichtliches Tabuthema.[1]

Die zwei Begriffe, die man in den Klöstern am häufigsten hört, sind: „To benefit people" und „getting merits". Alles, was ein Mönch oder Lama macht, wird zum *Benefit* umgedeutet, hilfreich für alle lebenden Wesen. Ethik und Moral der Mönche nehmen aber, so behaupten ältere Geshes, ab, nachdem nun das westliche Leben in Form von Internet Cafes und vielen indischen Besuchern auch die Klöster erreicht hat. Und „merits", Verdienste, erwerben wir gewöhnlichen Menschen in der Regel, indem wir in irgendeiner Form unser Geld hergeben.

Der Begriff „Verdienst" spielt bei den Tibetern eine große Rolle. Man hat ihnen offenbar über Jahrhunderte klar gemacht: Gib dem Kloster und Du erwirbst Dir Verdienst. Du minderst Dein schlechtes Karma. Ich erinnere mich, wie betroffen ich Ende der achtziger Jahre in einem der Großklöster in Tibet zugeschaut habe, als einfache, sichtlich arme Bauern, die von weither gekommen waren, den jungen Mönchen während einer Puja Geld in die Hand drückten und dafür nicht einmal einen Blick oder gar ein Lächeln bekamen. Ich fand das absurd. Aber es ist schon so, auch im Exil, dass man sich für eine bestimmte Gabe eines anderen, sei sie groß oder klein, nicht besonders bedanken muss, denn der Gebende hat sich ja ein Verdienst erworben, hat sein Karma gereinigt oder Gutes hinzugewonnen. In jedem Fall hat er in erster Linie etwas für sich selbst getan, das erst in zweiter Linie einem Mitmenschen – oder einer Institution, welche die Spende später verteilt – zugute kommt.

Asiaten sehen das generell genauso, das ist wohl auch der Grund, weshalb sie den Klöstern in den letzten Jahren große Spenden haben zukommen lassen, aber nicht zur freien Verfügung oder für den Bau von Schulen, Krankenhäusern oder Altenheimen, sondern für den Bau wunderbarer Tempel, von denen sie sich offenbar, so sagen es die Geld sammelnden Lamas, die es ja wissen müssen, den größten Verdienst für sich selbst versprechen. Westlern ist das Denken in karmischen Begriffen doch eher fremd, sie geben in dem guten, in der christlichen Kultur verankerten Willen zu helfen und sind dann oft etwas gekränkt, wenn von Seiten der Beschenkten, seien es Einzelpersonen oder Institutionen, keine besonders freudvolle Reaktion erfolgt.

Dass dieses ein uraltes Problem ist, zeigt eine Geschichte, die dem großen indischen Meister Vasubandhu (4.Jhdt.n.Chr.) zugeschrieben wird. Jemand fragte ihn, ob es nicht sinnlos sei, den Statuen der Buddhas und Bodhisattvas oder den Stupas zu opfern. Man solle doch lieber der Sangha, also der Gemeinschaft der Gläubigen, etwas zukommen lassen, speziell den Mönchen. Das würde verdienstvoll genug sein. Vasubandhu erwiderte darauf: „Nun gut, wenn das Opfer vor einer Statue auch nicht dem Buddha selbst hilft, so hilft sie doch dem Opfernden, der dadurch dem Buddha seine Liebe beweist" – und sich Verdienst erwirbt.

Die jungen Geshes, die ihr Examen bestanden haben, opfern heute nicht nur vor einer Statue, sondern spenden manchmal dem Kloster eine lebensgroße Statue, natürlich feuervergoldet (Foto 23). Ich sollte einmal das Gold für eine solche Statue mitbringen, das es in der gewünschten Legierung in Indien nicht gab. Ich war perplex, weil ich meinte, man könne dem Kloster das Geld für eine bessere Verwendungsmöglichkeit geben, stieß damit aber bei dem sonst sehr modernen, aufgeschlossenen Neu-Geshe auf völliges Unverständnis. Die Statue kostete beispielsweise seine Familie damals 35.000 DM. Zu Hause, im buddhistischem Zentrum, hieß es auf mein Maulen hin lakonisch: „Ja, ja, Du hast schon recht, aber das ist eben dort Tradition, und daran können wir nichts ändern." Aber uns wird immer wieder gesagt, dass WIR unsere geistige Einstellung ändern müssen, wenn wir glücklich werden wollen. Irgendwie ist das eine unbefriedigende Situation. Natürlich gibt es auch anderswo solche überlebten Traditionen, wie zum Beispiel bei der Mitgift in Indien, die ganze

Generationen in einer Familie zugrunde richten kann, doch ist das kein Grund, nicht an überlebten tibetischen Traditionen zu rütteln.

Wenn man Spenden geben will, dann tut man das natürlich am besten über entsprechende Organisationen – zum Beispiel die Deutsche Tibethilfe, die bereits 1962 gegründet wurde und laut ihrem Rechenschaftsbericht für 2006 mit einem betrieblichen Aufwand von nur sechs Prozent arbeitet! Sie stellt auch eine Spendenbescheinigung für das Finanzamt aus. Aber die Unkosten solcher Organisationen, ob sie nun klein oder groß sind, liegen mit Ausnahme der genannten Tibethilfe teilweise – und keineswegs immer gerechtfertigt – bei fünfzig Prozent: Auch das ist eine unbefriedigende Situation. Gibt man als Einzelner Geld, dann sollte man in erster Linie Kinder und Alte bedenken, denn für die Klöster ist gesorgt, unter anderem durch die Flüchtlingshilfen der tibetischen Zentren, die Hervorragendes geleistet haben. Es gibt einige wenige Altenheime in Dharamsala, aber nur selten in den Siedlungen außerhalb. Es ist eher das Ziel, die alten Menschen in den Familien zu lassen und zu versuchen, diese finanziell zu unterstützen, indem man Sponsoren für sie findet. Hier hat die Deutsche Tibethilfe Beispielhaftes geleistet, auch für die tibetischen Schulen in entlegenen Gebieten. Für die Alten zu sorgen und sich der Jugend anzunehmen, scheint mir immer noch die sinnvollste Aufgabe privater Sponsoren zu sein. Inzwischen werden auch Klöster und Dörfer in Tibet selbst mit Geldern bedacht, manchmal einfach, weil es das Heimatdorf eines im Westen lebenden Rinpoche ist oder weil sein Kloster in der Nähe liegt. Vor einiger Zeit hat aber die tibetische Exilregierung das organisierte Spendenwesen an sich gezogen und will selbst oder über Komitees vor Ort über die Verteilung der Gelder entscheiden. Dies ist durchaus nicht immer im Sinne der Spender.

Quellenangabe:
1) Rundbrief der Deutschen Tibethilfe, No.1, 2007

VIII. Der Kampf um die Gleichberechtigung der Nonnen

1. Dolma Ling Institute for Dialectics

Ein im Westen eher unbekanntes Kapitel der heutigen Situation der Tibeter ist die Stellung der Nonnen in der seit den Zeiten des Buddha männlich dominierten religiösen Hierarchie. Aber auch hier zeigt sich, dass bei den Tibetern unter dem Einfluss westlicher Vorstellungen von der Gleichberechtigung der Frauen die Mauern zu bröckeln beginnen, welche die Mönche von den so lange unterprivilegierten Nonnen abgrenzen.

Eines der schönsten aller tibetischen Klöster, die wir im Laufe der Jahre besucht haben, ist zweifellos das Nonnenkloster Dolma Ling (Foto 24) in der Nähe des Norbulingka bei Dharamsala mit derzeit (2007) zweihundertdreiundfünfzig Nonnen, sechzehn Lehrern und zwölf Angestellten. Es ist Teil eines ehrgeizigen Projektes, das den tibetischen Nonnen am Ende die Gleichstellung mit den Mönchen bringen wird. Der Bau des Klosters ist jetzt fast abgeschlossen, es fehlen nur noch eine Solaranlage und einige kleinere Zusatzbauten: Kosten bisher 1,3 Millionen Dollar. Siebenunddreißig Nonnen haben bisher in Dolma Ling die ersten Examina in tibetischer Philosophie abgelegt und den Titel *Pharchin Rapjampa* erhalten, dreißig von ihnen haben den untersten Grad eines *Geshe* erreicht, zwanzig den zweiten und zwölf werden in drei Jahren zur Prüfung des höchsten, des Titels eines *Geshe Lharampa* antreten können! Damit wäre dann erreicht, was es nie zuvor in der tibetischen Religionsgeschichte gegeben hat – eine völlig Parität der Nonnen und Mönche.[1]

Die meisten der Nonnen stammen aus Indien, es sind nur wenige Flüchtlinge unter ihnen. Letztere, aber auch andere aus Spiti und Ladakh, die keine ethnischen Tibeter sind und für die es in ihren abgelegenen Regionen keine Ausbildungsmöglichkeiten gibt, waren Analphabeten. Sie mussten erst einmal Tibetisch lesen und schreiben lernen, und heute gehört auch Englisch zu ihrem Ausbildungsplan. Sie durchlaufen neun Jahre lang das gleiche philosophische Studium, das auch in den Mönchsklöstern gelehrt wird. Ergänzend werden Computerkurse, Kurse in der Herstellung von Sand-Mandalas und anderen Ritualen, aber auch Erste-Hilfe-Kurse angeboten; und demnächst soll sogar eine Ausbildung in tibetischer Medizin eingeführt werden. Sämtliche Arbeiten im und um das Kloster machen die Nonnen selbst. Es werden keine indischen Angestellten beschäftigt. Die Nonnen in Dolma Ling machen jetzt eine eigene Hauszeitung – alles in allem ein riesiger Fortschritt in relativ kurzer Zeit, auf den sie sehr stolz sind. Es gibt bisher keine Äbtissin; deren Aufgabe erfüllt die Gründerin Rinchen Khando Choegyal.

Der Tempel des Klosters, der dreihundert Personen fasst, hat einen Holzfußboden. Die Gemälde im Tempel sind gewebt, gestickt oder genäht von zwei Nonnen und einem Mönch aus dem Namgyal-Kloster in Dharamsala, der wohl für die ikonographisch korrekte Durchführung gesorgt hat. Es gibt eine große Bibliothek, einen großen und einen kleineren Konferenzsaal sowie einen Vorlesungsraum mit einfachen Plastikstühlen, wie überall mit gutem Licht. Dazu kommt ein Debattenhof. Es gibt drei Gästehäuser, eine kleine Ambulanz mit einer Schwester und zwei Sozialarbeitern, der Arzt kommt vom allopathischen Delek-Hospital in Dharamsala. Es gibt auch eine gute Zusammenarbeit mit einem kleinen Hospital in der unmittelbaren Nähe, das von christlichen Nonnen geführt wird. Die Nonnen sind in zweistöckigen Seitenflügeln untergebracht. Alles wirkt sehr großzügig und licht. Die Farbgebung der Wände innen und der Mauern außen ist aufeinander abgestimmt. Man merkt deutlich, dass hier eine Frau – Rinchen Khando Choegyal – gestaltend gewirkt hat. Auch ein Blumengarten fehlt nicht, und die Nonnen verkaufen Blumen, Kartoffeln und Gemüse, das sie selbst anbauen. Die Wasserversorgung ist durch einen vorbeifließenden Bach gesichert, der ganzjährig Wasser führt, das durch mehrere Kammern gefiltert wird – trotzdem gibt es gelegentlich Probleme mit der Wasserqualität.

Dieses Prunkstück von einem Kloster, das aus besten Materialien erbaut wurde, ist ein Ort, an dem man gut leben und studieren kann. Man sieht fröhliche, lachende Gesichter junger Mädchen, nirgends kommt ein Gefühl der Einengung auf oder gar das Gefühl, dass man in einem übervölkertem Bienenstock lebt. Die Nonnen, die dort Aufnahme gefunden haben, sind wirklich privilegiert (Foto 25), denn die übrigen Nonnenklöster, die zu dem Projekt gehören, sind im Vergleich zu Dolma Ling weit weniger gut ausgestattet.

Dolma Ling ist Teil eines Nonnen-Projektes, das Rinchen Khando, die Schwägerin des Dalai Lama und langjährige Erziehungsministerin, ins Leben gerufen hat. Als Angehörige der alten Oberschicht hat sie es sicher leichter als andere gehabt, ihre für tibetische Verhältnisse hochgesteckten Ziele in die Praxis umzusetzen, aber man kann die Hartnäckigkeit und Zielstrebigkeit dieser Frau nur bewundern. In der tibetischen Gesellschaft, zumindest in der Oberschicht – und nur darüber sind Berichte zugänglich – haben die Frauen immer eine den Männern ebenbürtige Rolle gespielt und zumindest im letzten Jahrhundert auch eine gute Ausbildung erhalten. Rinchen Khando ist dafür ein hervorragendes Beispiel.

Im November 2004 habe ich Rinchen Khando (Foto 26) in Hamburg interviewt, als sie dort einen Vortrag hielt[1]: „1984 haben wir die tibetische Frauenvereinigung gegründet", erzählte sie, „deren erste Präsidentin ich wurde. Damals sagte uns Seine Heiligkeit, wir sollten uns nun auch um die Nonnen kümmern, für die es in unserer Tradition bisher keinerlei Bildungssystem gegeben hatte. Damit haben wir 1987 begonnen. Unserem „Nun´s Project" sind heute fünf Nonnenklöster angeschlossen: Zwei ältere Klöster, Gaden Choeling in Dharamsala und ein kleines Kloster außerhalb in Tilodpur, das Kloster Dolma Ling in Sidpur, in der Nähe des Norbulingka, sowie die Ngagyur Nyingma Nunnery (Shugsep) in Dharamsala." Inzwischen (2007) ist ein weiteres kleines Kloster in Spiti, einem schwer zugänglichen Hochtal auf viertausend Meter Höhe, mit etwa dreißig Nonnen hinzugekommen. Die baufälligen Gebäude des Klosters Shugsep sollen an anderer Stelle neugebaut werden, mit Platz für einhundertacht Nonnen und ihre Lehrer.

„Zunächst mussten wir für eine bessere Unterbringung und bessere hygienische Verhältnisse in den beiden Klöstern in und um Dharamsala sorgen" – und die waren, das wissen wir aus eigener Anschauung, wirklich katastrophal. „Dann flüchteten 1990 vierundsechzig Nonnen aus Tibet nach Dharamsala, und stellten für uns ein Riesenproblem dar." Ich war dabei, als Rinchen Khando die erste Gruppe dieser Nonnen, die zu Fuß über den Himalaya gekommen waren, in der Abenddämmerung begrüßte. Es waren etwa zwanzig rotbackige junge Nonnen (Foto 27), die sich da im Garten eines kleinen, von Rinchen Khando angemieteten Hauses im Wald unterhalb von Macleod Ganj in Dharamsala versammelt hatten. Rinchen Khando hielt hochaufgerichtet eine kleine Ansprache und wirkte wirklich wie eine Befehlshaberin, die ihre Truppe zur gewonnenen Schlacht beglückwünscht. Man muss dazu wissen, dass die Mädchen den langen Weg aus Osttibet prostrierend zurückgelegt, das heißt mit ihrer ganzen Körperlänge, sich immer wieder hinwerfend, abgemessen hatten. Sie gehören der Nyingma-Tradition an, und ihre Lehrer kommen dementsprechend aus dem Kloster Namdroling in Südindien.

„Im Kloster Shugsep", fuhr Rinchen Khando fort, „haben inzwischen acht Nonnen ihr neunjähriges Philosophiestudium abgeschlossen und werden nach weiteren drei Jahren (2007) den Titel eines *Khenpo* erhalten, wie er in der Nyingma-Tradition üblich ist. Sie waren Analphabeten, als sie hier ankamen, und sind jetzt die ersten Nonnen in der Geschichte des Tibetischen Buddhismus, die eine den Mönchen gleichwertige Ausbildung erhalten haben.

Vor etwa zwölf Jahren, also etwa 1992, haben wir begonnen, mit Spendengeldern vor allem der Heinrich-Böll-Stiftung, das Kloster Dolma Ling in der Nähe von Dharamsala zu bauen, das einmal dreihundert Nonnen und etwa hundertfünfzig Lehrer und Angestellte beherbergen soll. Die laufenden Kosten sind für die nächsten zwei Jahre gesichert."

Wenn es gelingt, und nach allem, was wir gesehen und gehört haben, sind wir sicher, dass es gelingt, in den jungen Nonnen Selbstbewusstsein zu wecken und Stolz darauf, dass sie sich nach Jahrhunderten der Unterordnung unter die männliche Dominanz endlich gleichberechtigt fühlen und das gleiche Wissen wie die Mönche erlangen können, dann ist ein Durchbruch erreicht und ein Meilenstein gesetzt. Das Ziel ist hochgesteckt, nämlich eine Bewusstseinsänderung und nicht allein eine momentan bessere Ausbildung.

Aber fahren wir mit unserem Interview fort:

Egbert Asshauer: Wie reagieren die Menschen im Westen auf Ihre Spendenaufrufe und Vorträge?

Rinpoche Khando: Viele verstehen zunächst überhaupt nicht, wovon ich rede. Sie fragen, warum die Nonnen denn alle in einem Kloster zusammenleben müssen? Warum sie nicht arbeiten? Ich erkläre ihnen dann, dass sie Flüchtlinge sind, Frauen, die eine dezente Behausung brauchen, eine Ausbildung und so fort. Dann geben sie auch Geld, aber es ist viel leichter, Geld für den Bau eines neuen Tempels zusammenzubringen. Es dauert alles so lange. Wir müssen erst die Infrastruktur schaffen, ehe wir uns auf die Ausbildung allein konzentrieren können. Ich bin glücklich, weil ich fühle, dass ich das Richtige mache, aber es muss noch so viel getan werden. Ich habe fünfzehn Jahre lang hart gearbeitet, um meine Vision eines Bildungssystems für die Nonnen in die Tat umzusetzen. Aber nun ist das Projekt auf dem Weg. Ich betreue sechshundert Nonnen in vier Klöstern, die alle eine Ausbildung bekommen, wie es sie nie zuvor in Tibet oder im Exil für Nonnen gegeben hat.

E.A.: Wie ist denn die Reaktion der Mönchs-Hierarchie auf Ihre Arbeit? Man hört manchmal, dass Mönche die Nonnen wenig respektieren?

R.K.: Na ja, man sieht nicht gerade zu ihnen auf, das ist sicher. Ich denke, die Nonnen sind heute selbst verantwortlich, um eine Bildung zu bekommen. Aber das hat ihnen früher niemand gesagt. Sie waren einfach nicht qualifiziert genug und konnten kein wirkliches Selbstbewusstsein und Stolz auf ihre Leistung entwickeln. Heute respektieren die hohen Lamas meine Arbeit. Ich fühle mich sehr wohl dabei. Es gibt keine Konfrontationen. Im Gegenteil, die Nyingmapa haben jetzt in Bylakuppe ein Kloster für zweihundert Nonnen gebaut, welche die gleiche Ausbildung wie die Mönche bekommen sollen – eine Entwicklung, die vor einem Jahrzehnt noch undenkbar war.

E.A.: Gibt es einen Einfluss westlicher buddhistischer Frauen und Nonnen, die oft stark feministisch geprägt sind, auf Ihr Projekt?

R.K.: Nein, ich tue, was ich tun muss. Bildung ist wichtig für jedermann, aber wir müssen nicht alles haben, was andere für richtig und wichtig halten. Auch in der tibetischen Gemeinschaft kommt jetzt eine Konfrontation der Geschlechter auf und wird heiß diskutiert. Unsere Nonnen müssen lernen, gewahr zu werden, was um sie herum vorgeht. Mein Ziel ist es, dass sie lernen, selbstständig zu denken und zu unterscheiden, was gut für sie ist und was nicht; und ich bin mir sicher, dass wir da auf dem richtigen Weg sind und große Fortschritte gemacht haben.

E.A.: Wir haben von tibetischen Laien manchmal Klagen gehört, dass die Nonnen sich in keiner Weise sozial engagieren. Wird sich das ändern?

R.K.: Aber sicher, das ist fest in meinem Ausbildungsplan vorgesehen. Aber früher waren solche Aktivitäten nicht üblich, und auch bei den Mönchen hat es da trotz entsprechender Wünsche Seiner Heiligkeit keine großen Fortschritte gegeben. Erst einmal müssen unsere Nonnen eine solide Ausbildung bekommen, doch dann sollen sie auch als Lehrerinnen arbeiten, als Sozialarbeiterinnen und Krankenschwestern. Entsprechende Kurse sind schon in Vorbereitung. Aber wir brauchen vor allem qualifizierte Lehrerinnen in unseren Nonnenklöstern, welche die Mönche ablösen, die bis jetzt die Ausbildung leiten. In Dolma Ling arbeiten seit diesem Jahr zwei unserer Nonnen bereits als Lehrerinnen für Tibetisch, Englisch, Mathematik und Sozialwissenschaften."

Nicht nur die Nyingmapa haben ein neues Nonnenkloster gebaut mit dem gleichen Ziel, wie es Rinchen Khando verfolgt, sondern auch der Shamarpa, der ranghöchste der Regenten des Karmapa, hat in Nepal ein Kloster für zweihundert Nonnen bauen lassen. Ob mit den gleichen Zielen, ist mir nicht bekannt. Das Kloster wird von reichen nepalesischen Familien gesponsert, die ihre Töchter dorthin schicken, weil sie offenbar eine gute Ausbildung bekommen. Die jungen Mädchen tragen eine sehr adrette Art Schuluniform, in der eine Reihe von ihnen zur Kalachakra-Initiation des Dalai

Lama 2006 in Amaravati, in Andhra Pradesh, zur Freude der jungen Mönche auftraten.

Quellenangabe:
1) Besuch des Nonnenklosters Dolma Ling in Sidpur, September 2007
2) Interview mit Rinchen Khando Choegyal, Hamburg, November 2004

2. Eine starke buddhistische Nonne – Karma Lekshe Tsomo

Es gibt beeindruckend viele starke Frauen unter den asiatischen und westlichen Nonnen, die seit Jahrzehnten für die Gleichberechtigung der Nonnen mit den Mönchen kämpfen. Viele von ihnen haben akademische Grade. Eine von ihnen ist Karma Lekshe Tsomo (Foto 28), die etwa zur gleichen Zeit wie und in Konkurrenz zu Rinchen Khando, aber mit sehr viel weniger finanziellen Mitteln, den gleichen Weg eingeschlagen hat.[1] Die gebürtige Amerikanerin studierte damals an der School of Dialectis in Dharamsala Philosophie, nachdem sie einen Master-Titel an der Universität von Honolulu erworben und insgesamt fünfzehn Jahre in Japan, Südostasien und Indien gelebt hatte. 1982 hatte sie die volle Biskshuni-Ordination als Nonne in Korea und Taiwan erhalten.

Die tibetischen Nonnen in Dharamsala waren völlig ungebildet, und Karma Lekshe Tsomo fragte sie, ob sie Unterricht im Lesen und Schreiben bei ihr haben wollten. „Oh nein", meinten sie, „wir sind viel zu dumm, uns reicht es, „Om mani padma hum" zu rezitieren." Es waren zehn Nonnen, und Karma Lekshe Tsomo suchte lange nach einem Lehrer für sie, keiner wollte so recht diese Aufgabe übernehmen, das war viel zu neu. Dann kamen noch andere Nonnen dazu, Angehörige von nicht-tibetischen Bergstämmen aus Zanskar, Spiti, Kinnaur, abgelegenen Gebieten im Himalaya, die seit dem 8. Jahrhundert kulturell buddhistisch geblieben waren, als im Rest Indiens der Buddhismus längst ausgerottet worden war.

„Eines Tages traf ich im Wald oberhalb von Dharamsala Jhado Rinpoche, einen jungen Tulku, und fragte ihn, ob er den Mädchen nicht buddhistische Unterweisungen geben wolle", erzählt Karma Lekshe Tsomo. „Na ja", sagte er, „bring Du mir Englisch bei, dann gebe ich Deinen Nonnen Unterricht." Der Handel war perfekt – der Rinpoche wurde später der Abt des Namgyal-Klosters. Jhado Rinpoche machte das ein Jahr lang, dann fanden sich andere Lehrer. Für die kleine Gemeinschaft hatte man ein Haus gemietet, später bekamen sie auch ein Stück Land. „Das wurde dann unser Kloster", sagt Karma Lekshe Tsomo sichtlich zufrieden.

Aber die Nonnen fragten sich, ob sie nicht in ihren Dörfern weiterstudieren könnten. Daraus entstand 1985 die Jamyang-Stiftung, die heute sechzehn Projekte – kleine Klöster – betreut. Mit Dharamsala fing es 1987 an, dann folgten 1988 Spiti, 1989 Zanskar und zuletzt Kinnaur, mit einem Kloster von etwa dreißig Nonnen, und Bangladesh mit dem Ziel, Nonnen aus abgelegenen Gebieten eine den Mönchen gleichwertige Ausbildung zu geben und sie bis zur Geshe-Prüfung zu führen. Ohne diese können die Nonnen nicht selbst lehren oder gar Klöster gründen. Heute betreut die Stiftung zweihundertsiebenundsiebzig Frauen zwischen sechs und dreiundsiebzig Jahren aus der Himalaya-Region und einhundertzehn junge Mädchen aus Bangladesh, die ebenfalls Bergstämmen angehören. Für diese Mädchen und Frauen bedeutet das Jamyang-Projekt einen großen Zugewinn an Freiheit; Freiheit von dem Joch der Familie, der Feldarbeit und dem Kinderkriegen, wo sie Jahr für Jahr hilflos zuschauen müssen, wie eines ihrer Kinder nach dem andern stirbt, weil es keine medizinische Versorgung in den abgelegenen Regionen gibt. Heute sind die Nonnen, die von Anfang an dabei waren, hochgebildet, erzählt Karma Lekshe Tsomo fröhlich lachend. Sie sprechen vier Sprachen und werden in Kürze ihre Geshe-Prüfung machen.

Als wir im September 2007 das Hochtal von Spiti bereisten[2], konnten wir diese Nonnen allerdings nicht finden. In Spiti gibt es zwei Nonnenklöster, die sich aus den umliegenden kleinen Dörfern rekrutieren. Da war einmal das „Sherab Choeling Nunnery Institute" (Foto 29) mit sechundvierzig Nonnen zwischen elf und vierzig Jahren, von denen vierzig Kinder und Jugendliche sind, die als Analphabeten ins Kloster kamen. Die Fortgeschrittensten brauchen noch mindestens zehn Jahre, bis sie einen Geshe-Titel erwerben können. Sie werden in Religion, das bedeutet das Auswendiglernen heiliger Schriften, in Philosophie, Englisch und Rechnen, das immer eine Spur zu großzügig als „Mathematik" benannt wird, von einem Mönch aus Ganden und einem Laien unterrichtet. Das Kloster ist eine Gründung von Karma Lekshe Tsomo, gehört aber seit drei Jahren zum „Nun`s Project" von Rinchen Khando Choegyal.

Nicht weit davon entfernt liegt das „Yangchen Choeling Nun´s Monastery" (Foto 30), das von Karma Lekshe Tsomo nach wie vor gesponsert wird. Hier leben vierzig Nonnen im Alter von zwölf bis vierzig Jahren. Einige sind gar unter zehn Jahren alt und gehen noch auf eine indische Dorfschule. Sie haben derzeit keinen Englisch-Lehrer, nur einen Laien für den Religionsunterricht und einen Mönch aus Ganden – keinen Geshe – für den Philosophie-Unterricht, der auch rechnen lehrt. Die fortgeschrittensten Nonnen brauchen noch fünfzehn Jahre bis zum Geshe-Abschluss. Es fehlt an Geld an allen Ecken und Enden. In diesen Höhen muss man sieben Monate im Jahr heizen, im Winter wird es bis zu dreißig Grad kalt, die Kosten für das rare Holz zum Heizen verschlingen allein schon einen großen Teil des Budgets. Sponsoren für einzelne Nonnen, wie es sie überall in den Mönchsklöstern gibt, haben sich bisher offenbar nicht finden lassen. Man sagte uns, dass lange Wartelisten für Neuzugänge existieren, die generell nicht lesen und schreiben können und meist vier Jahre benötigen, bis sie das eigentliche Studium beginnen können.

Trotz aller Mühsal des Lebens in einem armen, aber nicht eigentlich ärmlichen Kloster wirkten die zumeist jugendlichen Mädchen sehr fröhlich, lebhaft und gut motiviert. Es machte uns große Freude, trotz eines aufkommenden Schneesturms, einige Zeit mit den Nonnen zu verbringen. Auch hier, im Kloster Sherab Chöling, arbeiten die Mädchen je nach Kräften bei allen anfallenden Arbeiten mit.

1987 organisierte Karma Lekshe Tsomo, zusammen mit anderen westlichen und asiatischen Nonnen, den ersten Kongress buddhistischer Frauen in Bodhgaya, an dem auch der Dalai Lama teilnahm, und im unmittelbaren Anschluss daran gründete sie die internationale Vereinigung buddhistischer Frauen: „Sakyadhita – Töchter des Buddha", die alle zwei Jahre Kongresse abhält. Es gibt heute geschätzte dreihundert Millionen buddhistische Frauen – China nicht mitgerechnet – von denen neunundneunzig Prozent in Asien leben. Ein weites Spektrum von den scheuen, illiteraten tibetischen und thailändischen Nonnen bis hin zu den selbstbewussten, gebildeten koreanischen Nonnen, die in vielen Berufen unternehmerisch tätig sind. Aber den meisten asiatischen Nonnen geht es wirtschaftlich schlecht, sie sind chancenlos und ohne Selbstbewusstsein. Dies zu ändern, ist das Ziel von *Sakyadhita*. Karma Lekshe Tsomo war von Anfang an die treibende Kraft und ist es noch immer. Sie ist der Motor, der die Bewegung in Gang hält und vorwärts treibt. Davon sind ihre langjährigen Mitstreiterinnen vollkommen überzeugt. Sie selbst hält sich im Gespräch bedeckt und spielt ihren Anteil am Erfolg von *Sakyadhita* eher herunter.

In der Zwischenzeit hat Karma Lekshe Tsomo einen zweiten Master-Titel in Honolulu erworben und einen Doktortitel in Philosophie und ist seit dem Jahre 2000 Professorin an der Katholischen Universität von San Diego. Dort lehrt sie Vergleichende Religionswissenschaften. Sie hat mehrere Bücher geschrieben und viele andere herausgegeben. Die ganze Liebe dieser ungemein starken, charismatischen und dabei fröhlichen Nonne gehört ihren asiatischen Mitschwestern, die keine Chance haben, über ihr Leben so frei bestimmen zu können, wie sie selbst das immer getan hat.

Quellenangabe:
1) Interview mit Karma Lekshe Tsomo, Hamburg, Juli 2007
2) Interviews in den Nonnenklöstern „ Sherab Chöling" und „Yangchen Chöling" in Spiti, September 2007

3. Das Problem der Nonnen-Ordination.

Zur Frage der Nonnen-Ordination hat es in buddhistischen Kreisen in den letzten Jahren zahlreiche Diskussionen gegeben. Es gibt hier ähnliche Probleme wie bei der Bischofs- und Priesterweihe in der Katholischen Kirche – der Weihende muss in einer ununterbrochenen Tradition stehen. Fehlt diese, können Nonnen – oder auch Mönche – nicht die volle Ordination erhalten, sondern bleiben Novizinnen mit minderen Rechten, aber auch weniger Pflichten, sprich Regeln. Je nach Tradition sind das fünf, zehn oder auch zwölf, während eine voll ordinierte Bikshuni dreihundertachtundvierzig Regeln einhalten muss. Dies betrifft nicht nur die tibetischen, sondern auch die Nonnen der Theravada-Tradition, die heute in Thailand (20 000), Burma (60 000), Sri Lanka (2 000) – darunter seit 1998 fünfhundert vollordinierte Nonnen –, Kambodscha (900) und Laos (400) leben. In Thailand ist die Ordination selbst als Novizin illegal. Dort, wie in den anderen Ländern mit Ausnahme von Sri Lanka, werden Nonnen, die zwar acht Gelübde abgelegt haben, dennoch als Laien mit geschorenem Kopf betrachtet, wenngleich sie wegen der strikten Einhaltung der Regeln meist geschätzt werden. Auch von den Mönchen, aber nicht wegen ihrer Spiritualität, sondern weil sie Geld anfassen dürfen und so die Spenden der Gläubigen für die Mönche, denen dies ihre Gelübde verbieten, einsammeln können! Eine volle Ordination ist in diesen Ländern entweder nie etabliert worden oder aber die Tradition ist ausgestorben, das heißt, es gibt niemanden mehr, der in einer gültigen Traditionskette steht und die Weihe erteilen könnte. Diese Nonnen stehen rangmäßig weit unter den Mönchen und sind, wie ich in Thailand gesehen habe, manchmal quasi deren Putzfrauen. Sie erhalten keine materielle Unterstützung und haben kaum Bildungsmöglichkeiten. Die meisten der Nonnen in den Theravada-Ländern sind Analphabeten.[1]

Nach der Mahayana-Tradition leben in Korea und Taiwan je etwa zwanzigtausend schon von Haus aus gut ausgebildete Nonnen, in Korea sind Nonnen in allen Berufen zu finden: Der berühmteste Disc Jockey dort ist eine Nonne. In Vietnam blüht der Buddhismus, auch dort gibt es zwanzigtausend Nonnen mit einem hohen Bildungsstandard. Die dortigen Klöster haben Tausende von Bewerbern, da sie eine Alternative zu Heirat und Kinderaufzucht bedeuten. Es gibt drei Klosteruniversitäten, die Hälfte der Studierenden sind Nonnen. In Japan leben rund zweitausend Nonnen und einige tausend in China und in den überseeischen chinesischen Gemeinschaften. In Indien, wo sich, was kaum jemand weiß, seit 1956 zehn Millionen Dalits, das sind Unberührbare, zum Buddhismus bekannt haben, und Nepal gibt es etwa dreizehnhundert tibetische Nonnen, in Tibet selbst wahrscheinlich nicht weniger. Hier gibt es eine gültige Übertragungslinie, die Dharmaguptaka-Schule, die früher von Sri Lanka, wo sie ausgestorben ist, nach China kam, sich von da nach Vietnam und Korea ausgebreitet hat und heute eine volle Ordination erlauben würde[1].

In der tibetischen Tradition wurde eine Übertragungslinie zur vollen Ordination von Nonnen niemals offiziell etabliert. Für einige Tibeterinnen gab es in den vergangenen Jahren die Möglichkeit, die Ordination von Nonnen der Mahayana-Tradition in Ostasien zu empfangen. Aus Kostengründen sind das nur wenige gewesen. Diesen Weg sind auch die westlichen Nonnen gegangen. 1999 schreibt Michael von Brück[2]: „Auf Betreiben des 14. Dalai Lama konnten bisher mehr als zwanzig tibetische Nonnen die vollständige Bhiksuni-Ordination durch chinesische (taiwanesische) Ordenslinien und damit auch Zugang zu den höchsten Stufen des Bildungs- und Ausbildungsweges erhalten." Das waren damals zwanzig von dreizehnhundert Nonnen! Nach der Volkszählung von 1968 und jetzt, 2007, sind es nicht mehr geworden. Das ist sicher heute und war auch damals kein Grund zum Jubeln, ganz abgesehen davon, dass keine dieser Nonnen bisher ein Studium abgeschlossen hat.

Auf einer Konferenz tibetischer Vinaya-Meister, d.h. Experten der Mönchsregeln, im Jahr 2006 in Dharamsala, war keine Einigung zu erzielen, wie man denn weiter verfahren solle, obwohl der Dalai Lama durchaus die Ziele der westlichen und asiatischen Nonnen moralisch unterstützt. Diese versprechen sich von einer Wieder- einführung der vollen Nonnen-Ordination eine Liberalisierung des religiösen Lebens buddhistischer Frauen mit einer Signalwirkung auf die Rolle von Frauen in anderen religiösen Gemeinschaften. Eine weitere Konferenz in Hamburg, im Juli 2007, an der achthun- dert Nonnen aus der westlichen und östlichen Welt teilgenommen haben, überraschend viele davon mit akademischen Graden, hat zu ihrer großen Enttäuschung wiederum keine endgültige Lösung gebracht. Der Dalai Lama erklärte, er könne die Nonnen-Ordina- tion nicht gegen den Widerstand seiner, wie er sie öffentlich – laut Simultanübersetzung – nannte, engstirnigen tibetischen Mönche dekretieren, dazu habe er keine Macht, auch wenn er sich schon seit dreißig Jahren um eine Lösung des Problems bemühe. Trotzdem war es erstaunlich und beeindruckend zu sehen, wie respektvoll zwar, aber dezidiert die Nonnen sich in einer Podiumsdiskussion dem Dalai Lama entgegenstellten, während die Mönche auf der anderen Seite des Tisches stumm blieben, sich nicht mehr zu Wort meldeten, nachdem sie anfangs ein Statement abgegeben hatten.[3]

So wird der Kongress, der unter erheblicher Medienpräsenz stattfand und insofern vielleicht nicht ganz den Wünschen des Dalai Lama entsprach, tatsächlich Signalwirkung haben und nicht umsonst gewesen sein. Zunächst müssen sich die tibetischen Mönche einig werden darüber, was machbar ist – der Dalai Lama hat u.a. Rinchen Khando Choegyal beauftragt, eine entsprechende Zusammenkunft vorzubereiten. Dann muss ein Rat der Älteren aller buddhistischen Traditionen einberufen werden, der die letztgültige Entscheidung treffen muss. Er ist 1956 oder 1958 zum letzten Mal in Rangoon zusammengetreten und schwer zu organisieren. Die Ordensregeln gelten als das Wort Buddhas, das allen Traditionen heilig ist und über das sich niemand aus eigener Macht hinwegsetzen kann, so erklärte uns das Rinchen Khando. Hier geht es um die Aufweichung religiöser Machtpositionen, weil es eben seit Jahrhunderten so war. Parallelen dazu finden wir heutzutage in der Katholischen Kirche. Angefangen von Hildegard von Bingen, Klara von Assisi und Katharina von Siena bis hin zu Mutter Teresa hat es viele bedeutende und für alle Christen vorbildliche Frauen in der Kirche gegeben, ohne dass diese bereit wäre, ihre Position der Ablehnung der Priesterweihe von Frauen aufzugeben.

Quellenangabe:
1) Karma Lekshe Tsomo: Starke Frauen im Buddhismus. Vortrag in Hamburg, Juli 2007
2) Michael von Brück: Religion und Politik im tibetischen Buddhismus. Kösel Verlag, München 1999
3) International Congress on womens´s role in the sangha, bikshuni vinaya and ordination lineages, Hamburg, Juli 2007

IX. Heilen mit Mantras

1. Heilen mit Mantras aus der Sicht eines Tantrikers

„Also dieses Mal geht es um Mantras, Vater", sagte Ling Gala Tulku. „Aber jetzt, kurz vor unserem Neujahr (Losar), sind viele Lamas weggereist, und die Tulkus, die Du kennst, sind noch Studenten und können Dir genausowenig wie ich etwas über Mantras sagen. Wir lernen das erst im tantrischen Kloster. Ich weiß nur, dass ein Mantriker ein Mantra viele Hunderttausendmal während seiner tantrischen Praxis rezitiert. Dann bekommt er magische Kräfte, die er aber vor anderen verborgen halten muss. Zeigt er sie doch, zum Beispiel indem er für seine Kameraden duftende, fleischgefüllte Momos herbeizaubert, dann fliegt er sofort aus dem Kloster, wenn das rauskommt. Und es kommt immer raus! Die Gefahr, dass er seine Kräfte nicht nur zum Wohle aller Lebewesen anwendet, wie es sein Ziel als Buddhist sein muss, sondern dass er damit anderen schadet, ist zu groß, wenn er keine Selbstdisziplin hat. Gerade hier in Indien steht die schwarze Magie hoch im Kurs, da ist die Versuchung, seine geheimen Kräfte anzuwenden, groß."

Wirkliche Tantriker praktizieren im Verborgenen, und selbst ihre nächste Umgebung weiß oft nicht, welche Gottheit sie verehren oder wer ihr Yidam ist. Ein Yidam ist die Schutzgottheit, mit der sich ein Tantriker durch Gelübde verbunden hat.

Von Tenzin Wangchuk bekamen wir den Tipp, zu Khensur Geshe Lobsang Ngawand (Foto 31) zu gehen. Ohne angemeldet zu sein, fuhren wir dann mit einer Riksha von unserem Quartier am Rande des Klosters Drepung ins Kloster Ganden. Die Strasse ist voller Schlaglöcher und lediglich vor ein paar Jahren einmal, anlässlich eines Besuches des Dalai Lama, nicht sehr nachhaltig repariert worden. Zwischen den Klöstern fahren ständig indische Rikshas und tibetische Jeeps hin und her, an denen Mönche mit flatternden Roben in Trauben hängen.

Khensur Geshe Lobsang Ngawand[1] war bis 2003 Abt des Klosters Gyüme in Hunsur, in der Nähe der Siedlung Bylakuppe. Nach kurzem Warten wurden wir vorgelassen. Der Khensur – das ist der Titel eines Ex-Abtes – war ein großer, schlanker, asketisch wirkender Mann, zurückhaltend, aber nicht unfreundlich. Sein Alter war schwer zu schätzen. Da er erst 1989 sein Examen als Geshe Lharampa – die Geshes sind dann um die Vierzig, auch älter – gemacht hatte, musste er Mitte bis Ende fünfzig sein. Ein Freund unseres Tulkus war mitgekommen, der exzellent Englisch sprach und für uns dolmetschte. Er wollte nach Abschluss seines Studiums Bücher über buddhistische Philosophie auf Englisch schreiben und die komplizierte Materie in seinen eigenen Worten beschreiben und nicht so, wie er sie in langen Jahren auswendig gelernt hatte. Ein löblicher Vorsatz, denn das ist ja das große Problem der buddhistischen Zentren im Westen, dass ihre dort residierenden tibetischen Geshes oft die Landessprache nicht beherrschen, geschweige denn mit der Kultur des Gastlandes vertraut sind, und ihre Belehrungen in dem gleichen Stil geben, wie er in den tibetischen Klöstern seit Jahrhunderten üblich war und ist. Sie haben es schwer, sich in das Denken ihrer westlichen Schüler einzufühlen und ihre Belehrungen entsprechend zu formulieren.

Der Geshe war offensichtlich eine bekannte und verehrte Persönlichkeit, denn unsere beiden Begleiter gingen später rückwärts aus dem Raum, eine Ergebenheitsgeste, die wir noch nie beobachtet hatten. Ich bekam einen Stuhl und musste nur aufpassen, dass ich den Geshe, der auf einer Bank hinter einem Tisch mit einem Stapel Blockdrucken saß, trotz meiner Körperlänge nicht überragte – das gilt als unschicklich – und wenn es sich nicht vermeiden lässt, muss man diskret um Entschuldigung bitten. Entsprechend der früheren Tätigkeit des Khensur ging es bei unserem langen Gespräch hauptsächlich um Mantra und Tantra, also um tantrische Praxis. Er setzte die Messlatte sehr hoch an, so hoch, dass ich mich anfangs fragte, welchen Sinn es mache, über Tantra in dieser gelehrten Form zu reden, denn wir sind keine Tantriker und können es nie werden. Das meiste ist ohnehin geheim, mitgeteilt wird uns nur das, was man glaubt, unserem Verständnis zumuten zu können.

Dass man, will man mit Mantras arbeiten, Liebe und Mitgefühl für andere entwickeln muss, war uns klar, auch dass die richtige Aussprache eines Mantras nicht so wichtig ist. Neu war die Auffassung des Geshe, dass, wer die ganze Kraft eines Mantra erfahren will, die Weisheit der Leerheit besitzen und damit ziemlich weit auf dem Wege zur Buddhaschaft fortgeschritten sein muss. Man sollte gar, meinte der Asket freundlich lächelnd, auf das flüchtige Glück in diesem Leben verzichtet haben. Wenn man das alles ausreichend entwickelt hat, wird man durch einen qualifizierten Lama die Ermächtigung zur Praxis der Verehrung einer Gottheit bekommen, samt deren Mantra, und dann in Retreat gehen. Man muss also die Initiation in eine oder mehrere Tantras – es gibt vier verschiedene Klassen – haben und praktizieren, die Gottheit visualisieren lernen und die damit verbundenen Gelübde einhalten. Welcher Laie in West oder Ost kann diese Voraussetzungen schon erfüllen?

Da können die vielen Initiationen, welche durchreisende Lamas im Westen geben, eigentlich nur einen Sinn haben: Im Geist des Initianden einen Samen zu legen in der Hoffnung, dass dieser einmal aufgehen möge. So wenigstens hat es uns der Dalai Lama in Zanskar in Ladakh nach einer Kalachakra-Initiation in den achtziger Jahren erklärt, als wir uns bei ihm darüber beklagt hatten, dass wir von dem ganzen Ritual ziemlich wenig verstanden hätten, obwohl wir direkt vor ihm platziert waren. Die Dolmetscher waren einfach miserabel. Manchmal hat man den Eindruck, dass die Lamas im Westen ihren ganzen Ehrgeiz darein legen, in kurzer Zeit viele Initiationen zu geben, und umgekehrt sind westliche Schüler bestrebt, möglichst viele Initiationen hintereinander zu bekommen, wohl um möglichst schnell erleuchtet zu werden. Sie überlegen sich dabei nicht, dass sie sich verpflichten, bestimmte Gelübde einzuhalten, die vor allem bei den Tantras der höchsten Klasse sehr zeitraubend sind.

Der Geshe meinte, dass man das größte Verdienst erlange und die Mantra-Kraft am stärksten nutzen könne, wenn man die verschiedenen Stadien eines Tantra realisiert habe. Dann gebe es Personen, die Tantra studiert, aber nicht gemeistert haben, und diese könnten bestimmte Kräfte erwerben und ein Charisma, mit dem sie andere Menschen anziehen und ihnen mit der richtigen Motivation helfen könnten. Dann gibt es Laien wie uns, die natürlich, da sie keine Mönche sind, in die wirkliche tantrische Praxis nicht eingeführt werden können. Aber sie können durchaus von ihrem spirituellen Lehrer ein Mantra erhalten. Wenn solche Menschen dann einen unerschütterlichen Glauben an das Mantra und an die damit verbundene Gottheit entwickeln, die sie mit dem Mantra anrufen, und nicht zuletzt in den Guru, der ihnen das Mantra vermittelt hat, dann werden sie auch die feste Motivation haben, anderen zu helfen. Sie können, wenn sie ihr Mantra viele hunderttausendmal wiederholen, nicht nur ihren eigenen Geist von seinen Verdunkelungen etwas befreien, sondern sich selbst ein wenig von ihrem eigenen schlechten Karma reinigen. Kein einfacher Weg, um Ablass von seinen Sünden zu gewinnen.

Dann setzte er die Messlatte noch tiefer. Es genüge schon die Absicht, vollständige Liebe und vollständiges Mitgefühl zu erlangen. Man müsse die negativen Kräfte, wie Neid, Habgier und Hass, in sich selbst erkennen und sie unablässig bekämpfen; und man müsse lernen, eben dieses Negative auch in anderen zu erkennen und ihnen helfen, ein anderer, besserer Mensch zu werden.

Eine Initiation in das Tantra des Avalokiteshvara, des Bodhisattvas des Mitgefühls und der Liebe, verkörpert zum Beispiel durch den Dalai Lama, kann diese Tendenzen stärken und das Tantra des Vajrapani, der Verkörperung der Kraft und der geschickten Mittel aller Buddhas in verschiedenen Aspekten, verstärkt die dadurch gewonnene Kraft. Hier macht es also Sinn, zwei verschiedene Initationen zu bekommen und, wenn man ein Heiler oder Arzt ist, vielleicht eine dritte in den Medizin-Buddha. Als ich das hörte, war ich zufrieden, denn genauso hatte ich es vor Jahren, ohne zu wissen warum, gemacht; und ich bin sicher, es hat mir bei der Ausübung meines Berufes sehr genützt.

Wenn jemand nun wirklich alle diese Qualifikationen und Qualitäten erhalten hat, dann kann er zum Beispiel Krankheiten heilen, die durch Nagas verursacht worden sind, durch Schlangengeister. Krankheiten durch Nagas sind sehr verbreitet. Oft sind es Hautkrankheiten – denn die Haut ist nach Auffassung der Tibeter mit dem Geist verbunden –, aber auch nervöse Störungen und andere, bei denen die Kunst der Ärzte versagt hat. Dabei wird man verschiedene Techniken anwenden, zum Beispiel ein Mantra rezitieren und anschließend durch einen Strohhalm in ein Glas mit Wasser oder einfach über das Glas hin blasen, das der Mantriker dann dem Kranken zu trinken gibt. Das ist die Technik, die am häufigsten angewendet wird. In Kathmandu gab es einen berühmten Tantriker, Serkong Dorje Chang Rinpoche, er konnte sich unsichtbar machen und verschenkte manchmal alle seine Kleider mitten auf der Straße und lief völlig nackt herum. Wenn ein Kranker zu ihm kam, pflegte der Rinpoche in ein Glas mit Wasser zu spucken, das der Betreffende trinken sollte, und wenn der Heilungssuchende sich ekelte, erklärte er ihm kühl, dann werde er eben noch eine gute

Weile krank bleiben. Bei Hautkrankheiten wird der Mantriker seinen Atem vielleicht über Butter, Fett oder Sesamöl blasen und den Kranken sich damit einreiben lassen.

Mantra, sagte der Geshe, bedeutet so viel wie Schutz des Geistes. „Man" ist der Geist, „Tra" bedeutet Schutz. Dies geschieht, indem sich eine Person, die ein Mantra erhalten hat, selbst in die Gottheit, der das Mantra zugehört, verwandelt oder sich ihr angleicht, indem sie die Gottheit ikonographisch genau visualisiert. Visualisationen wurden früher auch in der Praxis der traditionellen Medizin benutzt. Heute sind sie aus Zeitgründen selten geworden. Dabei verwandelt sich der Arzt in seinem eigenen Geist in den Medizin-Buddha und fordert den Kranken auf, den Buddha auf seinem, des Arztes Kopf, sitzend zu erkennen. Aus dessen Scheitel, Kehlkopf und Herz brechen vielfarbige Strahlen hervor, die Körper und Geist des Kranken mit ihrem heilenden Licht erfüllen. Das ist eine sehr schöne, beeindruckende und hilfreiche Vorstellung.

Zur richtigen Aussprache eines Mantra, deren Wichtigkeit manche Lamas sehr betonen, meinte der Ex-Abt, dass man sich im tantrischen Kloster sehr bemühe, sie den Studenten beizubringen, aber eine mangelhafte Aussprache könne durch einen starken, unerschütterlichen Glauben an die betreffende Gottheit wettgemacht werden. Es bestehe kein Zweifel, dass viele Lamas die Sanskrit-Silben eines Mantra falsch aussprechen. Wenn das wirklich auf die Kraft des Mantra zurückschlage, dann dürfe man eigentlich kein Mantra mehr benutzen, ohne vorher eine Art Prüfung abgelegt zu haben. Das sei natürlich unsinnig. Die schlechte Aussprache mache allerdings Probleme, wenn es sich um eine karmische Krankheit handele. Karmische Krankheiten gelten als unheilbar. Dazu gehören die Lepra, bestimmte Krebsarten, Kropfleiden und andere. Da, meinte der Geshe, komme es wohl doch ganz entscheidend auf die richtige Aussprache an, das sei eine Erfahrungstatsache, die man nicht genauer erklären könne. In jedem Fall aber, wie auch immer der Effekt dann sei, erwerbe man beim Heilen mit Mantras und überhaupt durch ihre Rezitation großes Verdienst für sich selbst. So wieder auf der Erde zurück, entließ uns der Khensur freundlich, und leicht verwirrt verbeugten wir uns und verließen rückwärts gehend den Raum.

Quellenangabe:
1) Interview mit Khensur Geshe Lobsang Ngawand, Kloster Ganden-Shartse, Februar 2006

2. Besuch bei einem großen Meister: Khensur Geshe Ugyen Rinpoche (1914-2007)

Khensur Geshe Ugyen Rinpoche war in der Zeit unserer verschiedenen Interviews[1] mit ihm einer der ganz großen zeitgenössischen tibetischen Meister. Der einstige Bauernjunge aus Kham war früher Abt eines tantrischen Klosters und lebte in Sera inmitten seiner vielen Schüler. Auf Fotos aus seinen jungen Jahren, die in seinem großen Zimmer hängen, sieht er einem mongolischen Reiterführer ähnlicher als einem weisen Lama. Wir kannten ihn schon seit vielen Jahren. Bei diesem letzten Interview strahlte der damals Neunzigjährige eine große Liebe und Güte aus, die wir bei den vielen Tulkus und Lamas, die wir im Laufe der Jahre kennengelernt haben, nicht immer gefunden haben. Er verblieb im Oktober 2007 eine Woche in der Todesmeditation, und nach der Verbrennung seiner Leiche fand man in der Asche kleine weiße und rote Reliquienpillen (Ringsel), die als Zeichen hoher geistiger Verwirklichung gelten und in großen Ehren gehalten werden. Wir haben solche Pillen, die etwa die Größe der Pillen haben, die bei uns in der Homöopathie verwendet werden, im Labrang von Zong Rinpoche in Kloster Ganden sehen dürfen.

Wenn man einem verwirklichten Meister begegnet, empfindet man ganz plötzlich eine Art Urvertrauen und fühlt sich vollkommen geborgen. Ich habe das gelegentlich auch bei Meistern aus anderen Kulturen erlebt. Was er uns zum mantrischen Heilen sagte, deckt sich weitgehend mit dem, was wir in Mundgod gehört hatten. Die Krankheiten der Menschen entstehen, sagte der Geshe sinngemäß, wenn die drei Säfte und die vier Elemente auseinanderdriften. Krankheiten sind eines der Grundleiden, die im Buddhismus gelehrt werden, und kommen letzten Endes von unheilsamem Karma. Außerdem gibt es natürliche Umstände, wie falsche Diät, Klimafaktoren und so weiter, das wurde schon weiter oben erwähnt. Hier setzt die Medizin ein.

„Die verschiedenen körperlichen Ebenen", erklärte Geshe Ugyen (Foto 32), „werden im höchsten Yoga Tantra erklärt. Das sind der grobstoffliche Körper mit den Sinnesfähigkeiten und der feinstoffliche Körper, dies bezieht sich darauf, dass unser Bewusstsein immer mit Winden oder Energien verbunden ist. Wird das Bewusstsein aktiv, geschieht dies durch die Energie der Winde, von denen gröbere und subtilere Winde unterschieden werden. Solche Winde, die unser Denken unterstützen, werden im höchsten Yoga-Tantra aufgezählt, es sind insgesamt achtzig. Dann gibt es den sehr subtilen Körper, das ist das Bewusstsein auf der subtilsten Ebene mit dem subtilsten Wind, mit dem wir auf die Welt kommen und aus dem sich alle anderen Winde entwickeln. Bewusst erleben wir diese sehr feinen Strukturen nie in unserem Leben, nur die gröberen,

Das Bewusstsein hat keine körperlichen Eigenschaften, es kann Dinge erfassen, erkennen und beurteilen. Das ist eine rein geistige Leistung. Die Energie, die mit dem Bewusstsein einhergeht, nennen die Tantras Wind (Lung), sie ist feinstofflicher, aber immerhin noch körperlicher Natur. Unser Bewusstsein hat keinen Anfang und kein Ende, und es setzt sich auch in den Zustand eines Buddhas hinein fort, völlig gereinigt und vollkommen klar, alle Qualitäten des Bewusstseins sind dann vollkommen entwickelt."

Deshalb sprechen die Tibeter von einem Bewusstseinskontinuum; in diesem Zusammenhang sind die Begriffe Bewusstsein und Geist austauschbar. Unser Geist ist ein neutrales Phänomen, das sich in positiver wie in negativer Hinsicht entwickeln kann. Es hängt allein von uns selbst ab, wie unser Geist sich entwickelt. Er ist der ausschlaggebende Faktor in unserem Leben. Deshalb beschäftigen sich die Buddhisten seit der Zeit des Buddha Shakyamuni ausschließlich mit dem Geist – und darüber haben die Tibeter den Anschluss an die Moderne zwar verpasst, aber mit ihrem Wissen vom Geist das Denken und Forschen in der westlichen Welt in den letzten Jahren doch fast unmerklich befruchtet. Nicht zuletzt ist das dem Interesse des Dalai Lama für die Naturwissenschaften mit zu verdanken.

Es gibt wirksame tantrische Methoden, die sich auf die inneren Energien auswirken. Hat man gegessen, soll man die Winde im Bauchraum halten, man zieht sie von oben nach unten und von unten nach oben, so dass sich so etwas wie eine Vase bildet, die man im Bauchraum hält. Man nennt das vasengleiche Atmung. Das hilft, flexibel zu bleiben und betrifft die Verdauung, die Muskulatur, die Gelenke, ja auch die geistige Beweglichkeit. Eine andere Übung heißt Reinigung der Energiekanäle, wobei man bestimmte Atemübungen macht, um die Winde in den Kanälen zu reinigen und damit auch Bewusstseinsstrukturen, wie Hass, Begierde und letztlich den Geist. Das hat auch eine sehr starke positive Auswirkung auf die körperliche Gesundheit, findet Geshe Ugyen.

„Eine geistige Übung, die sehr hilft, ist Tonglen, Geben und Nehmen", erklärte uns Geshe Ugyen. „Wenn man selbst krank ist, macht man sich bewusst, dass auch viele andere Wesen an Krankheiten leiden, deren Ursachen in unheilsamen Handlungen liegen. Man übt sich darin, dieses Leiden und die Ursache des Leidens anderer Wesen auf sich zu nehmen. Mit dem Einatmen wird alles Negative bei einem selbst gereinigt, die eigene Selbstsucht. Alles Positive und das eigene positive Karma gibt man beim Ausatmen den anderen Wesen und denkt sich, dass es ihnen zugute kommt und alle Krankheiten beseitigt. Dass man so freiwillig das Leiden der anderen auf sich nimmt und das eigene Positive anderen Wesen gibt, das hat eine sehr starke reinigende Wirkung, auch wenn man selbst krank ist."

„In Einzelfällen können hochentwickelte Lamas das Leiden einer anderen Person auf sich nehmen und sterben, wie Serkong Rinpoche. Das ist eine tantrische Praxis gleichen Namens. Normalerweise schadet die Technik in der beschriebenen Form aber nicht. Man sammelt viele Verdienste, wenn man sich vorstellt, das Leiden anderer auf sich zu nehmen und sich darin übt, eigene Verdienste anderen zu geben, man sammelt heilsames Potenzial und reinigt sich von negativem Potenzial. Damit werden alle guten Ziele erreichbar. Wünscht man anderen, dass sie frei sind von Leiden, reinigt man sich selbst von Krankheitsursachen und verlängert sein eigenes Leben."

„Wir sehen für alles, was uns zustößt, immer nur die augenblicklichen Ursachen", sagte Geshe Ugyen. „Aber in Wirklichkeit liegen die Ursachen – schädliche Denk- und Handlungsweisen – länger zurück. Wir sollten nicht jammern und klagen und in Verzweiflung geraten. Das nützt uns überhaupt nichts, sondern schadet nur, weil wir nun auch noch zusätzlich in psychische Schwierigkeiten geraten und frustriert werden. Man muss anders darauf reagieren und bedenken, dass wir selbst ja die Ursachen angesammelt haben und andere Wesen noch viel mehr leiden. Man soll die Gelegenheit nutzen, etwas Positives aus dem eigenen Leiden zu machen, um die Schwierigkeiten für das eigene Leiden zu überwinden. Man kann für ein paar Tage tatsächlich bei Tonglen etwa Kopfschmerzen bekommen, beseitigt aber doch das schlechte Karma, das vielleicht zu einer Wiedergeburt in niederen Bereichen geführt hätte."

Mantra-Rezitationen bestimmter Gottheiten sind hilfreich, wenn man diese gleichzeitig visualisiert. Man stellt sich vor, dass Lichtstrahlen von der Gottheit ausgehen, die über den eigenen Scheitel in den Körper eintreten, die Kanäle durchlaufen und alle Unreinheiten körperlicher und geistiger Natur beseitigen, auch Blut und Eiter. Man empfindet dann ein großes Glücksgefühl, große Freude und das Gefühl körperlicher Gesundheit.

„Es gibt viele verschiedene Mantras", sagte Geshe Ugyen. „Die wesentlichen Silben in jedem Mantra sind OM, AH und HUM. Dies sind die Haupt-Mantras jeder Gottheit. Ihre Rezitation hinterlässt in unserem Bewusstsein einen tiefen Eindruck. OM repräsentiert den physischen Körper des Buddha, AH die sechzehn Qualitäten seiner Rede und HUM seinen erleuchteten Geist. Allein schon die Rezitation des Mantras bewirkt den Segen des Buddha für den Sprecher und andere.

Wenn jemand krank wird, wird der Arzt erst seine Diagnose machen und dann die Arznei auswählen, welche den besten Effekt verspricht. Ähnlich ist es bei einem Mantra. Mantras heilen durch den Segen, den sie von der Gottheit herabrufen, völlig unabhängig vom Glauben des Individuums. Alle Mantras tibetischer Gottheiten haben zwar prinzipiell die gleiche Kraft, aber es gibt Mantras, die für eine spezielle Krankheit geeigneter sind als andere.

Das Mantra wird sehr effektiv sein, wenn die Motivation, der Glaube und die Hingabe an die entsprechende Gottheit – etwa den Medizin-Buddha – sehr groß ist. Ob das Mantra richtig intoniert und ausgesprochen wird, ist zweitrangig. Mantras sind Sanskrit-Worte; und auch tibetische Lamas sprechen sie oft falsch aus, aber das spielt überhaupt keine Rolle, wenn die Motivation und der Glaube stark sind. Ist das nicht der Fall, dann ist allerdings die richtige Intonation entscheidend, die natürlich in der Theorie immer gefordert wird. Aber man muss letztendlich von der Praxis ausgehen."

„Mantras werden im Westen wahrscheinlich wegen der Schwierigkeiten der Aussprache nicht oft benutzt, auch weil man nicht versteht, was man da sagt", meinte der Geshe. „Aber Ihr solltet Mantras viel häufiger verwenden. Welches Mantra man benutzt, ist eigentlich nicht wichtig; wichtig ist nur, dass man großen Glauben hat, dann kann man jedes Mantra sprechen. Ein Mantra zu rezitieren, hat einen gewaltigen Effekt auf den eigenen Geist: Man reinigt seinen Geist." Geshe Ugyen sprach in diesem Zusammenhang auch davon, dass man ein Stück seines eigenen schlechten Karmas mit einem Mantra löschen könne. Diese Frage wird uns später noch beschäftigen.

„Das Sprechen oder Singen eines Mantra lässt den Körper des Sprechenden schwingen, vor allem aber seinen Atem. Schwingungen kann man nicht sehen, nicht berühren, nicht messen – sie sind formlos. Es ist keine physikalische Energie, auch wenn ein Mantra ein Klang ist. Aber seine Kraft ist formlos. Wenn ein Lama Mantras für jemanden rezitiert, der eben gestorben und im Bardo ist, dann wird diese Person eine gute Geburt haben. Mantras wirken auf den Geist, nicht auf den physischen Körper." Dasselbe lehren auch die Sufis.

Ich hatte lange Zeit vermutet, dass die Vibration eines Mantra auf die Schwingungen des Feinkörpers einwirke, der ja nach der Theorie durchaus definierte Formen hat: Tropfen, Kanäle und Chakras und damit Strukturen, welche die Lebensenergie oder Vitalkraft speichern und verteilen. Einige Lamas haben mir diese Vermutung bestätigt. Aber auch wenn ein Mantra ein Klang ist, ist es doch keine physikalische Energie, die davon ausgeht, sagt nun Geshe Ugyen. Es stimmt natürlich, dass das Singen oder Sprechen eines Mantra Vibrationen aussendet, wie die Berührung einer Klangschale. Aber man darf sich das offenbar nicht so vorstellen, als ob diese Schwingungen den feinkörperlichen Bereich harmonisieren oder gar eine Wirkung auf Zellen oder Moleküle haben. Man kann sie nicht sehen, nicht berühren, nicht messen. Sie sind formlos, so wie die Kraft eines Mantras formlos ist. Es bleiben da viele Fragen offen – aber gefragt wird unser Glaube, wissenschaftliche Erklärungen sind zweitrangig.

Quellenangabe:
1) Interviews mit Khensur Geshe Ugyen Rinpoche, Kloster Sera Jhe, Februar 2004 und 2006

3. Interview mit Khensur Geshe Topgyal

Der schmale, holprige Pfad zum Hause von Geshe Topgyal ist nicht zu verfehlen. Er windet sich steil nach oben zwischen kleinen Häusern, die in einem neuen Quartier von Dharamsala übereinander getürmt am Steilhang kleben. Vor uns hinkten und humpelten stockbewehrte Tibeter, die das gleiche Ziel hatten – einen in der ganzen Region berühmten mantrischen Heiler aufzusuchen. Seine Spezialität sind Schlaganfälle und hier besonders die Überbleibsel von Beinlähmungen.

Wir hatten um einen Termin bitten lassen und wurden auch prompt nach wenigen Minuten des Wartens von einem jungen Mönch in einen kleinen Raum geführt, in dem der Geshe auf einem Bett hinter einem schmalen Tisch mit Blockdrucken saß. Er sagte zwar, er sei siebenundachtzig Jahre alt, sah aber ein Dutzend Jahre jünger aus und muss ein hochgewachsener Mann sein (Foto 33). Früher war er der Abt des nahegelegenen Nonnenklosters Gaden Chöling, des nahezu einzigen Gebäudes an jenem Steilhang in vergangenen Jahren. Er hatte im Kloster Ganden-Shartse in Tibet studiert und war nach seiner Flucht 1959 in Dalhoussie gelandet, einige Stunden Busfahrt von Dharmasala entfernt. Er blieb dort zwölf Jahre, studierte im Sommer und meditierte im Winter. Als er sechzig Jahre alt war, merkte er ganz allmählich, nicht etwa auf einen Schlag, dass er heilende Kräfte besaß, die ihm, wie er meint, aus seiner tantrischen Praxis zugewachsen waren.

Langsam strömten ihm die Patienten zu. Er residierte damals in dem Nonnenkloster in Dharamsala. Erst waren es lokale Leute aus dem damals winzigen Dharamsala, später wurde das Einzugsgebiet seiner Patienten immer größer, nachdem er sich auf Epilepsie – eine relative seltene Krankheit unter Tibetern – und eben auf Schlaganfälle spezialisiert hatte. Zwischenzeitlich hatte er auch sechs Jahre lang in den USA gelebt, wo ihm die Ärzte, frappiert von seinen Heilerfolgen, angeboten hätten, ihm ein Hospital zu bauen.

Khensur Geshe Topgyal – er wird mit Geshe-la angesprochen, „Herr Geshe" – heilt mit einem Mantra, wobei er bei unterschiedlichen Krankheiten und je nach Lage des Falles verschiedene Mantras benutzt. Es sind immer Gottheiten-Mantras aus seiner tantrischen Praxis. „Ich heile nicht nur Schlaganfälle, sondern auch ganz allgemein Krankheiten, die durch Dämonen und Geister verursacht worden sind. Jeder Mensch braucht Liebe und Mitgefühl, jedes menschliche Wesen strebt nach Glück und will Leiden vermeiden. Wenn ich merke, dass jemand leidet, dann weiß ich, dieser Mensch braucht Liebe und Mitgefühl, um gesund zu werden. Liebe und Mitgefühl erweckt man durch lebenslange tägliche Meditation, die man in langen Retreats vertiefen muss.

Ich benutze Mantras, andere Heiler, die keine Tantriker sind, benutzen verschiedene Sutras. Ich weiß nicht, welche Erfolge sie damit haben. Welche Mantras ich benutze, wer meine Yidams sind, darf ich Ihnen nicht sagen, das bleibt mein Geheimnis. Jeder, der in ein Tantra eingeführt wird, muss sich eidlich gegenüber seinem Guru verpflichten, das Geheimnis zu wahren. Ich kann es den Patienten oft schon ansehen, welches Mantra welcher Gottheit sie brauchen, in anderen Fällen mache ich das Mo und benutze auch astrologische Berechnungen. Wenn ich weiß, welches Mantra das beste für den Patienten ist, rezitiere ich es mehrere Male, blase dann meinen Atem in ein Glas Wasser, das ich dem Kranken zu trinken gebe, oder ich verarbeite einige Tropfen des Wassers in Öl oder in einer Creme, die ich auf schmerzende Stellen aufstreiche, zum Beispiel bei Knieschmerzen."

Gerade im wasserreichen Indien sind die Nagas, die Schlangengeister, häufig die Ursache von Schlaganfällen. Die Patienten werden dann oft schlagartig mit einem Mantra geheilt. In anderen Fällen, bei denen etwa hoher Blutdruck und Diabetes die unmittelbare Ursache des Schlaganfalls sind, tritt die Heilung allmählich ein, der Kranke braucht wiederholte Behandlungen. Diese und viele andere sind Krankheiten mit einer unmittelbaren, medizinisch benennbaren Ursache. Es gibt aber auch andere, und das sind dann die eigentlichen Problemfälle, bei denen der Geshe nicht vorhersagen kann, ob er Erfolg haben wird, das sind die karmisch bedingten Krankheiten.

„Ich kann nicht wie in einer Vision sehen, ob schlechtes Karma der Grund einer bestimmten Krankheit ist", sagte der Heiler. „Um das zu können, müsste ich schon ein erleuchtetes Wesen sein. Solche Heiler hat es auch gegeben, das waren dann Tantriker, meist Tulkus, die schon sehr, sehr weit in ihrer spirituellen Praxis fortgeschritten waren. Ich weiß nicht, ob es heute noch solche Menschen gibt. Ich bin ein einfacher Geshe, ich mache eine Divination, also das Mo, und oft, mit Hilfe der Astrologen des Men-tsee-khang, astrologische Berechnungen, um die Krankheitsursache zu differenzieren. Aber ich habe keine Macht, das Karma des Kranken zu ändern, einen Teil davon zu löschen. Es gibt auch keine speziellen Mantras für karmisch bedingte Leiden. Ich benutze in solchen Fällen überhaupt keine Mantras. Der Heiler kann hier nur Rat geben, was der Kranke tun kann oder tun muss, wenn er gesund oder gebessert werden will. Ich sage ihnen, wie sie ihr Leben und ihr Denken ändern und welche Gebete sie sprechen können, um den Segen der Gottheit, der sie sich am meisten verbunden fühlen, zu erlangen."

Hier war sie wieder, die Maxime, die auch eine ganz wesentliche metaphysische Grundlage der traditionellen Medizin ist. Ein Kranker soll nicht auf die Hilfe von außen warten, sondern sein Denken und sein Handeln ändern. Dazu gehört auch, Liebe und Mitgefühl für andere in sich zu erwecken, wobei Techniken wie Tonglen, die Geshe Ugyen im vorhergehenden Kapitel geschildert hat, dabei ungemein hilfreich sind. Dass die Meinungen gerade in Bezug auf die karmischen Wurzeln einer Krankheit weit auseinandergehen, werden wir noch in späteren Kapiteln sehen und erörtern.

Khensur Geshe Topgyal hatte uns eine Stunde seiner kostbaren Zeit geopfert. Um uns herum wurde es unruhig, und der junge Assistent steckte mehrmals wortlos seinen Kopf zur Tür herein, ohne dass der Geshe seine Ruhe verlor. Meine letzte Frage war, ob auch ich, zwar Arzt, aber buddhistischer Laie, lernen könne, mit Mantras zu heilen, speziellen Mantras, wie sie ein tibetischer Arzt in Italien lehre (sh. Kapitel X, 3). Da lachte der Geshe tatsächlich richtig los: „Aber nein, das geht in keinem Fall, solche Mantras, die nicht mit Gottheiten verbunden sind, kenne ich nicht, habe nie davon gehört. Die heilende Kraft eines Mantra kommt allein aus der meditativen, tantrischen Praxis, und die muss ein Leben lang eingeübt werden." Damit waren wir entlassen, drängten uns durch einen Haufen meist stockbewehrter Menschen, die sich im Vorraum und auf der kleinen Terrasse vor dem Haus inzwischen angesammelt hatten, bekamen noch einen heißen Milchtee und stolperten wieder den steinigen Pfad hinunter.

Quellenangabe:
1) Interview mit Khensur Geshe Topgyal, Dharamsala, September 2007

4. Die heilenden Kräfte der Lamas: Erfahrungen von Lama Tenzin Wangchuk

Tenzin Wangchuk ist der Erzieher eines der höchstrangigen Tulkus der Gelug-Tradition in Mundgod – von Kyabje Zong Rinpoche. Kyabje ist ein Ehrentitel. Er hatte uns Jahre zuvor in seinem Kloster Ganden-Shartse betrübt gesagt: „Alle tantrischen Heiler sind zum Himmel gegangen, es sind keine mehr übrig." Er sagte wirklich ganz christlich „Himmel". So ganz stimmte das aber nicht, denn wir hatten damals schon Kontakt zu Jampa Rinpoche, der allerdings in Drepung lebt, vielleicht sechs Kilometer vom Zong-Labrang entfernt. Aber manchmal bedeuten solch geringe Entfernungen zwischen zwei Klöstern Welten.

In Tibet war das mit den Heilern ganz anders. Ausgebildete traditionelle Ärzte gab es nur in Lhasa, Shigatse und einigen Klöstern Osttibets, in denen die Medizin als eine Disziplin neben anderen, wie der Logik und der Philosophie, gelehrt wurde. Es gab dort berühmte Mönchsärzte bis in unsere Zeit hinein, aber kein flächendeckendes System ärztlicher Versorgung. Ärzte waren fast immer auch Mönche, bis auf eine Handvoll Arzt-Familien, die ihr Wissen innerhalb der Familie weitergaben. Klöster gab es wahrlich genug. Es ist oft von sechstausend durch die Chinesen während der Kulturrevolution und zuvor zerstörten Klöstern die Rede, wobei aber auch Miniklöster und Stupas mitgezählt worden sind. Realistischer scheint die Zahl von dreitausend Klöstern zu sein, die mir ein hoher Lama aus der Umgebung des Dalai Lama einmal genannt hat und die ich erst kürzlich in einem Artikel eines Tibetologen wiedergefunden habe. Auch das ist eine kaum vorstellbare Zahl, sowohl von der schieren Existenz so vieler Klöster her als auch von ihrer Zerstörung. Der Versuch, eine ganze Kultur physisch auszurotten, ist allerdings in Tibet weitgehend misslungen, genau wie in China selbst. Auch dort ist die Kulturrevolution gescheitert.

Wo es keine Mönchsärzte gab, da gab es jedenfalls Lamas, die über heilende Kräfte verfügten. Sie heilten mit Mantras. Die Menschen strömten ihnen zu, das hieß aber auch, sie nahmen mühselige Reisen zu Fuß oder zu Pferd auf sich, um einen Heiler aufzusuchen: An wen sonst sollten sie sich wenden?

Tenzin Wangchuk (Foto 34) gab uns dazu eine anschauliche Schilderung aus seiner eigenen Jugend[1]. Er war in Westtibet, in der Nähe des Kailash, als Nomadenjunge aufgewachsen: „Als ich vier Jahre alt war, bekam ich eine Augenkrankheit, wohl eine Infektion, und, Sie werden es kaum glauben, das führte letzten Endes dazu, dass ich heute ein Mönch bin. Es gab keine Ärzte oder Krankenhäuser. Wir lebten in einem Zelt. So brachten sie mich in ein Kloster in unserer Gegend zu einem Lama, der bekannt dafür war, heilen zu können. Er sagte meiner Mutter: „Dieser Junge muss ein Mönch werden, sonst wird er nicht mehr lange leben." Dann segnete er mich und streifte mit einem Haar über meine Augen. Dieses Haar war für ihn wie eine Reliquie, er hatte es von seinem Lehrer, einem berühmten Lama, erhalten. Meine Augen heilten schnell, nur die Augenmuskeln blieben wie sie waren. Seitdem schiele ich ziemlich schlimm. Ich bin dann ein Mönch geworden, wie es meine Mutter dem Lama versprochen hatte.

Das ist die Kraft eines Lamas. Diese tantrischen Heiler waren die einzigen, die uns Armen helfen konnten; und wir hatten großes Vertrauen in ihre Kraft. Wir brauchten keine Ärzte, keine Operationen. Heute ist das selten geworden. Wirklich erklären kann man diese tantrischen Kräfte nicht. Den Lamas ist sie durch ihre tantrische Praxis zugekommen, sie können sie nicht erklären. Ihr aus dem Westen fragt immer: Warum, warum, warum? Man muss Vertrauen haben, das fällt Euch so schwer. Fragen und Zweifel helfen nicht weiter."

Auch heute noch erwarten die Tibeter im Exil, dass ihre hohen Lamas heilen können; und wie früher kommen die Menschen von weit her, um Hilfe zu erlangen, ob dies nun in Indien, Sikkim, Nepal oder Bhutan ist. Wo immer auch die Flüchtlinge eine neue Existenz gefunden haben, dort ist ein Kloster nicht weit entfernt. Oder wenn das Oberhaupt der Sakya Tradition, der Sakya Trizin, eines seiner Klöster inspiziert, dann ist das keine interne Angelegenheit des Klosters mehr, sondern die Leute kommen zusammen, gleich welcher Tradition sie selbst angehören, um den Segen des hohen Gastes zu erhalten und seine Hilfe zu erbitten. In Kollegal, in Südindien, heilte er 2004 unter anderen einen Gelähmten, der im Rollstuhl zu ihm gebracht worden war und das Kloster ohne fremde Hilfe verlassen konnte. Solche spektakulären Wunderheilungen sind zwar eher selten, aber dass sie geschehen, dafür gibt es viele Zeugen. Allerdings wird vom Dalai Lama offenbar nicht erwartet, dass er heilt. Vielleicht steht er, der in den Augen der Gläubigen ein Bodhisattva ist, zu hoch über den irdischen Niederungen, als dass man solche Erwartungen in ihn haben dürfe.

Tenzin Wangchuk, unser alter Freund seit mehr als zehn Jahren, ist neben seinem Job als Erzieher und Verwalter des Zong Rinpoche auch Direktor einer kleinen Klinik für mittellose Mönche und versteht auch etwas von Medizin. Das war das Band, das uns anfangs einte. Natürlich fragten wir auch nach seiner Meinung über heilende Mantras: „Besonders mächtig sind die Mantras von Guru Rinpoche (Padmasambhava), Yamantaka, Heruka, Tara, Kalachakra und Avalokiteshvara", sagte der Lama. „Man kann sie singen, laut sprechen oder nur in seinem Geist still memorieren. Die richtige Betonung ist nicht entscheidend, denn wir Tibeter sprechen Sanskrit-Worte oft falsch aus. Entscheidend für die Wirkung ist die Motivation, die man hat, um anderen zu helfen. Es kommt auch sehr auf die Hingabe an den eigenen Guru sowie auf den Glauben an die betreffende Gottheit an – denn auch das mächtigste Mantra hilft überhaupt nichts, wenn Ihnen der Glaube fehlt. Und das wird bei Westlern immer ein schwieriges Problem sein. Wenn man ein Mantra verwendet, dann sollte das nie aus Eigennutz geschehen, etwa um sich einen Namen als Heiler zu machen. Vorrangig ist immer das Mitgefühl, der unbedingte Wunsch, einer anderen Person, die in Not ist oder ein Problem hat, zu helfen. Und dann noch etwas, was für Sie wahrscheinlich sekundär, aber für Inder manchmal der Hauptzweck ist, um ein Mantra zu verwenden: Man darf es nie für Schwarze Magie missbrauchen."

Anschließend an dieses Gespräch besuchten wir noch Zong Rinpoche, ohne mit ihm über unser diesjähriges Thema zu sprechen. Er ist in seinen Studien noch nicht so weit, dazu etwas sagen zu können. So tauschten wir ein wenig Klatsch über andere Tulkus aus, die wir vorher gesehen oder von denen wir gehört hatten und freuten uns über den behenden Geist des Rinpoche und sein körperliches Wachstum. Er hatte viele Jahre sehr zurückgezogen gelebt, eine Auswirkung der Shugden-Affäre, aber jetzt kommen jeden Tag viele Tibeter, um den Segen des Tulku zu erbitten. Der Dalai Lama hat ihm versprochen, ihn an seiner Hand mit in den Potala zu nehmen, wenn eine Rückkehr einmal möglich sein wird.

Quellenangabe:

1) Interviews mit Lama Tenzin Wangchuk, Kloster Ganden-Shartse, Februar 2004 und 2006

5. Mit Mantras die Tollwut besiegen. –
Ein Bericht von Geshe Thubten Gyaphel

Mantras sind das Salz in der Suppe der Lamas, die heilen können. Wenn sie den Umgang mit Mantras beherrschen, aber noch keine ausgereiften Tantriker sind, spricht man von Mantrikern. Wenn ein Mantriker heilt, dann scheint es wirklich, als habe er Zauberkräfte. Das folgende Beispiel hat mich seinerzeit so beeindruckt, dass ich es immer wieder erzähle.

Wir waren damals im Kloster Sera Jhe[1] und sprachen mit Geshe Thubten Gyaphel (Foto 35), einem Mitglied des Gesundheitskomitees des Klosters, über die vielen Tollwutfälle, die es dort unter den herumstreunenden und sich ungehemmt vermehrenden Hunden gibt. Wird ein Mensch, meist sind es Kinder, die mit den Hunden spielen, von einem tollwütigen Hund gebissen, so wird er unweigerlich qualvoll sterben, wenn er kein schützendes Serum erhält. Das gibt es bis heute in den ländlichen Gebieten Indiens entweder gar nicht oder nicht in den nötigen Mengen.

In Sera ging man deshalb zwangsläufig einen anderen Weg, denn man konnte die Kinder ja nicht einfach sterben lassen. Eines Tages wurden fünfunddreißig kleine Novizen von einem tollwütigen Hund und dessen ebenfalls erkrankten Welpen, mit denen die kleinen Mönche spielten, gebissen. Der Geshe telefonierte mit einem Mönch in dem nahe gelegenen tantrischen Kloster Gyüme in Hunsur, von dem er wusste, dass er heilen konnte. Er schilderte die Situation und fragte den Mönch: „Kannst Du uns helfen oder nicht?" „Vielleicht ja, vielleicht auch nicht", war die Antwort. Geshe Thubten verlangte eine Garantie – die er natürlich nicht bekam. Also schickten sie ein Auto von Sera, um den Mantriker zu holen. Der Mönch aus Hunsur schrieb Mantras auf Stücke Reispapier, rollte sie zusammen und sprach außerdem Mantras über einem Topf mit Wasser. Jedes der gebissenen Kinder musste ein Stück Papier schlucken und mit dem Wasser nachspülen. Dann ließ der Mönch die Kinder nacheinander ungefähr zwanzig, dreißig Meter rennen, so schnell sie konnten. Dann mussten sie den Atem anhalten, so gut es eben ging. Nun nahm der Heiler einen besonderen tantrischen Spiegel aus Metall und ließ jedes Kind dreimal „Hah" darüber hauchen und den Spiegel mit der Zunge berühren. Dann konnte er sagen, ob das Kind gar nicht vergiftet war, nur leicht oder ob sich in seinem Magen schon kleine Hunde gebildet hatten. Wenn auf dem Spiegel das Bild eines kleinen Hundes erschien, würde das Kind genesen. Wenn der Spiegel sich etwas schwärzte, war das Gift immer noch im Körper und man musste die Behandlung wiederholen, möglicherweise mit dem Mantra einer anderen Gottheit. Ich kenne eine Reihe von Varianten dieser mantrischen Behandlung, zentraler Punkt ist immer das Mantra des Heilers, dessen Schwingungsenergie er mit seinem Atem auf den Kranken überträgt.

Quellenangabe:
1) Interview mit Geshe Thubten Gyaphel, Kloster Sera Jhe, Sommer 1991

X. Heilende Mantras für Jedermann

1. Padmasambhavas versteckte Schätze

Bevor wir uns wieder den heilenden Mantras zuwenden, sollten wir einen Blick zurück in die frühe Religionsgeschichte Tibets werfen, um die geistige Kontinuität der vollkommen von der Religion bestimmten tibetischen Kultur klarer zu erkennen. Wir kommen da in einen Bereich, der im Gegensatz zu der intellektuellen, sozusagen protestantischen Nüchternheit der Gelug-Tradition das Übersinnliche, ja fast Magische, als Erbe und Überbleibsel auch der Bön-Religion, fest integriert hat. Genau wie die Nyingmapas haben auch die Bönpos vor Jahrhunderten Seite an Seite in Osttibet ein Refugium vor der Verfolgung durch die Gelugpas gefunden. Irgendwo in diesem schwer fassbaren Bereich liegen wohl auch einige der Wurzeln, wenn nicht alle, des Mantra-Heilens.

Am Beginn der Nyingma-Tradition steht Padmasambhava, der Lotos-Geborene, jener große Heilige und Magier des 8. Jahrhunderts, den die Tibeter als den zweiten Buddha verehren und Guru Rinpoche nennen. Viele Tibeter, auch der Dalai Lama selbst[1], glauben, dass er heute noch lebt. Aber die Wurzeln der Nyingma-Lehren reichen viel weiter zurück, denn auch Padmasambhava hat sie von indischen Weisen überliefert bekommen, vor allem deren Herzstück – die Dzogchen-Lehren. Deren Ursprünge sollen, schreibt Sogyal Rinpoche[2], älter als die Menschheitsgeschichte sein, und außer auf der Erde werden sie noch in dreizehn anderen Sonnensystemen gelehrt. Das ist zwar kaum glaublich und schon gar nicht zu beweisen, aber doch ein schöner und irgendwie tröstlicher Gedanke, der weit über unsere so kurze, so unbedeutende Existenz hinausweist. Etwas, das größer ist als wir und dauerhafter und auch anderen Wesen irgendwo in den Weiten des Alls Segen bringt.

Die Nyingmapas sagen, Guru Rinpoche sei eine Emanation von Samantabhadra, der die Natur des voll erleuchteten Geistes repräsentiert und den sie als den „ursprünglichen" Buddha ansehen. Er verkörpert die Weisheit und das Mitgefühl aller Buddhas – die wir sonst als Manjushri, Chenrezig oder Avalokiteshvara getrennt wahrnehmen. Als Padmasambhava war er eine von vielen anderen irdischen Manifestationen, ein Heilsbringer, der immerfort wirkt. Wenn wir Padmasambhava in der rechten Weise mit seinem Mantra anrufen, wird er uns sofort seine Hilfe gewähren, sagt Sogyal Rinpoche und beschreibt, dass Guru Rinpoche in einer Lotosblüte auf einem See geboren wurde. Alle dort anwesenden Dakinis riefen ihn aus ganzem Herzen an – und daraus entstand spontan das Vajra-Guru-Mantra „OM AH HUM VAJRA GURU PADMA SIDDHI HUM". Es ist die Herzessenz von Guru Rinpoche, dessen Rezitation sein innerstes Wesen anruft. Dies ist ein besonders schönes Beispiel für die segensreiche Kraft eines Mantra.

Die sechs Unterschulen der Nyingma-Tradition, die mit über tausend meist kleineren Klöstern vor allem in Osttibet vertreten war, waren vor 1959 nur lose miteinander verknüpft. Ihre Thronhalter waren, im Gegensatz zu denen der Kagyü-Tradition, beispielsweise nie an den chinesischen Kaiserhof gegangen und hatten dem Kaiser ihren Respekt bezeugt, sie besaßen keine chinesischen Titel und keine politische Gewalt. Erst im Exil kamen die Lamas aller Nyingma-Schulen zusammen, um ein Oberhaupt zu wählen, und der erste Thronhalter wurde Dudjom Rinpoche. Nach seinem Tode folgten ihm Dilgo Khyentse Rinpoche und nach diesem Penor Rinpoche nach, der Thronhalter der Palyul-Tradition, mit Sitz im Kloster Namdroling in Bylakuppe.

Padmasambhava hat zwar die Nyingma-Lehren im 8. Jahrhundert aus Indien nach Tibet gebracht, aber für viele von ihnen war die Zeit nach seinem Urteil noch nicht reif, sie zu verkünden. Darunter waren auch wichtige medizinische Texte. Seine Gefährtin Yeshe Tsogyal – „Königin vom Meer der Weisheit" –, die mit dem König Trisong Detsen verheiratet war, schrieb alle seine Lehren auf, sammelte und versteckte sie in seinem Auftrag an vielen Orten Tibets, in Bhutan und Sikkim. Padmasambhava sagte fünfundzwanzig seiner engsten Schüler voraus, sie würden wiedergeboren werden, um diese „Schätze" (Termas) zu enthüllen. Die Schatzenthüller oder Schatzsucher (Tertöns) haben keine ununterbrochenen Inkarnationslinien wie die Tulkus, sondern sie kommen und verschwinden wieder für lange Zeit in der Anonymität. Es gibt sie logischerweise fast nur bei den Nyingmapas, deren Lehren auf Padmasambhava zurückgehen, aber auch bei den Bönpos, den Anhängern des Bön.

Termas sind meist Schriften, es können aber auch wertvolle Steine oder kleine Statuen sein. Manchmal sind es auch Kräuterpillen oder Kleidungsstücke. Am häufigsten sind es aber Texte. Sie sind in der Sprache der Dakinis abgefasst, einer „Zwielichtsprache", die nur der entziffern kann, der mit der Energie einer Dakini in Verbindung steht. Termas sind in der Natur versteckt, in Seen, in Höhlen, in Felsen sogenannte „Erdtermas". Der Schatzsucher greift dann in den harten Felsen, als ob er Lehm sei, und findet sie selbst im Himmel über uns. Schatztexte sind auch im Geist des Tertöns verborgen – „Geist-Termas" –, für ihn aber nicht erinnerbar, solange er nicht ein „Zeichen" bekommt. Manchmal handelt es sich dabei nicht um Nyingma-Lehren, Lehren Padmasambhavas, sondern um Sutras, Worte Buddhas. Dann schreibt der Tertön sie auf, auch wenn er keine Ahnung vom Sutrayana hat, und zeigt seinen Fund später einem gelehrten Lama. Der entscheidet dann, ob er authentisch ist.

Es gibt Berichte über Tertöns, die nicht lesen oder schreiben konnten, aber nachdem sie das Zeichen bekommen hatten, plötzlich in der Lage waren, lange Texte niederzuschreiben – oder sie zu diktieren. So gab es einmal in Kham einen berühmten Tertön, der nicht schreiben konnte. Er war völlig ungebildet. Als er eines Tages das Zeichen bekam und sich an das erinnerte, was Padmasambhava einst gelehrt hatte, wusste er nicht, was er nun tun sollte. Da erschien ihm Padmasambhava in einer Vision und sagte: „Mache Dir keine Sorgen. In Deiner Nähe gibt es einen Mann, der hinkt. Er wird alles für Dich aufschreiben." Und genauso geschah es. Der Tertön fand den hinkenden Mann, dem er alles diktierte, und es wurden viele Bände daraus.

So schreiben die Tertöns alles auf, sie brauchen nur das „Zeichen". Es gibt viele verschiedene solcher Zeichen, sie sind wie eine Markierung im Dschungel, um den Weg zurück in die Tiefen der Erinnerung zu finden. Sie haben eine Vision, einen Traum, und wie unter einem Zwang, dem sie nicht widerstehen können, beginnen sie zu schreiben. Es fließt förmlich aus ihnen heraus – sie schreiben ganz automatisch. Es ist so, als wäre ein Teil ihres Gedächtnisses versiegelt gewesen, denn das vergangene Wissen bleibt in allen Inkarnationen eines Tertöns erhalten, aber es bleibt unbewusst, es lässt sich nicht willentlich abrufen. Der Tertön ist ein „Schläfer" und tritt über viele Leben hinweg nicht als Schatzsucher in Erscheinung. Dann kommt das Zeichen, und plötzlich wird alles offenbar, was wie von einem Schleier bedeckt war, und der Tertön hat unmittelbar ein Wissen zur Verfügung, von dem er vorher nichts geahnt hat. Die Erinnerung bricht aus ihm heraus. Jeder von uns kennt das. Man riecht, schmeckt oder hört etwas, und plötzlich ist die Erinnerung an längst Vergangenes da, eine bestimmte Stimmung, der Geruch eines fernen Meeres, ein Bild aus der Kindheit. Manchmal ist es die Gefährtin, die einem Tertön sagt, woran er sich erinnern müsse. Da sie als feenhafte, göttliche Wesen gelten, haben sie in bestimmten Momenten ein größeres Wissen als normale Menschen, eine Art Hellsichtigkeit. Meist behalten Tertöns ihre Vision zunächst jahrelang für sich. Niemand hört davon, niemand bekommt die Texte zu sehen. Dann geben sie die Lehren vielleicht nur an ein, zwei Schüler weiter, die mit ihnen praktizieren dürfen. Manchmal werden so die Lehren erst nach ein oder zwei Generationen öffentlich, und es besteht immer die Gefahr, dass die Übertragungslinie ausstirbt.

Kyabje Dudjom Rinpoche (1904-1987) hatte schon mit fünf Jahren seine ersten Termas in Tibet gefunden und mit dreizehn, vierzehn Jahren in Bhutan und später sehr viele in Sikkim. In Bhutan traf er eines Tages einen Lama, einen Ngakpa, der eine gelbe Robe anhatte und in der Hand ein Buch hielt, das in gelbes Tuch eingeschlagen war. Das gab er dem jungen Rinpoche und sagte ihm: „Hier, in diesem Buch, sind alle Schätze verzeichnet, die Du einmal finden wirst. Ich gehe jetzt in mein Haus dort hinten und mache einen Tee für uns. Setze Dich so lange hier hin." Dann ging er seiner Wege – und kam nie wieder. Der Rinpoche nahm das Buch und suchte nach dem Haus, das er auch fand, aber es war leer. Kein Lama weit und breit.

Einige Zeit später ging er nachts mit einigen Freunden zu einem kleinen, aber sehr tiefen See. Sie hatten Fackeln bei sich. Als sie am Ufer angekommen waren, sprang der junge Rinpoche plötzlich in das Wasser. Er tauchte mit seiner Fackel unter, die auch unter Wasser weiterbrannte, und die Freunde sahen, wie das Licht immer weiter unter der Oberfläche des Sees entschwand. Als der Rinpoche wieder auftauchte, hielt er in der Hand einen kleinen Kasten aus Silber, der mit Wachs versiegelt war. Neugierig lösten sie das Wachs und öffneten den Kasten. In ihm waren Schriften auf vergilbtem Papier, Termas, heilige Texte, die Padmasambhava – oder seine Gefährtin – in dem See versteckt hatte.[3]

Dudjom Rinpoche, ein Yogi ohne eigenes Kloster, der mit den Nomaden das weite Grasland zwischen Amdo und Kham durchstreifte, gab schon mit vierzehn Jahren die vollständige Einweihung und Übertragung – das ist die Weitergabe einer Lehre, die in ununterbrochener Folge von Lehrer zu Schüler weitergegeben wird – des Rinchen Terdzod (Rinchen Terdzö), des „Kostbaren Terma-Schatzes".

Dieser „Schatz" ist eine Sammlung von Lehren Padmasambhavas, die von hundert Schatzsuchern im Laufe der Zeit gefunden und von Jamyang Khyentse Wangpo Rinpoche (1820-1892) und Jamgön Kongtrül Lodrö Thaye dem Großen (1813-1899) in sechzig Bänden gesammelt wurden. Die beiden lebten im Nyingma-Kloster Shechen und waren zu ihrer Zeit die berühmtesten Meister in Kham. Im Exil, als abzusehen war, dass viele „Schätze" verlorengehen würden, haben sich vor allem Dudjom Rinpoche und Dilgo Khyentse Rinpoche darum bemüht, möglichst viele Lehren zu retten. Sie schickten Kuriere nach Tibet, die sich von den Haltern einer Lehre diese vorlesen und damit übertragen ließen.[4]

Quellenangabe:

1) Laird, Thomas: Tibet. Die Geschichte eines Landes. Der Dalai Lama im Gespräch mit Thomas Laird. Scherz Verlag, Frankfurt 2006
2) Sogyal Rinpoche: Dzogchen und Padmasambhava. Ratnakosha 1995
3) Asshauer, Egbert: Tulkus – Das Geheimnis der lebenden Buddhas. Verlag Herder, Freiburg 2000. Erweiterte Neuauflage Aquamarin Verlag, Grafing 2004
4) Asshauer, Egbert: Tulkus – die Großen Meister Tibets. Vorwort S.H. des Dalai Lama. Aquamarin Verlag, Grafing 2003

2. Ngakpas – Gelehrte und Zauberer

So gibt es auch zwei Sammlungen von „Schätzen", die heilende Mantras enthalten. Eine geht auf Jamyang Khyentse Wangpo zurück, das „Khyentse sNag Bum", was so viel heißt wie „Das Buch der 100 000 Mantras von Khyentse" – es sind tantrische Mantras, Mantras von Gottheiten also. Sein Schüler Ju Mipham Rinpoche (1846-1912) hat ebenfalls ein Buch der 100 000 Mantras – „Mipham sNag Bum" – hinterlassen, in denen Mantras gesammelt sind, die nicht unbedingt einen tantrischen Hintergrund haben.[(1)] Die Schriften Mipham Rinpoches umfassen ein weites Spektrum von Themen, wie Logik, Musik, Alchemie, Astrologie und Medizin. Auch eine Traktat über die heilenden Kräfte von Edelsteinen und über „Geheimes Heilen", eine Kombination aus tantrischen und somatischen Praktiken, mit dem Dharma stammen von ihm[(2)].

Bei den Nyingmapas gibt es zwei Arten religiöser Gemeinschaften – den Sangha der Mönche und den der Ngakpas oder Yogis. Diese tragen weiße Kleidung, ihr langes Haar zu einem Zopf im Nacken gebunden, legen keine Mönchsgelübde ab und können deshalb auch heiraten, Alkohol trinken, kurz alles tun, was einem Mönch verboten und jedem Laien erlaubt ist, ohne über die Stränge zu schlagen. In Tibet hatten und haben die Ngakpas vor allem im Osten große Klöster. Viele waren wandernde Yogis, die hier und da eine Weile blieben, um den Dharma zu lehren, die Kinder ihrer Sponsoren zu erziehen oder aber ihre okkulten Kräfte anzuwenden, wenn sie gerufen und dafür bezahlt wurden. Sie hatten früher einen nicht immer eindeutigen Ruf als Zauberer und manchmal auch als Schwarzmagier, und vor allem in den Büchern von Alexandra David-Neel kann man darüber manches Ungewöhnliche lesen. „Es scheint, dass niemand so recht erklären kann, wie sie in den Buddhismus hineingeraten sind" – sagte uns der Ngari Rinpoche, der Bruder des Dalai Lama. Offenbar hat sich bei den Ngakpas manches von den Riten und Techniken der schamanistischen Bön-Religion erhalten. Auch Milarepa (1040-1123), der berühmteste Yogi und Dichter der Tibeter, war ein Ngakpa und Meister der Schwarzen und Weißen Magie – er war nie verheiratet.

Es gab unter den Yogis große Gelehrte, und vor allem in Kham waren die berühmten Nyingma-Meister fast alle Ngakpas. Jamyang Khyentse Wangpo war zusammen mit Jamgön Kongtrül Lodrö Thaye ein Erneuerer des Buddhismus in Osttibet gewesen. Dreizehn Jahre war er durch ganz Tibet zu Fuß gewandert, um Tausende von Lehren, auch die der in der Regierungszeit des 5. Dalai Lama aus Zentraltibet vertriebenen und verfemten Jonangpas, zu sammeln und auf sich übertragen zu lassen. Zwischen 1830 und 1870 wurden sie von den beiden Lamas in fünf großen Sammlungen geordnet und später veröffentlicht. Sie bewahrten so mit unglaublicher Anstrengung ein riesiges geistiges Erbe vor dem Aussterben, denn ganze Übertragungslinien existierten schon nicht mehr, und gaben es an ihre Schüler mit allen Erklärungen und rituellen Ermächtigungen weiter. Unter den osttibetischen Yogis gab es eine Reihe berühmter Ärzte, deren Schriften heute noch von den traditionellen Ärzten benutzt werden.[3]

Wir befragten Lama Kunzang Dorje, den Sohn des engsten Mitarbeiters von Dudjom Rinpoche und Abt des Kloster Jangsa Dechen Choling in Kalimpong, zu den Ngakpas, und er sagte uns dazu: „Mein Vater ist zwar ein Ngakpa gewesen, aber ich ziehe es vor, ein Mönch zu sein. Ich habe die Mönchsgelübde abgelegt, weil der Buddha seine Schüler dazu aufgefordert hat, Mönche zu werden. Man wird ein Mönch zum eigenen Schutz. Man wird dadurch freier und kann sich besser dem Dharma hingeben, zumindest wenn man noch jung ist, denn die Bindung an eine Familie verbraucht viel Zeit und Energie, die man besser zur Praxis verwenden kann. Aber viele Ngakpas, die früher Mönche waren, sehen das ganz anders." Wir kennen einige Ngakpa-Klöster in Nepal, Darjeeling, in Dharamsala und auch in Südindien, haben die Atmosphäre dort aber immer als fremdartig und sogar abweisend empfunden, ohne sagen zu können, warum. Vielleicht lag es an uns, an einer gewissen Voreingenommenheit und auch Unwissenheit und Unsicherheit in Bezug auf die Ngakpas.

Sie stehen auch heute noch in dem Ruf, okkulte Kräfte zu besitzen, und auch Dudjom Rinpoche wurde oft gebeten, Divinationen

(Mo, Orakel) zu machen, wozu er eine Mala (Rosenkranz) benutzte. Er hatte schon in Kham ein Buch über die Praxis des Mo geschrieben. Ngakpas sind auch als Heiler bekannt, und viele Kranke kamen von weither zu dem Rinpoche, für die er spezielle Gebete und Mantras sprach. Wir haben das einmal bei Do Drupchen Rinpoche (Foto 36) in Gangtok in Sikkim gesehen, einem berühmten Nyingma-Lama, zu dem selbst Tote aus Bhutan gebracht wurden, damit er ihnen einen letzten Segen für eine gute Wiedergeburt gebe. Vor seinem Audienz-Zimmer saßen und standen immer viele Kranke voller Vertrauen in die heilenden Kräfte des Ngakpa-Lamas, dessen Frau (Foto 37) als eine Dakini (Fee) angesehen wird, ein hochentwickeltes geistiges Wesen. Sie saß in einem kleinen Vorzimmer, gab den Kranken heilendes Wasser mit nach Hause und strahlte große Liebe und Güte aus.

So verwundert es nicht, dass Dudjom Rinpoche als Erster im Exil wieder eine heilige, gesegnete Medizin aus Kräutern (Mendrup) hergestellt hat, die während einer tagelangen Puja zubereitet wird. Je nach den Mantras, die dabei verwendet werden, unterscheidet man verschiedene Arten dieser Pillen. Die Rituale sind sehr kompliziert und zeitaufwendig, selbst bestimmte rituelle Tänze werden dabei aufgeführt. Die Medizin soll das Immunsystem stärken, man gibt sie kranken Menschen, aber auch Tieren, zusammen mit geweihtem Wasser zur Heilung, aber auch zur Verhütung von Krankheiten oder einfach als einen Segen des Lamas, der sie austeilt.

Quellenangabe:
1) Dr. Nida Chenagtsang: Corso di Mantrahealing Tibetano. Milano, April 13-15, 2007
2) Clifford, Terry: Tibetan Buddhist Medicine and Psychiatry. The Diamond Healing. The Aquarian Press, Wellingborough, 1984
3) Asshauer, Egbert: Tulkus – die Großen Meister Tibets. Vorwort S.H. des Dalai Lama. Aquamarin Verlag, Grafing 2003

3. Für jede Krankheit ein besonderes Mantra

Im vorigen Absatz klang schon an, dass es Mantras gibt, die eine ganz bestimmte Zielrichtung mit einem breiten Wirkungsspektrum haben, wobei dort die Rede war von Mantras mit religiösem Hintergrund, die im Rahmen von Ritualen eingesetzt werden, Mantras von Gottheiten, die jedem Buddhisten vertraut sind. Es gibt aber auch – das hörte ich, für mich überraschenderweise, zum ersten Mal 2007 in Mailand – Mantras, die jedermann einsetzen kann, ob zur eigenen Heilung oder zu der anderer, ob gläubig oder nichtgläubig, ob Buddhist oder Atheist. Es sind heilende Mantras, die unabhängig von der spirituellen Einstellung des Heilers und des zu Heilenden allein aufgrund ihrer Klangenergie, ihrer Vibration, wirken sollen.

Dr. Nida Chenagtsang, ein ambitionierter Ngakpa-Arzt aus Amdo, dem ich die Übertragung von siebzig solcher Mantras verdanke, hat diesen „Schatz" aus der Mantra-Sammlung von Mipham Rinpoche in Tibet übertragen bekommen und lehrt die Technik des Mantra-Heilens nun im Westen im Rahmen der von ihm gegründeten International Academy for Traditional Tibetan Medicine (ATTM) in Rom. 1971 geboren, studierte er vier Jahre lang in Lhasa Traditionelle Tibetische Medizin, machte dort und anderswo in der Autonomen Region sein Praktikum für knapp zwei Jahre und ging schon 1998 in den Westen. Für ihn gehören das Mantra-Heilen wie die Moxabustion, die Akupunktur, die tibetische Kum Nye Massage und andere sogenannte äußere Techniken zu den Standardverfahren der Therapie in der tibetischen Medizin.[1] Nun wäre das nicht ungewöhnlich, wenn Dr. Nida sich auf Mantras von Gottheiten – wie den Medizin-Buddha – beziehen würde, die in der Alltagspraxis der Ärzte ihren Platz hatten: Ärzte und Angehörige standen früher um den Patienten herum, wenn er beispielsweise eine Moxabustion bekam, und sprachen laut das Mantra des Medizin-Buddha vor sich hin. Das hat uns immer sehr beeindruckt und den Patienten gewiss genauso. Das Mantra, der Segen der Gottheit, sollte die Wirkung der Behandlung verstärken, das war der Sinn des Rituals. Das eigentliche Heilen mit Mantras war und ist jedoch ein Privileg der Lamas.

Dr. Nida bezieht sich aber speziell auf nicht-religiöse Mantras. In dem Standardtext der Ärzte, den „Vier Tantras" oder „Gyüshi", gibt es allgemeine Hinweise auf die Verwendung von Mantras in drei Kapiteln des dritten Tantra über Krankheiten durch Geister und Dämonen, ohne dass die Mantras spezifiziert werden. Terry Clifford, eine englische Psychiaterin, hat diese Kapitel in Englische übersetzt. Sie bezieht sich dabei ausdrücklich auf Dudjom Rinpoche, den damaligen Thronhalter der Nyingma-Tradition, als ihren Guru.[2] Das sogenannte „Dritte Tantra der mündlichen Unterweisung" ist bisher nicht komplett in eine westliche Sprache übersetzt worden, ebenso wenig wie das folgende vierte Tantra. Aus dem Inhaltsverzeichnis der beiden Tantras, wie sie in der neuesten Ausgabe der „Grundlagen der tibetischen Medizin" des Men-Tsee-Khang in Dharamsala[3] aufgeführt sind, lässt sich nicht entnehmen, dass Mantras, außer in der Behandlung von Krankheiten, die durch Geister und Dämonen verursacht worden sind, routinemäßig angewendet werden oder wurden.

Ju Mipham Rinpoche, auf den sich Dr. Nida bezieht, kam selbst entweder in seiner Frühzeit aus der Bön-Religion oder hat in Osttibet Bön-Lehrer gehabt[4], und Dr. Nida erwähnt durchaus auch selbst die teilweisen Bön-Wurzeln des Mantra-Heilens. Er führt erstaunlicherweise den Ursprung der tibetischen Medizin bis in die Steinzeit zurück – und befindet sich damit in guter Gesellschaft, denn auch die Autoren der erwähnten „Grundlagen der Medizin" sprechen von einer Existenz der traditionellen Medizin seit Beginn der Zivilisation. Selbst der Dalai Lama sprach 1998 in Washington in einem Vortrag davon, dass die tibetische Zivilisation schon seit acht- oder zehntausend Jahren existiere![5] Tibeter sind, ich sagte es schon, großzügig, wenn es um Zahlen geht. Das wäre nicht weiter schlimm, wenn solche Angaben nicht manchmal zu kritiklos im Westen übernommen würden.

Ich war zuletzt 1992 in Lhasa, als auch Dr. Nida, der sich im Internet auf zwei seiner dortigen Lehrer beruft, dort studierte. Mir wurde damals klipp und klar vom damaligen tibetischen Vizedirektor des Traditional Tibetan Hospital der Autonomen Region – das später Universitätstatus erhalten hat – erklärt, dass nur noch einige ältere Mönchsärzte religiöse Rituale, wie Gebete und das Sprechen von Mantras, vornehmen, wenn dies vom Patienten ausdrücklich gewünscht werde. Das seien aber Ausnahmen. Mantra-Heilen kann also nicht zum Lehrstoff am College in Lhasa gehört haben. Das würde in keiner Weise den Versuch schmälern, eine im Exil völlig in Vergessenheit geratene Technik wieder zu revitalisieren.

Aber ich wollte nicht päpstlicher als der Papst sein und erkundigte mich im Men-tsee-Khang in Dharamsala, was man in dieser Hochburg der traditionellen Medizin-Orthodoxie denn vom Mantra-Heilen in der propagierten Form wisse und halte.[6] Dr. Dachoe, eine sehr erfahrene Ärztin, kannte natürlich das Mantra-Heilen der Lamas, aber hatte noch nie etwas davon gehört, dass jeder Laie mit Mantras in der von Dr. Nida beschriebenen Form heilen könne – in den Vier Tantras stehe nur etwas über die heilende Wirkung verschiedener Gottheiten-Mantras. Vielleicht gebe es in Osttibet noch Überlieferungen über das Heilen mit Mantras, die im Exil verlorengegangen seien, wobei es sich aber ihrer Meinung nach nur um tantrische Mantras handeln könne. Der Ngari Rinpoche, der Bruder des Dalai Lama, den ich dazu befragte, meinte brüsk, das alles sei reiner Bön. Schamanismus, der aus der Mongolei komme – wo das Schamanentum, wie ich aus eigener Erfahrung weiß, noch immer sehr lebendig ist.

Die siebzig Mantras, die Dr. Nida auf seine Schüler überträgt, sind in solche für Störungen der drei Säfte eingeteilt, der Hohl- und der soliden Organe, zur Behandlung von Schmerzen verschiedener Art, Fieberzustände und Entzündungen, von Allergien, mentalen und neurologischen Problemen, hohem Blutdruck, Blutungen und Menstruationsstörungen, von Störungen der Sinnesorgane, zur Behandlung von Schlaflosigkeit und einer Reihe von Symptomen verschiedenster Krankheiten und zur Kontrazeption. Es gibt zusätzlich Mantras für spezifische Störungen, wie z.B. Epilepsie, Virusinfektionen, Haut- und Gelenkproblemen sowie ein besonderes, vierteiliges Mantra, bei dem die sogenannten Vier Aktivitäten (Befrieden, Vermehren, Kontrollieren und zornvolle Aktivitäten) zur Heilung eingesetzt werden: NAGPO BAT; DU NAYA BAT; MA HA PA ZA BAT; THUM RIL ZA BAT. Dieses Mantra kann für alle Arten von Störungen einschließlich chronischer Krankheiten und starker Schmerzen polypragmatisch gegeben werden, man soll es nachts bis zum Sonnenaufgang bis zu zehntausend Mal sprechen. Das Basis-Mantra „für einhundert Krankheiten", das man zur Energieauffüllung sprechen kann, ehe man spezifische Mantras benutzt, heißt NA MA TA PA SHA, es soll fünfzigtausend Mal gesprochen werden.[7]

Einige Mantras wirken pazifizierend, ausgleichend – sie haben am Ende „SOHA" oder „SVAHA". Kräftiger sind Mantras mit „PHAT" oder „PHET" am Ende, und es gibt geradezu zornvolle, die nie mit einem „OM" beginnen oder mit „HUNG" enden. Ähnlich gibt es ja fried- und zornvolle Gottheiten im tibetischen Pantheon.

Benutzt man die Mantras für sich selbst, genügt es, wenn man das Mantra hundertacht Mal spricht – so viele Kugeln hat eine Mala. In wenigen Fällen muss man das Mantra tausendmal wiederholen, in einem Falle dreitausendmal. Benutzt man es für andere Personen, dann verfährt man meist so, dass man seinen Atem über ein Glas Wasser bläst und daraus trinken lässt oder direkt auf die Körperstelle pustet, die betroffen ist. In anderen Fällen wird der Heiler über Öl oder Butter seinen Atem hauchen und das Fett dann in die erkrankten Körpergegenden einmassieren. Es gibt viele Varianten. Auch Edel- und Halbedelsteine finden in Zusammenhang mit Mantra-Heilen Verwendung. Jeder kann ein Mantra für sich allein anwenden, aber auch zusammen mit einer bestimmten Diät, einer Veränderung seiner Lebensweise oder zusammen mit einer sogenannten inneren Therapie, das heißt mit tibetischen Kräuterpillen.

Das einzige Erfordernis von Seiten des Heilungsuchenden ist es, an die Kraft des Mantra zu glauben. Und von Seiten des Heilers? Er oder sie muss eine Übertragung von einer autorisierten Person bekommen haben, die selbst in einer Übertragungslinie steht. Das Mantra oder die Mantras werden einfach vorgelesen und nachgesprochen. Das stellt, so heißt es, eine energetische Verbindung zwischen Lehrer und Schüler her. Jemand, der diese Übertragung nicht bekommen hat, kann die positiven Wirkungen des Mantras nicht erzeugen, auch wenn das Mantra viele Male rezitiert wird. Ein Mantra ohne Übertragung zu benutzen, hat entweder gar keine oder eventuell sogar eine negative Wirkung, sagt Dr. Nida. Also Vorsicht!

Man kann versuchen, mit einem Mantra zu heilen, wenn andere Therapiemöglichkeiten erschöpft sind, so wie ein tibetischer Lama in der Regel erst dann zur Geistheilung greift, wenn der Arzt sein Pulver sozusagen verschossen hat. So würde sich möglicherweise ein Ngakpa in Kham oder Amdo verhalten. Aber die Art der Mantra-Heilung, die Dr. Nida im Westen lehrt, ist ja gerade für medizinische Laien gedacht, die vielleicht Physiotherapeuten sind, Reiki-Heiler oder Qi Gong-Therapeuten oder eben Menschen, die heilen wollen. In der Mehrzahl sind es Frauen, die meist spirituell interessiert sind; aber, so heißt es ausdrücklich, das ist keine Bedingung. Wie Mantras wirken, worauf und wodurch, das, so sagt Dr. Nida ganz klar, wisse auch er nicht. Wichtig sei nur, dass sie helfen. Diese Art Mantras, die vielleicht wirklich eher mit Bön-Schamanismus als mit tibetischer Medizin zu tun haben – Dr. Nida sieht das anders – sind irgendwie leer, jeglicher religiösen Bedeutung und Symbolkraft entkleidet. Sie sind nur noch reine Vibrationsenergie.

Können sie den Geist schützen, vor Leid bewahren, von Leid befreien? Warum nicht, sage ich und komme wieder auf das schon oft Gesagte zurück. Warum nicht, wenn der Heiler den rechten Sinn, die beste denkbare Motivation in sich erweckt hat, nämlich Liebe und Mitgefühl, und sein Mantra nicht nur für die Umdrehung einer Mala gesprochen hat, sondern wenn der Klang eins geworden ist mit seinem Körper. Im folgenden Kapitel erwähne ich ein in dieser Hinsicht sehr eindrückliches Beispiel. Aber das ist etwas anderes, als Mantra-Heilen an ein paar Wochenenden zu erlernen, so wie man im Westen heute viele Techniken lernt, von der Akupunktur bis hin zum Geistheilen. Einige der Adepten werden über die Jahre hinweg zu Meistern, manche lernen es nie und die in der Mitte werden sich immerhin ein gutes Stück Geld verdienen.

Quellenangabe:

1) Website International Academy for Traditional Tibetan Medicine: www. IATTM.net.
2) Clifford, Terry: Tibetan Buddhist Medicine and Psychiatry. The Diamond Healing. The Aquarian Press, Wellingborough 1984
3) Ploberger, Florian (Hg): Grundlagen der tibetischen Medizin. Eine Übersetzung des Buches der Men-tsee-Khang Publication. BACOPA Verlag, Schiedberg 2007
4) Manshardt, Jürgen: Die Rime-Bewegung, Teil I. Tibet und Buddhismus, XXI. Heft 82, 3/2007
5) HH the Dalai Lama: The relevance of Tibetan Medicine today. First int. Congress on Tibetan Medicine. Washington, D.C., Nov.1998
6) Interview mit Dr. Dachoe, Men-tsee-Khang in Dharamsala, September 2007
7) Dr, Nida Chenagtsang: Corso di Mantrahealing Tibetano. Milano, April 13-15, 2007

XI. Die Klöster in Hunsur und Kollegal – Tantriker und Mantriker

1. Das tantrische Kloster Gyüme

Von Bylakuppe aus besuchten wir 2006 das kleine tantrische Kloster Gyüme, in der Nähe von Hunsur, eine knappe Autostunde in Richtung Mysore von Bylakuppe entfernt. Es liegt etwas abseits der kleinen tibetischen Siedlung Rabgayling, mit nur wenigen Häusern und wenig mehr als zweitausend Bauern inmitten weiter Felder. Das Kloster gehört zur Gelug-Tradition und ist eher unscheinbar, ein großer, schmuckloser Tempel, darum herum einige bescheidene Gebäude, in denen etwa hundert Geshes für jeweils ein Jahr leben. Es sind das schon ziemlich gereifte Mönche um die Mitte dreißig und älter, denn das tantrische Studium setzt den Abschluss des Philosophie-Studiums voraus und ist für Lharampa-Geshes, die den höchsten Abschluss haben, obligatorisch.

Ein zweites tantrisches Kloster, Gyütö, befindet sich heute in der Nähe von Dharamsala, im Nordwesten Indiens – bis vor einigen Jahren war es in Aruchnal Pradesh, im äußersten Nordosten Indiens, einer zwischen China und Indien umstrittenen Region. In Gyütö residiert jetzt auch seit seiner Flucht aus Tibet der junge, vom Dalai Lama anerkannte Karmapa Urgyen Trinle Dorje.

Der Abt von Gyüme, den wir eigentlich auf Empfehlung seines Schülers Thomthok Tulku interviewen wollten, leitete gerade eine lange Puja in dem Tempel, den eine japanische Familie gestiftet hat. In mehreren Reihen saßen die Mönche beidseits des langen Ganges, vor ihnen, auf seinem Thron, der Abt. Die Mönche in der ersten Reihe hatten große und kleine Trommeln, Tuben, Hörner,

Muschelhörner und andere Instrumente vor sich. Die in der zweiten Reihe hielten Glocken in den Händen, und in einem eintönigen, aber mächtig an- und abschwellendem Singsang aller Mönche ertönte das Mantra des Avalokiteshvara „Om mani padme hum". Der große Raum mit seinem mit Steinen ausgelegten Boden bebte förmlich, und als wir uns dann nach einer Weile in den kleinen Park vor dem Tempel zurückzogen und unter einem Bodhi-Baum saßen (Foto 38), vibrierten selbst die Blätter des Baumes von den Klangwellen, die aus dem Tempel drangen. Es war unwirklich und absolut überwältigend in der Stille der Landschaft um uns herum, und die beste Demonstration dafür, dass ein Mantra Klangenergie ist, die sich von ihrer Quelle aus fortpflanzt, ausbreitet, an Kraft zunimmt und eine ungeahnte Mächtigkeit gewinnt. Das ist etwas völlig anderes, als etwa einem Symphonie-Orchester zuzuhören.

2. Reise nach Kollegal. Das Mantra des Gesar von Ling

Die Weiterfahrt nach Kollegal, in dessen Nähe die fünfte, wesentlich kleinere Siedlung in Karnataka liegt – die anderen sind Mundgod, die zwei Siedlungen in Bylakuppe und Hunsur –, gestaltete sich schwierig. Es machte Ling Gala Tulku große Mühe herauszufinden, wie wir denn fahren sollten. Selbst in Sera hatte er nicht erfahren können, was denn der nächste Weg nach Kollegal sei. Es war, als ob diese Siedlung der Tibeter auf dem Mond liege. Niemand, den wir fragten, war jemals dort gewesen, und niemand schien so recht zu wissen, wie man dorthin kommen konnte.

Schließlich passierten wir, schon ziemlich erschöpft nach siebenstündiger Fahrt, am späten Nachmittag die kleine, wuselige Stadt Kollegal, obgleich es in Kilometern gerechnet gar nicht so weit gewesen war – 114 Kilometer. Aber unser Fahrer hatte wiederum große Angst um seinen schönen neuen Wagen und kroch förmlich über die mit Schlaglöchern übersäte Straße. In Kollegal war die Reise noch nicht zu Ende, denn Dhondenling, die Siedlung der Tibeter, liegt noch vierzig Kilometer weiter inmitten einer reizvollen Landschaft mit vielen kleinen Seen, auf denen sich zahllose Vögel, wie Enten, Reiher oder sogar Schwarzstörche, tummeln. Als wir kurz vor Sonnenuntergang die Siedlung endlich erreichten, waren wir etwas enttäuscht. Von den Bauernhäusern war in der hügeligen Landschaft nicht viel zu sehen, obwohl auch hier um die zweitausend Bauern leben. Auch die Klöster sind von der Straße aus kaum zu erkennen, keine goldenen Dächer glänzen einladend, wie in Mundgod und Bylakuppe. Zu der Siedlung gehören vier relativ kleine Klöster; drei gehören zur Nyingma-Tradition, eines ist ein Kagyü-Kloster. Das größte Kloster beherbergt etwa hundertdreißig Mönche.

Wir wollten einen Ex-Abt sprechen, Khenpo Lobsang Chophal, der im Kloster Simpuck lebt, aber er war am Morgen nach Delhi abgereist. Der Lama hatte einen großen Ruf als Heiler von tollwütigen Kindern. Er heilte natürlich mit Mantras, worüber ich gern mehr gehört hätte. Wir hatten ihn von Sera aus telefonisch nicht erreichen können, ein Kommunikationsproblem speziell in und zwischen den Klöstern, das recht ärgerlich sein kann. Wir kennen es seit vielen Jahren, ohne dass man konkrete Gründe dafür nennen kann, außer dass sich intern die Telefonnummern praktisch jedes Jahr ändern.

Aber ein anderer Heiler war da, der zwar ähnlich wie ein Lama mit einem roten Rock und goldfarbener Weste gekleidet und auch mit Rinpoche anzusprechen war, aber er war weder ein Mönch noch ein Tulku, sondern ein Ngakpa. Er trug sein langes Haar wie ein Yogi im Nacken zu einem Pferdeschwanz gebunden (Foto 39). Er lebt in dem kleinen Dzogchen-Kloster der Nyingma-Tradition und empfing uns sofort, kaum dass wir auf den Klosterhof gefahren waren, umringt von einer Gruppe neugieriger Mönche. Der Heiler hieß Guru Kyab und ließ sich auch Gupto Rinpoche nennen. Zum Zeitpunkt unseres

Besuches (2006) war er achtundvierzig Jahre alt und verheiratet. Seine Frau saß mit einem Kleinkind die ganze Zeit bei uns, während wir ihren Mann interviewten. Sie verstand offenbar Englisch.

Er habe, so erzählte der lebhafte und sehr offen wirkende Heiler[1], seine Praxis vor zwanzig Jahren in Amdo begonnen und sei erst vor fünf Jahren nach Kollegal gekommen. Es sei sehr schwer, ja praktisch unmöglich, sagte er, die Mantra-Kraft in einem Leben zu bekommen. Aber er stammt aus einer Linie von Tantrikern, und sein Vater sei ein Tulku. Der brachte ihm schon als Kind die richtige Aussprache eines Mantra bei und lehrte ihn viele Rituale, denn es hatte sich bei ihm schon früh gezeigt, dass er heilende Kräfte besaß. Aber er habe nie Lesen und Schreiben gelernt – konnte uns aber immerhin seinen Namen aufschreiben. Seine Übertragungslinie geht von einem gewissen Nupchen Samgyal Yeshi aus, einem Mönch der Nyingma-Tradition. Sein Wurzelguru ist jetzt hundertfünfzig Jahre alt und lebt in Amdo. Er, der Guru, sei die Reinkarnation von Gesar von Ling, jenem berühmten König des Reiches Ling der tibetischen Heldensage, der in Osttibet als Bodhisattva verehrt wird. Als solcher habe er auch ein Mantra, und genau das sei das heilende, sehr machtvolle Mantra des Guru Kyab, das er über zwanzig Jahre hinweg geübt habe. Lange Zeiten sei er deswegen auch immer wieder im Retreat gewesen.

Seine Familie war in Amdo sehr bekannt, weil viele seiner Verwandten ungewöhnliche Kräfte besaßen. Man lebte mit wilden Tiere zusammen wie mit Menschen, auch mit Tigern, erzählte der Heiler, und einmal baute einer seiner Brüder einen Tempel und holte dazu riesige Baumstämme von weither aus den Bergen – fliegend, wohlgemerkt. Ein indischer Swami, dem wir später diese Geschichte erzählten, meinte dazu, nun ja, dass Menschen fliegen können, sei ja nun in Indien nichts so Ungewöhnliches, schon eher, dass sie dabei schwere Lasten schleppen. Er vermute, dass der Bruder des Heilers die Stämme dematerialisiert habe, ehe er nach Hause flog, und sie, an Ort und Stelle angekommen, wieder materialisiert habe. Man hört und sieht in Indien so viele seltsame Dinge, dass man Berichte dieser Art kaum noch in Zweifel ziehen mag.

Auch wenn er meinen Fragen und der Übersetzung seiner Antworten durch Ling Gala Tulku zuhörte, sprach Guru Kyab unaufhörlich sein Mantra vor sich hin, das heißt, er bewegte die Lippen, die nur stumm die Worte formten; aber sein ganzer Körper vibrierte und tönte dabei. Er gab einen tiefen, sehr leisen Ton von sich – er war ganz Vibration und Klang geworden. Faszinierend und, so weit wir später bei unseren Umfragen gehört haben, höchst ungewöhnlich.

Das Mantra ist geheim, deshalb spricht der Heiler nur inwendig. Er hat es von Khenpo Jigme Phuntsok übertragen bekommen, der in Amdo ein sehr berühmter Abt war. In seiner Familie gab es drei inkarnierte Lamas, welche das Mantra des Gesar von Ling schon vor vielen Generationen ebenfalls übertragen bekommen haben. Es vererbt sich sozusagen über die Generationen hinweg. Die Kraft des Mantra kommt automatisch, wenn man die Übertragung zusammen mit dem Segen der Lamas bekommen hat. Dazu muss der Adept auch großes Vertrauen in und Verehrung für den Lama haben sowie viele Rituale machen.

Sein Protektor ist Guru Rinpoche (Padmasambhava). Er betet abends zu ihm und legt bei offensichtlich schwierigen Fällen Briefe oder auch Fotos von den Heilungsuchenden unter sein Kissen. Wenn ihm Guru Rinpoche im Traum erscheint, dann weiß er definitiv, ob und welche Chance einer Heilung besteht. Außerdem macht er stets eine Divination mit seiner Mala, die besonders große, bernsteinähnliche Kugeln hat und die er in einer bestimmten Weise hin und herschiebt. Je nachdem, wie viele übrig bleiben, liest er daraus ein willkürliches Votum ab, das er sich selbst zurecht gemacht hat. Ein *Petcha*, ein Orakelbuch, benutzt er nicht.

Er heilt mit dem Mantra und mit Nadeln. Es sind käufliche Näh-nadeln, die er uns in ihrer Originalverpackung zeigte. Er fordert die Patienten auf zu beten, legt eine Nadel unter seine Zunge und bläst darüber hin. Dabei visualisiert er Guru Rinpoche. Dann nimmt er die Nadel und sticht sie mehrere Male ziemlich wahllos um ein Kniegelenk herum oder wo immer es weh tut. Er lässt die Nadel aber nicht stecken. Er sticht, damit es richtig weh tut, so dass die Patienten bereuen, was sie getan haben. Das Stechen hat keinen heilenden Effekt, sondern nur einen reinigenden. Nur wenn er sie anbläst, übertragen sie die Mantra-Kraft auf den Patienten, und das hat auch einen reinigenden Effekt auf deren Karma. Auf die Frage, was das Mantra denn bei dem Kranken bewirke, sagte der Heiler, seine Mala drehend: „Mein Mantra, das Mantra des Gesar von Ling, zerstört schlechtes Karma, das sich über viele Leben bei dem be-treffenden Menschen angesammelt hat, sicher nicht alles, aber doch jenes, das für sein jetziges Leiden verantwortlich ist."

Achtzig bis neunzig Prozent seiner Patienten werden geheilt, eine Quote, auf die Ärzte nur neidisch sein können. Zum Beispiel Krebs, den andere nicht heilen konnten, oder jemand, dem man schon das Bein amputieren wollte, oder Verrückte oder Frauen, die keine Kin-der bekommen haben. Er sei in den fünf Jahren, die er hier lebe, sehr bekannt geworden in der Gegend, meinte der Heiler. Er werde aber auch nach Manali oder Dharamsala in Nordindien von Leuten eingeladen, die unheilbare Krankheiten haben. In Amaravati habe er vor wenigen Wochen während der Kalachakra-Initiation, die der Dalai Lama dort gab, fünf Leute geheilt, die geistig völlig verwirrt waren. Er bittet Guru Rinpoche dann, die Verrücktheit auf ihn, den Heiler, zu übertragen. „Sind diese Verwirrten von einem Geist besessen oder ist das egal?", fragte ich. „Sie sind oft gefesselt und werden im Jeep zu mir gebracht. Ich blase meinen Atem über ein Gefäß mit Wasser und sprühe das Wasser über den Kranken. Wenn sie sich nicht wehren, steche ich mit den Nadeln in ihr Brustbein und auf den Kopf in Höhe des Scheitels. Die Leute schlafen ein oder kippen um, und wenn sie aufwachen, sind sie geheilt. Ich habe keine Ahnung, ob sie besessen sind oder waren. Das interessiert vielleicht einen Arzt, mir kommt es nur darauf an, dass der Kranke gesund wird." Gewöhnlich können die Patienten Guru Kyab ziemlich genau sagen, was sie haben, weil sie meist schon viele Ärzte konsultiert haben. Wenn Zeit genug ist und es ein schwieriger Fall zu sein scheint, bittet er sie, eine Nacht zu bleiben und wartet, ob Guru Rinpoche ihm im Traum erscheint.

Am Ende des Interviews waren wir, durchgeschüttelt von der langen Fahrt, hungrig und durstig und nicht eben guter Laune. Die Übersetzung durch den Tulku hatte sich zu meinem Ärger als sehr schwierig gestaltet, weil ich immer wieder nachfragen musste – für ihn war das alles auch neu. Aber nun wollte Ling Gala Tulku, der seit einem Jahr Magenprobleme hatte, auch selbst sein Heil versuchen. Er wurde nicht gestochen, vielmehr nahm der Guru Kyab einen Schluck aus einem Glas mit Wasser, in das er vorher seinen Atem geblasen hatte, und sprühte es über den Bauch des Tulku, während ich diskret einen Umschlag mit Geld auf ein Tischchen legte. Die Behandlung habe dem Tulku aber nicht viel geholfen, meinte er ein Jahr später.

Im Kloster gab es für uns keine Übernachtungsmöglichkeit, auch nichts zu essen oder zu trinken. Ein Gasthaus gibt es nicht, auch keine Läden. Im Dzogchen-Kloster dürfen keine Verheirateten leben, auch nicht der inkarnierte Lama des Klosters und Thronhalter der Dzogchen-Sekte, eine der sechs Untergruppen der Nyingma-Tradition. Er ist ein Ngakpa und verheiratet und wohnt neben seinem Kloster. Aber es blieb uns keine Zeit, etwas zu erfragen. Auch in einem anderen Kloster am Wege zurück gab es nur neugierige Mönche, aber keine Gästezimmer – die seien nur für Sponsoren, hieß es, wer immer die waren. So blieb uns nichts anderes übrig, als die vierzig Kilometer nach Kollegal zurückzufahren, nicht ohne uns vorher an der Straßenkreuzung an Bananen und Keksen gelabt zu haben, neugierig beäugt von ziemlich wild aussehenden jungen Khampas, die mit rotem Stirnband und wehenden langen schwarzen Haaren auf Motorrädern hin und her rasten und versuchten, uns laut schreiend zu erschrecken. Diese wilden Burschen lachten unbändig, wenn sie auf uns zurasten, um erst im letzten Moment abzubiegen. Sie haben wenig Gelegenheit, ihre überschüssige Kraft abzureagieren.

Unser Fahrer tastete sich in der Dunkelheit wieder von Schlagloch zu Schlagloch, voller Angst, mit einem Achsenbruch liegen zu bleiben. Das alles war eine gute Chance, sich in Geduld und Gelassenheit zu üben, denn als wir nach zwei Stunden Fahrt in Kollegal im Finsteren ankamen, wurde es nicht besser. Es war kein Restaurant zu finden, in dem wir einigermaßen mit Appetit hätten essen können, aber immerhin gab es im einzigen Hotel der Stadt noch Zimmer. Auf der Suche nach Essbarem gerieten der Tulku und ich in eine richtige Trinkerhölle, wo er in seiner Robe ziemliches Aufsehen erregte. In der verräucherten Kneipe grölten Betrunkene herum, die indischen Whisky aus Wassergläsern tranken – ich wäre ja gern etwas geblieben, aber der Rinpoche fand, das werde seinem Seelenheil vielleicht nicht zuträglich sein. So gingen wir denn schlafen.

Quellenangabe:
1) Interview mit Guru Kyab, Kollegal, Februar 2006

Adresse: Guru Kyab (oder Gupto Rinpoche), Dzogchen Monastery. Tibetan Colony Kollegal. Distt. Mysore, Karnataka. Tel. 0091-9449123180.

3. Nochmals: Mantra und Karma

Ehe wir uns am nächsten Morgen auf die Reise zurück nach Bangalore machten, um den Tulku dort abzusetzen und dann weiter nach
Puttaparthi zu fahren, hatten wir noch ein Gespräch zu dem Thema,
ob man mit einem Mantra Karma auslöschen kann. Wir konnten
es ein Jahr später noch vertiefen, nachdem Ling Gala Tulku es mit
Jampa Rinpoche besprochen hatte.

Nach der Gelug-Tradition kann man kein Karma mit einem Mantra auslöschen, jedoch kann ein mantrischer Heiler die Bedingungen
ändern, unter denen Karma zur Krankheit ausreift. Wenn zum Beispiel der Fluch von Nagas zu einer bestimmten Krankheit geführt
hat, dann kann ein Mantra die Bedingung, die zur Krankheit geführt
hat, auslöschen, nämlich den Fluch der Schlangengeister. Das hat
aber nichts mit Auslöschen des Karma oder eines spezifischen An-
teils davon zu tun. So sind die Nagas die Bedingung, die nötig ist,
damit ein schlechtes Karma den Ausbruch einer Krankheit hervor-
rufen kann. Werden die Bedingungen geändert und die Nagas durch
ein Mantra in Schach gehalten, dann kommt es nicht zum Ausbruch
der Krankheit, und der Patient wird, vorerst, wieder gesund.

Ein führender Lama – auch er heute ein Ngakpa – im Kloster
Namdroling in Bylakuppe sieht das allerdings etwas anders. Natürlich wird das Karma nicht durch ein Mantra zerstört, aber seine
Wirkung wird aufgehoben, denn letzten Endes ist es eine haarspal-
terische Frage, ob man zu einem gegebenen Zeitpunkt eine poten-
ziell gefährliche karmische Grundlage als solche zurückdrängt oder
ob man die Bedingungen ändert, welche diese Potenz zu einem
Krankheitsfaktor werden lassen.[1] Der Erfolg einer Heilung wird
ohnehin, und darin stimmen die von uns befragten Heiler überein,
nur ein Augenblickserfolg sein, wenn der Patient nicht sein Denken

und sein Verhalten ändert und sich zumindest bemüht, ein besserer Mensch zu werden, der Liebe und Mitgefühl für seine Mitmenschen zu kultivieren versucht. Diese Forderung steht nicht nur hinter jedem geistigen Heilen, sondern genauso hinter dem physischen Heilen durch den traditionellen Arzt. Die traditionelle tibetische Medizin hat stets den ganzen Menschen im Auge und betont, zumindest theoretisch, dass jeder Kranke für sein Leiden selbst verantwortlich ist.

Geistige Faktoren als Ursache von Krankheit anzusprechen, das ist etwas ungewohnt für einen westlichen Arzt. Man muss sich das etwa so wie die oben erörterte Beziehung zwischen Karma und Krankheit vorstellen. Geistige Faktoren, konkreter die Gifte des Geistes, wie Habgier, Neid und Hass oder allgemeiner falsches Denken und unkontrollierte Emotionen, bilden die Basis, aus der eine Krankheit erwächst, wobei dann die äußeren Faktoren, wie Klima, Infektionen oder Ernährung, die Bedingungen darstellen, welche eine spezifische Krankheit entstehen lassen. Wenn es umgekehrt einem Menschen gelingt, diese Basis aufzulösen oder zu verändern, dann mag das seine Selbstheilungstendenzen so anregen, dass eine dauerhafte Heilung auch bei ernsten Krankheiten die Folge ist. Wer nicht Buddhist ist, wird diese Einstellung nur nachempfinden können, wenn er ein religiöser Mensch ist, gleich welcher Observanz, denn die ethischen Gesetze, unter denen wir stehen, sind nicht voneinander verschieden.

Die oben erörterte Hypothese über die Wirkung mantrischen Heilens greift an einem besonders wichtigen metaphysischen Faktor an, der nach östlichem Verständnis unseren ganzen Lebensablauf sowie den vergangener und zukünftiger Leben bestimmt – dem Karma. Man darf allerdings Karma nicht mit einem unabänderlichen Schicksal gleichsetzen. Karmische Potenziale, die in unserem Bewusstsein verankert sind, kann man sehr wohl löschen oder überschreiben, indem man Liebe und Mitgefühl bis zu einem Punkt entwickelt, wo das Karma inexistent wird. Wir sagten schon, dass ein Erleuchteter kein Karma mehr hat; die Wurzeln seines Karma sind zerstört – dieser Prozess lässt sich nicht mehr rückgängig machen oder neu in Gang setzen.

Diesen Zustand können wir Normal-Sterblichen trotz aller Bemühungen in einem Leben wahrscheinlich nicht erreichen, auch wenn zum Beispiel Anhänger des Dzogchen, des Tantra der Nyingma-Tradition, dies anders sehen. Auch die tibetischen Astrologen sagen, dass ihr ganzes Bemühen dahin gehe, einem Klienten zu zeigen, wohin es führe, wenn diese Person ihre geistige Einstellung und daraus resultierend ihr praktisches Tun nicht ändert. Gelingt ihr das aber, auch unter dem Eindruck der vorhergesagten negativen Ereignisse, dann kann sie den Sternen ein Schnippchen schlagen. Die gravierenden Ereignisse und Katastrophen, bis hin zum Tod zu einem vorhersagbaren Zeitpunkt, treten dann nicht zwangsläufig ein.

Um sein Karma zu reinigen, muss man bereuen, sagen übereinstimmend Geshe Rabten[2] und Sogyal Rinpoche[3]. Man muss seine Tat akzeptieren, bekennen und geloben, sie nicht zu wiederholen, Abbitte tun und als Reinigung eine Million Niederwerfungen machen. Es ist dies ganz ähnlich dem Sakrament der Buße, mit dem einem Christen seine Sünden vergeben werden, wenn er denn bereut. Wenn man die richtigen Übungen macht, von denen der Buddhismus viele verschiedene kennt, kann man sein gesamtes negatives Karma reinigen, sagt Geshe Rabten. Tröstlich zu wissen! Dazu empfiehlt er in erster Linie die Rezitation bestimmter mächtiger Mantras und nennt das Vajrasattva-Mantra allein oder als 100-Silben-Mantra in Verbindung mit Niederwerfungen und Meditation. Vajrasattva ist die Verkörperung der Reinheit aller Buddhas, und seine Anrufung kann helfen, seinen Geist von negativen karmischen Samen zu reinigen. Ansonsten, sagt Geshe Rabten, ist Karma zwar nicht unumstößlich, vielmehr ist Wandel durch die stete Übung des Dharma möglich. Aber auch die Anrufung eines Buddha kann nicht mehr bewirken, als die Bedingung zu ändern, die ein karmisches Potenzial zur Reife bringt – wie wir das weiter oben als hypothetische Wirkungsweise eines Mantras einer Gottheit erörtert haben. Geshe Rabten erklärt das am Beispiel der Lebensspanne eines Wesens. Sie ist vergleichbar einer Butterlampe: Ist die Butter verbraucht – und das ist karmisch festgelegt –, ist das Leben zu Ende. Diesen Ablauf kann auch ein Buddha nicht ändern. Er kann aber mit seiner Gnade verhüten, dass ein Windstoß die Lampe löscht.

Jeder schafft sein Karma selbst, es kommt nicht von außen. Ein mantrischer Heiler kann vielleicht einen ganz bestimmten negativen karmischen Samen in seinem Wachstum hindern oder, wenn er sich schon entfaltet und zu einer Katastrophe geführt hat, diesen Samen mit einem mantrischen Ritual zerstören, aber nur diesen. Es wäre dies vergleichbar einem Eingriff in unseren Gencode, mit dem ein schädliches Gen entfernt oder so manipuliert wird, dass es unschädlich bleibt. Das ist zwar heute in kleinem Maßstab bereits machbar, allerdings wesentlich aufwändiger und kostenintensiver als der Besuch eines mantrischen Heilers.

Quellenangabe:
1) Interview mit Tulku Ngedön, Berlin, März 2006
2) Geshe Rabten: Auf dem Weg zur geistigen Freude. Meditation und vorbereitende Übungen im tibetischen Buddhismus. Dharma Edition, Hamburg 1994
3) Sogyal Rinpoche: Dzogchen und Padmasambhava. Ratnakosha 1995

Anhang I

Tibet und der Westen
Zur Geschichte Tibets und seiner Medizin[1]

1. Die Seidenstraße: Verbindung zwischen Ost und West

Die Seidenstraße existierte schon zur Zeit Buddhas. Herodot hat einige ihrer Stationen um 430 v. Chr. beschrieben. Ausgehend von Gansu, der damals westlichsten Provinz Chinas, über Kashgar, am westlichen Ende des Tarimbeckens, zweigte dort eine südliche Route ab und führte quer durch das heutige Nordpakistan, Afghanistan und Persien über Bagdad und Damaskus an das Mittelmeer. Der Perserkönig Darius I. (550-486 v. Chr.) hat diese Straße von Ephesus (Antiochia) an der Küste Syriens bis zur östlichen Reichsgrenze in Baktrien (Afghanistan) als Staatsstraße ausbauen lassen. Davon zweigte im Industal ein kombinierter Land- und Seeweg ab, der in der Gegend des heutigen Karatchi den Indischen Ozean erreichte und weiter über See zum Persischen Golf und nach Mesopotamien führte, aber auch entlang der südarabischen Küste nach Ägypten. Er wurde schon im 2. Jahrhundert v. Chr. benutzt. Eine nördliche Route verlief von Gansu über Kashgar und verband China mit Mittelasien, den heutigen Republiken Kirgisistan, Usbekistan und Turkmenistan, dem Kaukasus, dem Schwarzen Meer und Istanbul als Endstation. Sie war ab dem 2. Jahrhundert n. Chr. die wichtigste Verbindung zwischen China und den Häfen Europas.

Durch Abzweigungen und Querverbindungen waren die Handelsstraßen späterhin miteinander verbunden. Seide war der wichtigste Exportartikel Chinas, aber nicht der einzige. Dazu kamen Gewürze, wie Zimt und Ingwer, Gold, Diamanten und Jade, Teppiche, auch Glas und Keramiken, Pelze und Moschus, Tee und sogar Rhabarber. Heute benutzen Drogenkuriere die Seidenstraße, und China, die Nachfolgestaaten der ehemaligen UdSSR und auch die Türkei planen mit Unterstützung der EU und der USA eine „Neue Seidenstraße", die als Freihandelskorridor China mit Europa verbinden soll. Die riesigen Gas- und Ölvorkommen der Region werden einmal die Zukunft von sechzig Millionen Menschen bestimmen – aber vielleicht auch eine endlose Kette politischer Spannungen hervorbringen.

1) Karte „Die Seidenstrasse", aus: Richter, C., B. Baumann und B. Liebner: Die Seidenstraße. Mythos und Gegenwart. Piper Verlag, München 2002, Seite 304

2. Schmelztiegel Tarimbecken

Eine besondere Rolle in der Geschichte Tibets spielt das Tarimbecken nördlich von Tibet, die größte innerasiatische Senke ohne Abfluss. Diese heute so unwirtliche Region ist über zweitausend Jahre hinweg Endpunkt mehrerer Einwanderungswellen indo-europäischer Völker gewesen, wie wir aus zahlreichen Mumienfunden mit überwiegend indo-arischen Gesichtszügen wissen. Sie wird weitgehend von der Taklamakan-Wüste ausgefüllt, der zweitgrößten Wüste der Erde und eine der gefährlichsten Wüsten überhaupt, die etwa 1400 km in westöstlicher Richtung verläuft, umgeben von vier- bis siebentausend Meter hohen Gebirgszügen. Heute wird sie vom Desert Highway 312 durchquert, der über 500 km von Khotan im Süden nach Kucha und weiter nach Urimqi im Norden führt.

Am nördlichen Rand des Beckens verlief die nördliche Seidenstraße von Lanzhou, am Ufer des Gelben Flusses – Hauptstadt der Provinz Gansu – über Dunhuang, die Turfan-Oase, die heißeste Stadt Chinas, die 154 Meter unter dem Meeresspiegel liegt, und Kucha nach Kashgar. Die Strecke von Lanzhou bis Dunhuang verläuft zwischen mächtigen Gebirgen im Süden und der Wüste Gobi im Norden durch einen fruchtbaren Korridor, der zeitweilig kaum 100 km breit, aber 1655 km lang ist und das chinesische Herzland mit den Wüsten Zentralasiens verbindet. Bei Dunhuang zweigte eine südliche und kürzere, aber schwierigere Karawanenstraße ab, die am Südrand des Tarimbeckens über Khotan und Yarkand ebenfalls nach Kashgar führte, mit einem Abzweig von Yarkand südwestlich über den Karakorum-Pass in das obere Industal (Ladakh und Kaschmir).

Die Oasenstädte rund um die Taklamakan waren wie die Städte Mittelasiens ein Schmelztiegel der Rassen und Kulturen. Hier gab es Handelsniederlassungen der Griechen, Inder, Perser und Sogder – die Sogdania, ein Verbund aus acht Fürstentümern, mit Samarkand als ihrem Zentrum und vormals Satrapie des persischen Reiches, war in den nachchristlichen Jahrhunderten der Drehpunkt des Handels zwischen West und Ost. Aber es gab auch Händler aus der Mongolei, der Mandschurei und aus Korea. Die Chinesen traten nur in Erscheinung, so weit und wenn sie Militärbasen im Tarimbecken und zeitweise – um 630 – auch weiter westlich bis nach Baktrien und zu den Grenzen der Sogdania unterhielten. Als die Tibeter erstmals in ihrer Geschichte als zentralasiatische Militärmacht in Erscheinung traten, wurden sie genau dort, in den Oasenstädten des Tarimbeckens, mit dem Westen konfrontiert.

3. Tibet als Militärstaat

Es fand in der Tat zur Zeit der späteren Yarlung- oder Pugyel-Dynastie (632-923) ein intensiver Kontakt Tibets mit seinen chinesischen Nachbarn und mit der westlichen Welt statt – das erste und letzte Mal in seiner Geschichte. Das Gebiet des ersten zentralen tibetischen Großstaates, den König Songtsen Gampo (regierte von ca. 632-650 n. Chr) gegründet und der unter König Trisong Detsen (regierte von ca. 755/56-797) seine größte Ausdehnung hatte, reichte schließlich bis zum Nordrand des Tarimbeckens. 663 eroberten die Tibeter Kashgar, 670 die chinesischen Militärlager nördlich und südlich der Taklamakan-Wüste, welche die Seidenstraße kontrollierten. Von dort wurden sie aber 692 wieder vertrieben. Der nächste Vorstoß, zwischen 781 und 792, war dauerhafter. Auch Amdo, Kham und Gansu – ein Zweig der Seidenstraße bog von dort nach Tibet und Südchina ab – standen seitdem bis 850 unter tibetischer Herrschaft. Damit hatten die Tibeter die Kontrolle über alle Routen der Seidenstraße gewonnen und kamen nicht nur mit den einheimischen Ethnien Zentralasiens, vor allem mit Uighuren, Tanguten und Turk-Stämmen, in Kontakt, sondern auch mit den Händlern aus weit entfernten Ländern Europas und Ostasiens.

In Mittelasien gab es bereits Ende des 3. Jahrhunderts v. Chr. in Baktrien, im Nordosten des jetzigen Afghanistans und westlich davon in Parthien indisch-buddhistische Gemeinden, in denen Aramäisch und Griechisch gesprochen wurde. Ab der Mitte des ersten nachchristlichen Jahrhunderts breitete sich der Buddhismus auch nach China aus und weiter nach Korea (um 372) und Japan (um 552).

Auch in den kleinen, aber reichen, mit Jade und Seide handeltreibenden Fürstentümern des Tarimbeckens blühte der Buddhismus zu dem Zeitpunkt, als die Tibeter die Oasen okkupierten, schon seit Jahrhunderten. Es gab seit dem 4. Jahrhundert Klöster mit mehr als viertausend Mönchen – wie überall an den großen Stationen der Seidenstraße – und es gab große Bibliotheken mit buddhistischen Sanskrit-, aber auch griechischen Texten. Besonders Dunhuang war ein Zentrum buddhistischer Missionierung. In den Oasen entwickelte sich eine rege Übersetzertätigkeit, für die bis weit ins 7. Jahrhundert hinein auch das griechische Alphabet zur Transskription benutzt wurde. Der Einfluss griechischer Kultur, vermittelt durch Byzantiner, aber auch durch die Perser und Syrer, war sicherlich damals nicht gering einzuschätzen. Wer weiß schon, dass es 250 bis 55 v. Chr. in Baktrien ein griechisches Königreich gab, dessen letzte Könige möglicherweise Buddhisten waren. Und wer denkt heute daran, wenn er in buddhistischen Klöstern die berühmten Maskentänze sieht, dass dies eine Übernahme aus dem Westen ist, denn griechische, aber auch römische Schauspieler pflegten Masken zu tragen, und wahrscheinlich traten am Hof der griechisch-baktrischen Könige Maskentänzer in Pantominen mit Musikbegleitung auf. Diese Kunstform gelangte über das Tarimbecken, wo anfangs des siebten Jahrhunderts die Maskentänzer von Kucha sehr berühmt waren, über China bis nach Japan – und eben wohl auch nach Tibet.

Westlich des Tarimbeckens dehnten die Tibeter ihre Grenzen zwischen 737 und 741 bis nach Ladakh und in das Industal aus, fielen später in der Sogdania ein und erreichten 809 Samarkand, die Hauptstadt des sogdischen Reiches im heutigen Usbekistan, die große Drehscheibe der Seidenstraße und Umschlagplatz für Waren sowie für Kunststile und Religionen jener Zeit. Östlich eroberten sie ab 756 zeitweilig Gansu und Gebiete tief im chinesischen Herzland bis hin nach Changan (heute Xian), damals die märchenhaft reiche Hauptstadt der Tang-Dynastie (618-906), eine Metropole mit zwei Millionen Einwohnern, die 763 von den Tibetern erobert und geplündert wurde. Die Tibeter waren für viele Jahrzehnte die Geißel Chinas, bis die beiden Staaten 822 Frieden schlossen.

Nach der Ermordung des Königs Langdarma (842) brach das tibetische Großreich auseinander, und die Uighuren besetzten die Oasen der nördlichen Seidenstraße. Als auch Dunhuang 850 wieder verlorenging, endete endgültig die Kontrolle der Tibeter über die Seidenstraße. Die Übernahme der Religion der eroberten Fürstentümer des Tarimbeckens, die seit 779 in Tibet Staatsreligion war, hatte den mächtigen Militärstaat der Tibeter in gut sechzig Jahren ausgehöhlt. Die vielen neuen Klöster waren immer mächtiger und reicher geworden, sie waren trotz ihres zunehmenden Grundbesitzes von allen Steuern befreit und sogen etwa zwanzig Prozent der jungen Männer an, die ebenso wie die Leibeigenen der Klöster vom Wehrdienst befreit waren. Der Adel war durch die Klöster entmachtet worden. Langdarma ächtete zwar den Buddhismus, ließ die Klöster schließen und stellte die alten Besitzverhältnisse wieder her, wurde aber von einem Mönch ermordet. Wenige Jahre später wurden die buddhistischen Klöster auch in China enteignet, aus dem gleichen Grund. In Tibet sollte es über zweihundert Jahre dauern, bis der Buddhismus 1042 mit Atisha wiederkehrte und sich endgültig etablierte, und mehr als achthundert Jahre, bis es wieder einen zentral regierten tibetischen Staat gab.

In Vergessenheit geriet, dass es entlang der Seidenstraße von Byzanz bis Peking, insbesondere in Mittelasien, in den Oasenstädten des Tarimbeckens und weiter östlich in den Siedlungsgebieten der Tanguten, in den heutigen Provinzen Quinghai und Gansu, aber auch in Sichuan, Yünnan und in der Mongolei, seit dem Ende des 5. Jahrhunderts große christliche Gemeinden gab, die in der griechisch-byzantinischen Kultur wurzelten. Abgesehen von der Mongolei sind das die chinesischen Provinzen, unter die das heutige Osttibet aufgeteilt ist. Neben persischen Monophysiten lebten dort vor allem nestorianische Christen. Im 13. Jahrhundert soll es in China sechzig bis achtzig Millionen Nestorianer in zweihundert Diozösen gegeben haben. Auch am Hofe des mongolischen Großkhans waren die Nestorianer zu Marco Polos Zeiten ebenso vertreten wie tibetische Mönche, die einen Ruf als Magier und Astrologen hatten. Damals war der Großkhan der Schutzherr Tibets – der vierte Dalai Lama war ein mongolischer Prinz. Das gleichschenklige Malteserkreuz, das für die Nestorianer das Symbol des auferstandenen Christus war, kann man noch heute als Dekor vielerlei Textilien in Osttibet finden.

Außerdem hatten sich zahlreiche manichäische Christen nach ihrer Vertreibung aus Persien, seit dem 3. Jahrhundert, in Mittel- und Zentralasien angesiedelt und fassten hundert Jahre später auch in China Fuß. Ein Werk Manis, des Stifters einer synkretistischen Lehre, die Elemente des persischen Zoroastrismus mit buddhistischen und christlichen Lehren verband, ist sogar in den tibetischen Kanon buddhistischer Literatur aufgenommen worden. Deutsche Forscher hatten 1905 in den Ruinen von Khocho, der Hauptstadt der Uighuren in der Turfan-Oase, viele manichäische Schriften gefunden. Die Uighuren, erfolgreiche Kaufleute, die nach ihrer Vertreibung aus Westturkestan durch die Kirgisen am Nordrand des Tarimbeckens und in Gansu siedelten, vertrieben zwischen 840 und 873 ihrerseits die letzten Tibeter von dort. Sie waren seit 762 Manichäer, wurden im 10. Jahrhundert Buddhisten und im 13. Moslems. Sie stellen heute fünfundvierzig Prozent der Bevölkerung in Ost-Turkestan, der heutigen Provinz Xinjiang.

Es gab seinerzeit also durchaus verschiedene Wege, auf denen die Tibeter mit westlichen Ideen, und das heißt vor allem mit griechischer Kultur und dem Christentum, der Islam sollte erst später ins Spiel kommen, in Kontakt treten konnten. Aber es sollten noch zwölf Jahrhunderte vergehen, ehe Tibet und seine Kultur ihrerseits befruchtend auf den Westen einzuwirken begann.

4. Die Heilkunde im Mittelmeerraum

Zweifellos haben die Länder um das Mittelmeer immer in einem regen wirtschaftlichen und kulturellen Austausch untereinander und mit Westasien gestanden. Es gibt darüber aber nur fragmentarische schriftliche Zeugnisse. Die Medizin, mit wir uns hier exemplarisch beschäftigen wollen, ist neben der Religion wohl das wichtigste Gebiet, auf dem ein Austausch von Ideen und Fertigkeiten unter den Völkern stattgefunden hat. Die Ärzte waren in der Antike Wanderärzte, die immer dort für eine Weile blieben, wo sie Ruhm und Geld erwarten konnten. Das war im Westen so wie im Osten. Berühmte Herrscher zogen auch berühmte Ärzte an ihren Hof, und diese lernten auf den Heerzügen ihrer Klienten auch fremde Völker und Sitten kennen – oder gerieten in Gefangenschaft und kamen an fremden Höfen zu Ehren. Manchmal wurden Ärzte auch regelrecht ausgeliehen, wie das von ägyptischen Ärzten überliefert worden ist, die in Syrien und Mesopotamien wirkten. Die Ärzte waren weniger ortsgebunden als die Philosophen und vielleicht gebildeter als die Händler und somit ideale Träger ihrer jeweiligen Kultur und prädestiniert, mit anderen Kulturen in Austausch zu treten.

In Griechenland trat an die Stelle einer magisch betonten Heilkunde, die von Priestern ausgeübt worden war, eine neue Medizin, die sich im 5. und 4. Jahrhundert v. Chr. zu einem System ausformte, das auf Beobachtung und Erfahrung gegründet war – eine Entwicklung, die sich ähnlich zur gleichen Zeit in Indien vollzogen hatte. Wir kennen die frühe griechische Medizin aus den größtenteils nur fragmentarisch erhaltenen Traktaten des *Corpus Hippocraticum*. Die Mehrzahl der etwa sechzig Schriften dieser Textsammlung wird Hippokrates (ca. 460-375) zugeschrieben, über dessen Leben wir wenig wissen.

Das Herzstück der griechischen Medizin, genauso wie der indischen und tibetischen, war eine Säfte-Lehre, die sich allmählich entwickelt hatte, bis man Blut und gelbe Galle als warme Säfte, Schleim und schwarze Galle als kalte unterschied und damit – wie alle Asiaten heute noch – warme und kalte Krankheiten. Empedokles (495-435 v. Chr.) lehrte, dass vier Elemente die Bausteine der Natur seien und ordnete ihnen je vier Körperorgane, Farben, Lebensalter und Tageszeiten zu. Damit begründete er das berühmte Vierer-Schema, das während der ganzen Antike das Denken der Philosophen beeinflusst und auch in die Medizin Eingang gefunden hat. Platon (427-347 v. Chr.) sagte, dass Mikrokosmos und Makrokosmos, also Mensch und Welt, aus den gleichen Bausteinen gebildet seien und in einem harmonischen Verhältnis zueinander stünden, und Aristoteles (384-322 v. Chr.) ordnete den Elementen die Qualitäten warm, kalt, trocken und feucht zu.

Galen (129-199 n. Chr.) verknüpfte gut fünfhundert Jahre später die Elementen-Lehre der Philosophen mit der Säfte-Lehre der Ärzte und wurde damit der Schöpfer des umfassendsten Lehrgebäudes, das die Medizin je gekannt hat. Es wirkte in Europa bis ins 19. Jahrhundert hinein. In Indien lebt bis heute die griechische Medizin in ihrer von den Arabern weiterentwickelten Form als eigenständige „Unani-" und das heißt „ionische" Medizin weiter. Die Unani-Ärzte sprechen heute noch von Hippokrates als dem Vater dieser Medizin. Wir wissen nicht, was in der Zeit zwischen der endgültigen Ausformung der Säftelehre, etwa um 350 v. Chr., und der Systematisierung der Heilkunde durch Galen geschah, darüber gibt es keine schriftlichen Zeugnisse. Die Römer haben zu ihrer Zeit nichts zur Entwicklung der Medizin beigetragen.

Festzuhalten bleibt, dass wir die Denkansätze der Griechen in allen traditionellen Heilsystemen Asiens, auch des chinesischen, wiederfinden. Alle wurden im etwa gleichen Zeitraum schriftlich fixiert. Die Ähnlichkeiten zwischen der griechischen bzw. der arabisch-islamischen Medizin, welche die Weiterentwicklung der antiken griechischen Medizin auf der gleichen theoretischen Basis war, und der ayurvedischen und tibetischen Medizin sind frappierend. Hier wie dort hat sich zeitgleich aus einer magischen Medizin eine logisch ableitbare und rationale Medizinlehre entwickelt, und zwar auf der Basis, dass Mensch und Kosmos aus den gleichen Bausteinen bestehen, die in den verschiedenen Systemen identisch benannt werden. Die Gesundheit des Menschen ist eingebettet in die Harmonie des Kosmos, also in die uns umgebende Natur. Greift der Mensch roh in die Ordnung der Natur ein, schlägt das irgendwie und irgendwann auf ihn zurück.

Das Ziel der ärztlichen Kunst war hier wie dort, das Gleichgewicht der Säfte zu erhalten und therapeutisch nur einzugreifen, wenn es gestört war. An seiner Krankheit trägt, so meinten die Ärzte, nur das Individuum, nicht aber die Umwelt oder die Gesellschaft die Schuld, und nur der Kranke selbst kann die Krankheit mit ihren Wurzeln vernichten. Dazu braucht er den Arzt als Berater und Helfer. Im Vordergrund des ärztlichen Wirkens stand und steht deshalb – ganz im Gegensatz zur modernen Medizin – der Appell an die Eigenverantwortlichkeit des Individuums, sich gesund zu erhalten. Dies konnte durch eine richtige Ernährung und eine richtige Körper- und Umwelthygiene erreicht werden. Wenn die Säfte durcheinander geraten waren, dann bestand die ärztliche Kunst darin, die gesamte Lebensführung zu regulieren, um sie wieder auf eine gesunde Basis zu stellen. Ist der Kranke einmal auf dem richtigen Wege, dann, so war die Lehre, gewinnen die Selbstheilungskräfte des Körpers die Oberhand über die negativen Tendenzen. Das war die wichtigste Arznei. In dieser Hinsicht gibt es keinen wesentlichen Unterschied zwischen den traditionellen Heilsystemen in Ost und West. Bei uns galt diese Auffassung, die heute wieder an Boden gewinnt, bis weit hinein ins Mittelalter.

5. Das persische Reich als Mittler zwischen den Kulturen

Nachdem die griechische Medizin um 350 v. Chr. fest etabliert war, muss sie durch den Kriegszug Alexanders des Großen, in den Jahren 336-324 v. Chr., auch Indien erreicht haben. Der gesamte Nordwesten Indiens, also das heutige Pakistan und das südwestliche Afghanistan einschließlich des Industales und des größten Teils des Punjab, sowie südlich davon der Sindh, waren seit dem 6. Jahrhundert Teil von zwei Satrapien der Perser – Gandhara und Sindh. Alexander hatte sie nach dem Zusammenbruch des persischen Reiches (331) in sein Reich eingegliedert. Sie wurden nicht lange nach seinem Tod von dem indischen König Chandragupta zurückerobert, gingen den Indern aber hundert Jahre später wieder verloren, nicht ohne dass sich vorher in dieser Region der Buddhismus etabliert hatte. Bis 55 v. Chr. bestand dort das letzte griechische Königreich auf indischem Boden, das bis in die Oasen des Tarimbeckens hinein wirkte und die Seidenstraße unter Kontrolle hatte. So hatten sich fast dreihundert Jahre lang in Nordwestindien und dem südlichen Afghanistan griechische und indische Kultur direkt berührt. Seinen sichtbaren Ausdruck fand diese Entwicklung in der sogenannten Gandhara-Kultur, einer Kunstrichtung, in der sich griechische, römische, indische und iranische Stile und Motive vermischten. Sie strahlte noch Jahrhunderte nach der Zerstörung Gandharas durch ein Nomadenvolk bis nach Zentral- und darüber hinaus nach Ostasien aus.

Die Perser hatten für ihr riesiges Reich ein einmaliges, über Jahrhunderte gut funktionierendes Verwaltungssystem geschaffen, dessen Amtssprache das Aramäische war. Nach der Eroberung Gandharas hatte man eigens eine aramäo-indische Schrift (Karoshthi) dafür geschaffen. Sie war noch im 2. Jahrhundert n. Chr. in ganz Zentralasien verbreitet, unter anderem auch im Tarimbecken. Nach der Einverleibung Ägyptens in das persische Reich, um 525 v. Chr., gab es vom Punjab bis nach Ägypten eine einheitliche Verwaltung – in die auch Griechen eingebunden waren – mit einer einheitlichen Sprache. Dies war die beste Basis, Wissen vieler verschiedener Kulturen auszutauschen. Das persische Reich bildete eine politische Einheit der verschiedensten Rassen, Religionen, Völker und Kulturen, aber in einem Geist der Toleranz. Der persische Hof, genauso späterhin der Hof der Mongolen-Herrscher und noch später der Kaiserhof in Peking, waren Zentren, in denen durch die Gesandten der vielen Völker, die den jeweiligen Herrschern untertan waren, im Grunde wenig von der damaligen Welt und ihren Ideen und Gebräuchen unbekannt geblieben sein kann.

Alle diese gut dokumentierten Daten legen es zumindest nahe, dass in der Zeit der Ausformung einer griechischen und einer indischen Medizin und in den Jahrhunderten danach ein Austausch von Ideen stattgefunden hat, der durch das persische Reich und über die alten Handelswege vermittelt wurde. Erst nach der Zeitenwende gab es schriftlich niedergelegte Kompendien der Medizin, die ihren Weg auch in fremde Reiche finden konnten.

Nach der Aufteilung des Alexander-Reiches wurde Alexandria die Hochburg griechischer Kultur, Philosophie und Medizin, war aber auch der Umschlagplatz des gesamten Handels, der von Indien in den Mittelmeerraum ging und damit ein Sammelbecken von Menschen vieler Rassen und Kulturen wurde. Dies blieb so fast neunhundert Jahre lang, bis die Araber 642 Alexandria eroberten – Zeiträume, die uns in unserer schnelllebigen Zeit unfassbar sind und uns als Stagnation erscheinen.

6. Die Entwicklung der arabisch-islamischen Medizin

Alle Länder des Vorderen Orients waren von der Zeit Alexanders bis zur Eroberung durch den Islam durch griechischen Einfluss geprägt, so dass zunächst die Syrer und Perser und später, nachdem Bagdad 763 die Hauptstadt des islamischen Imperiums geworden war, auch die Araber die griechische Medizin übernahmen. Natürlich blieb auch Konstantinopel ein Zentrum der griechischen Medizin, ohne dass sich daraus aber neue Impulse ergaben.

Es hatte schon vor der Eroberung Alexandrias eine lebhafte Übersetzertätigkeit aus dem Griechischen ins Syrische, die Sprache der damaligen Gelehrten, gegeben. Auch nach der Islamisierung Mesopotamiens wurden noch für lange Zeit Bücher aus dem Griechischen zunächst ins Syrische und dann erst ins Arabische übertragen. Viele der großen islamischen Gelehrten waren syrischer oder persischer Herkunft. Die Transkription griechischer Worte mit arabischen Buchstaben war wegen des völlig anderen Konsonantenbestandes und des Fehlens von Vokalen in der arabischen Schriftsprache sehr schwierig. So kam es zu einer zentral gesteuerten Übersetzertätigkeit mit einer einheitlichen und eindeutigen Nomenklatur, wie es sie niemals zuvor gegeben hatte. Sie kann nur mit der etwa zeitgleichen Transskription von Sanskrit-Texten ins Tibetische verglichen werden, die unter ähnlichen Voraussetzungen stattfand. Gleichzeitig wurden die oft weitschweifigen Abhandlungen der Griechen systematisiert, methodisch geordnet und angereichert mit dem eigenen Erfahrungsschatz der islamischen Ärzte. Nach der Eroberung der syrisch-persischen Gebiete, zwischen 639 und 664, entwickelte sich eine islamische Medizin, die im 7. bis 12. Jahrhundert ihren Höhepunkt erreichte. Das Abendland holte den Vorsprung der Araber erst mehrere Jahrhunderte später ein.

Die traditionelle griechische Medizin wurde nicht nur praktisch weiterentwickelt, sondern die arabischen Ärzte legten auch die Basis der modernen Chemie und Pharmakologie, gründeten zahlreiche Hospitäler und schufen ein straff organisiertes öffentliches Gesundheitswesen. Etwa ab Ende des 9. Jahrhunderts gaben sich die islamischen Ärzte nicht mehr nur mit Übersetzungen zufrieden, sondern schrieben selbst neue Werke, in denen sie ihre eigenen Ideen und Erkenntnisse weitergaben. Wie der „Kanon der Medizin" von Ibn Sina, auch Avicenna genannt (980-1037), waren sie in Europa bis zum Ende des 17. Jahrhunderts weit verbreitet und wurden durch die Werke ergänzt, die in Nordafrika und Spanien von den dortigen Ärzten nach der Islamisierung dieser Regionen geschrieben worden waren.

Auch die klassischen Kompendien der indischen Medizin wurden damals ins Persische und Arabische übersetzt, so dass auch Übernahmen aus der indischen Medizin möglich waren. Nach der Islamisierung Indiens – Delhi wurde 1206 ein Sultanat – kam die griechisch-arabische Medizin auch nach Indien und lebt dort als Unani-Medizin weiter.

7. Indische Medizin und früher Buddhismus

Über den Ursprung des Ayurveda – der traditionellen indischen Medizin – gibt es viele Legenden, aber keine belegten historischen Fakten. Eine voll entwickelte Säftelehre (Tridosa-Doktrin), mit den drei Säften Wind, Galle und Schleim, wird erstmals in einem Text eines gewissen Katyayana erwähnt, der in der Zeit Alexanders gelebt hat. Über ihre Anfänge, über ihre Entwicklung in den Jahrhunderten zuvor, wissen wir nichts Genaues. Das fertige System lag sozusagen plötzlich auf dem Tisch der Geschichte. Es ist wahrscheinlich zur

Zeit der Blüte der griechischen Medizin entstanden und parallel dazu. Ein direkter Einfluss der griechischen auf die Ausformung der indischen Medizin ist nicht erwiesen.

In diesem Zusammenhang soll eine ganz andere als die offizielle Darstellung der Entwicklung der indischen Medizin aus neuerer Zeit nicht unerwähnt bleiben. In der vedischen Zeit wurden die Ärzte aus der brahmanisch geprägten Gesellschaft ausgegrenzt, da sie als unrein galten. Die Ärzteschaft war, wie in Griechenland, eine Gilde wandernder Ärzte, die möglicherweise in engem Kontakt mit ihrerseits heterodoxen Wanderasketen standen. Der Übergang von einer magisch betonten zu einer rational begründbaren Erfahrungsmedizin erfolgte wahrscheinlich in der Zeit zwischen 900 bis 500 v. Chr. Daraus entwickelte sich dann der Ayurveda. Er war aber nicht von Anfang an eine brahmanische Wissenschaft, als die er heute dargestellt wird, sondern wurde erst sehr viel später, vermutlich in den ersten nachchristlichen Jahrhunderten, hinduisiert.

Die erste schriftliche Fixierung dieser neuen Medizin erfolgte zwischen 500 v. Chr. und der Zeitenwende, möglicherweise in den frühen buddhistischen Klöstern. Diese Gemeinschaften brauchten Ärzte für sich und für die umwohnenden Laien, welche für die materielle Existenz der Klöster sorgten, denen kleine Hospize angegliedert wurden. Die ersten Klöster entstanden zunächst in Nordindien und breiteten sich nach der Zeitenwende, den alten Handelsstraßen folgend, nach Mittel- und Zentralasien aus. Die Medizin war von Anfang an ein integraler Bestandteil der buddhistischen Lehre, und in den Jahrhunderten buddhistischer Missionierung waren die Ärzte die Schrittmacher der Mönche, die bei der Bevölkerung Vertrauen schufen. Besonders im Mahayana, aus dem sich später der Tibetische Buddhismus entwickelte, war die Verpflichtung, Kranke zu heilen, fest verankert und wurde als einer der möglichen Wege zur Befreiung aus dem Kreislauf immer neuer Wiedergeburten angesehen. Nach dieser Theorie hätten

Ayurveda und tibetische Medizin einen gemeinsamen Stamm gehabt.

Die griechische Medizin, um die es hier in erster Linie geht, kann die tibetische Medizin nur in einem begrenzten Zeitraum beeinflusst haben, dann nämlich, als die Tibeter direkten Kontakt mit der damaligen westlichen Welt hatten. Dies geschah in der Phase der größten Ausdehnung ihres Staates als aggressive Militärmacht, zwischen dem siebten und neunten Jahrhundert, und das war genau die Zeit, in der in Tibet – nach Schaffung einer tibetischen Schrift, sehr sorgfältig zahlreiche philosophische und medizinische Texte aus Indien und China übersetzt wurden.

Zur Zeit der späten tibetischen Yarlung-Dynastie beherrschte das medizinische System der Griechen den Westen vom Atlantischen Ozean bis zu den Ostgrenzen Persiens. Die politischen Zentren der damaligen Welt waren in jener Zeit im Westen Byzanz und nach dem Sturz der persischen Sassaniden – sie regierten 224-642 n. Chr. mit dem Irak als Kernregion – das islamische Kalifat in Bagdad und im Osten, bis zu ihrem Sturz 906, die chinesische Tang-Dynastie. In deren Reich gab es vor allem in den Hafenstädten auch persische und arabische Ärzte. Sie waren bekannt für ihr Wissen bei Kopfverletzungen, sie machten Hirnoperationen und galten als sehr bewandert in der Augenheilkunde.

8. Ausformung einer tibetischen Medizin

Der tibetische König Songtsen Gampo holte drei ausländische Ärzte an seinen Hof: Den Inder Bharadvaya, den Chinesen Hsüan-yuan Huang-ti und einen gewissen Galenos. Letzterer war möglicherweise ein byzantinischer Grieche oder griechisch-arabischer bzw. griechisch-persischer Herkunft, während die beiden anderen Namen für ihre jeweiligen Medizinsysteme stehen. Bharad bedeutet „Indien", Huang-ti gilt als Gründer der chinesischen Medizin. Der Inder und der Chinese kehrten wieder nach Hause zurück, während der Grieche geblieben sein und in Lhasa Medizin gelehrt haben soll; auch ethisches Verhalten entsprechend dem hippokratischen Eid. In der Folge waren die Hofärzte der tibetischen Könige entweder Oströmer, also Byzantiner, oder kamen aus dem arabischen Kalifat. Der direkte Nachfolger von Galenos wurde ein Arzt aus dem Oströmischen Reich namens Biji (das heißt: Arzt) Tsanpasilaha (Tsampashila), der eine regelrechte Schule gründete und eine Sammlung von Texten („Das gelbe Buch") hinterließ, die bis in die jüngste Zeit in der „Branti-Schule" existiert haben soll. Neben Tsanpasilah und dreien seiner Schüler gab es kurzzeitig am Hof des Königs Trisong Detsen ebenfalls einen indischen, einen chinesischen und einen Arzt, der aus Westturkestan kam und wohl auch Texte übersetzt hat. Er war vielleicht ein arabischer Muslim, aber außer seinem Namen „Halasanti" ist über ihn nichts weiter bekannt.

In dem ältesten tibetischen Wörterbuch der Medizin „li shi 'i gur khang" taucht eine Reihe von medizinischen Bezeichnungen auf, die nicht tibetisch sind. Es gibt außerdem einen tibetischen Text – „gtsug lag phreng wa" –, der einen kurzen Abriss der tibetischen Medizin beinhaltet und nicht-tibetische Namen von Ärzten enthält, die am Anfang der tibetischen Medizin standen. Dabei könnte es sich um Ärzte aus Ostturkestan, also dem Tarimbecken, gehandelt haben. Wir sollten dabei nicht übersehen, dass es in der fraglichen Zeit in Turkestan auch viele Christen und damit wahrscheinlich auch Ärzte gab, welche die byzantinische Medizin praktizierten. Die Hauptstadt der manichäisch-christlichen Uighuren war seit 745 Khocho am Nordrand des Tarimbeckens. Auch Teile der sogenannten Westlichen Türken waren seit dem 6. Jahrhundert Christen, in diesem Fall Nestorianer. Mit beiden Völkern waren die Tibeter im 7. bis 9. Jahrhundert zeitweise verbündet; und bei den Tanguten, die 750-822 unter tibetischer Herrschaft standen und später eine enge Verbindung zu den Osttibetern hatten, gab es große nestorianische Gemeinden.

Es scheint, dass in jener fernen Zeit, als sich eine eigenständige tibetische Medizin ausbildete, das griechische das wichtigste ausländische Medizinsystem war, das in Tibet Fuß fassen konnte, in geringerem Maße das chinesische und noch nicht sehr deutlich das ayurvedische.

Am Hofe des Königs Trisong Detsen, der 779 den Buddhismus als Staatsreligion eingeführt hatte, war die beherrschende Figur unter den Ärzten der berühmte Yuthog Yonten Gonpo (708-833), der mehrmals in Indien und China gewesen sein soll und während seines langen Lebens das gesamte medizinische Wissen im asiatischen Raum gesammelt und in ein einziges synkretistisches System eingeschmolzen hat. Ob und welche Merkmale der griechischen Medizin, von der er doch wohl eine intimere Kenntnis gehabt haben muss, Yuthog benutzt hat, bleibt ungewiss. Er war ein Heiliger und Wundertäter und wurde als der lebende Medizin-Buddha verehrt. Sein Wissen soll er in einem lange verschollenen Kommentar zu den „Vier Tantras" oder „Gyüshi", dem Standardwerk der tibetischen Medizin, niedergelegt haben. Es wurde mündlich in verschiedenen Schulen weitergegeben, die nach dem Zerfall des Reiches weiterbestanden. Der heute noch benutzte, endgültige Text des Gyüshi stammt von einem jüngeren Yuthog (1132-1203), in dem eindeutig die ayurvedische Medizin dominiert. Aus der chinesischen Medizin haben die tibetischen Ärzte lediglich Theorie und Praxis der Pulsdiagnose entlehnt.

Seitdem hat die tibetische Medizin ihr Eigenleben in Tibet geführt, unbeachtet von der Außenwelt, von der sich Tibet hermetisch abgeriegelt hatte. Vor fünfundzwanzig Jahren wusste man im Westen kaum etwas von einer eigenständigen tibetischen Medizin, sie wurde von den Medizinhistorikern als ein Anhängsel des Ayurveda betrachtet. Heute fliegen tibetische Ärzte von Kontinent zu Kontinent, um die Nachfrage nach ihrer Medizin zu stillen, der Tibetische

Buddhismus triumphiert im Westen und – vor fünfzig Jahren absolut unvorstellbar – der Dalai Lama ist zum Superstar der westlichen Medien geworden.

Quellenangabe (sh. dort detaillierte Literaturangaben):

1) Asshauer, Egbert: Tibet und die Seidenstraße: frühe Ost-West-Verbindungen (Teil 1 und 2)., Tibet und Buddhismus, XVII, Heft 69 und 70, 2004

Anhang II

Die Mantras der wichtigsten tibetischen Gottheiten [1,2]

Guru Mantra:
Das Namensmantra des eigenen Hauptlamas

Mantra des Maitreya
Als Meditationsgottheit Verkörperung der Großen Liebe aller Buddhas. Der kommende Buddha:
OM MAIM MAITRIYE SVAHA

Mantra der Grünen Tara
Meditationsgottheit, Verkörperung der erleuchteten Aktivität aller Buddhas. Wird bei persönlichen, familiären und geschäftlichen Schwierigkeiten angerufen:
OM TARE TUTTARE SVAHA (Sanskrit)
OM TARE TUTTARE TURE SOHA (Tibetisch)

Mantra der Weißen Tara
Dölma Kharpo, verbunden mit Mitgefühl, repräsentiert langes Leben, Kraft und Gesundheit und wird angerufen, um einer anderen Person zu helfen:
OM TARE TUTTARE TURE MAMA AYUR PUNYE JNANA PUWTIN KURU SVAHA

Mantra des Buddha Shakyamuni:
OM MUNI MAHAMUNIY SVAHA (Sanskrit)
TAYATHA OM MUNI MUNI MAHA MUNI YE SO HA
(Tibetisch)

Mantra des Manjushri
Meditationsgottheit, Verkörperung der unterscheidenden Weisheit
aller Buddhas:
OM A RA PA TZA NA DHIH

Mantra des Amitayus
Meditationsgottheit, Aspekt des Buddha Amitabha, verbunden mit
langem Leben:
OM AH MA RA NI ZI WA NA TA YE SOHA (Tibetisch)

Langlebens-Mantra:
SO DRUM A KAR MU LA TING NAM OD DU MU YE TSE NI DZA

Mantra des Medizin-Buddha:
OM NAMO BAGAWATE BEKANDSA GURU BENDURJA
PRABA RADSAJA TATAGATAJA ARHATE SAMJAK
SAMBUDDHAJA TEJATA OM BEKANDSA BEKANDSA
MAHA BEKANDSA RADSA SAMOGATE SOHA (Tibetisch)

OM NAMO BHAGAVATE BESHAJYA GURU VAIDURYA
PRABHA RAJAYA TATHAGATAYA ARAHATE
SAMAYAKSAM BUDDHAYA TADYATHA OM BESHAJYA
MAHA BESHAJYA BESHAJYA RAJA SAMUNGATE
SAVAHA (Sanskrit)

oder Kurz-Mantra tibetisch:
TAYATHA OM BEKANZEY BEKANZEY MAHA BEKANZE
BEKANZEY RANZA SAMOOGATEY SO HA.

Übersetzt etwa: »Ich verehre den Tathagata, den Arhat, den Vollkommen Erleuchteten, den Erhabenen Meister des Heilens, den
König im Lapislazuli-Glanz: Ehre sei dem Heiligen, dem Heilen,
dem Höchsten Heilen!«

Mantra der Heruka

Chakrasamvara, zornvolle Meditationsgottheit:
OM SHRI VAJRA HE HE RU RU KAM HUM HUM PHAT
DAKINI DZALA SHAMBARAM SOHA (Tibetisch)
oder Langform:
OM KARA KARA/ KURU KURU/ BANDHA BANDHA/
TRASAYA TRASAYA/ KSHOBHAYA
KSHOBHAYA/ HROM HRAUM/ HRAH HRAH/ PHEM
PHEM/ PHE PHE/ DAHA DAYA/ PACHA
PACHA/ BHAKSHA BHAKSHA/ VASU RUDHIRANTRA/
MALAVA LAMBHINI/ GRIHNA
GRIHNA/ SAPTA SAPTALA GATA/ BHUJAM GAM/
SARVAM PA/ TARJAYA TARJAYA/
AKADDHYA AKADDHYA/ HRIM HRIM/ JNAUM JNAUM/
KSHAMAM KSHAMAM/ HAM HAM/
HIM HIM/ HUM HUM/ KILI KILI/ SILI SILI/ HILI HILI/
DHILI DHILI/ HUM/ HUM PHAT

Mantra des Avalokiteshvara (Chenrezig).

Verkörperung des Mitgefühls aller Buddhas. Auch Mantra der zehn
Mächtigkeiten genannt):
OM MANI PADME HUM (Sanskrit)
OM MANI PEME HUNG (Tibetisch)

Mantra des Vajrapani

Zornvolle Meditationsgottheit, Verkörperung der höchsten Weis-
heitsaktivität aller Buddhas:
OM VAJRAPANI HUNG PHET (Sanskrit)
OM VAJRAPANI HUM PHET (Tibetisch)

Mantra des Yamantaka

Meditationsgottheit:
OM YAMANTAKA HUNG PHET

Mantra des Hayagriva
Pferdeköpfige Meditationsgottheit, zornvoller Aspekt von Avalo-
kiteshvara:
OM VAJRA KRODHA HAYAGRIVA HULU HULU HUM
PHAT
oder HRIH VAJRA KRODHA HAYAGRIVA HULU HULU
HUM PHAT

Mantra der Vajrayogini
Meditationsgottheit:
OM OM OM SARVA BUDDHA DAKINIYE VAJRA VARNANI-
YE VAJRA VAIROCHANIYE HUM HUM HUM PHAT PHAT
PHAT SVAHA (Sanskrit)

OM OM OM SARWA BUDDHA DAKINIYE VAJRA WARNA
NIYE VAJRA BHEROTSANA YA HUM HUM HUM PHET
PHET PHET SO HA (Tibetisch)

Mantra des Amitabha:
OM AMITABHA HRIH

Mantra des Padmasambhava
Vajra Guru Mantra:
OM AH HUM VAJRA GURU PADMA SIDDHI HUM

Bedeutung: Ich rufe Dich an, den Vajra Guru, Padmasambhava,
mögest Du uns durch Deinen Segen gewöhnliche und höchste Siddhis gewähren.

Mantra von Vajrasattva
Aspekt des Dhyani-Buddhas Akshobhya, Verkörperung der Reinheit
aller Buddhas:
OM VAJRASATTVA HUM

Vajrasattva 100-Silben-Mantra:
OM VAJRASATTVA SAMAYAM / ANUPALYA
VAJRASATTVA TVENO PATISTHA DRDOHO ME
BHAVA / SUTOSYO ME BHAVA / SUPOSYSO ME
BHAVA/ ANURAKTO ME BHAVA / SARVA SIDDHIM
ME PRAYACCHA / SARVA KARMA SUCA ME / CITTAM
SREYAH KURU HUM / HA HA HA HA HOH BHAGAVAN
/ SARVA tATHAGATA / VAJRA MA ME MUNCA / VAJRI
BHAVA MAHA SAMAYA SATTVA / AH HUM PHAT

Mantra von Kalachakra
Meditationsgottheit:
HAM KSHA MA LA VA RA YA

Mantra des Zhambala
Buddha des Reichtums:
OM ZHAMBALA ZALENDRAYE SO HA (Tibetisch)

Mantra von Guhyasamaja
Meditationsgottheit der höchsten Tantraklasse:
OM AH VAJRA DHRIK HUM HUM
OM AH SPARSHAVAJRA KHAM HUM
OM AH JINAJIK OM HUM
OM AH RATNADHRIK SVA HUM
OM AH AROLIK AH HUM
OM AH PRAJNADHRIKA HA HUM
OM AH MOHARATI LAM HUM
OM AH DVESHARATE MAM HUM
OM AH RAGARATI PAM HUM
OM AH VAJRARATI TAM HUM
OM AH RUPA VAJRA JAH HUM
OM AH SHAPTA VAJRA HUM HUM
OM AH GANDHA VAJRA BAM HUM

OM AH RASA VAJRA HOH HUM
OM AH MAITRI MAIM HUM
OM AH KSHITIGARBHA THLIM HUM
OM AH VAJRAPANI OM HUM
OM AH KHAGARBHA OM HUM
OM AH LOSHESVARA OM HM
OM AH MANJUSHRI HUM HUM
OM AH SARVA NIVARANA VISKAMBHINI OM HUM
OM AH SAMANTABHADRA SAM HUM
OM AH YAMANTA KRIT HUM HUM
OM AH PRAJNANTA KRIT HUM HUM
OM AH PADMANTA KRIT HUM HUM
OM AH VIGHNANTA KRIT HUM HUM
OM AH ACHALA HUM HUM
OM AH TAKKIRAJA HUM HUM
OM AH NILADANDA HUM HUM
OM AH MAHABALA HUM HUM
OM AH USHNISHA CHAKRA VARTE HUM HUM
OM AH SUMBHA RAJA HUM HUM

Mantras für bestimmte Anlässe

Mantra der Essenz der relativen Existenz
zur Stärkung der Potenz der Heilpflanzen in der zunehmenden Mond-
phase:
OM YE DHARMA HETU PRABHA WAHE TUNTE SHANT
THAGA TOHAYA WADATE TESHUNZE YONI RODHA
EWAM DI MAHA SHARMANAYA SAVAHA

Vervielfachendes Mantra:
OM SAMBHARA SAMBHARA BIMANA SARA MAHA
JAVA HUM
OM MARA MARA BIMANA KARA MAHA JAVA HUM

Mantra bei Niederwerfungen:
OM NAMO MANJUSHRI NAMAH SUSHRIYE NAMAH
UTTAMA SHRIYE SO HA (Tibetisch)

Mantra zur Segnung eines Rosenkranzes (Mala):
OM RUZIRA MANI PRAVATAYA HUM

Mantra zur Segnung einer fleischhaltigen Mahlzeit:
OM ABHIRA KAY TSARA HUNG

Mantra des abhängigen Entstehens:
OM YE DHARMA HETU PRABHAVA HAYTUNTE SHAN
TATAGATO HAYWADAT TESHAN TSAYO NIRODHA
EWAM WADI MAHA SHRAMANAYE SOHA (Tibetisch)

Herzsutra Mantra:
Neunmalige Rezitation bei der Meditation zur Erlangung innerer
Ausgeglichenheit
TAYATHA OM GATEY GATEY PARA GATEY
PARASAMGATEY BODHI SOHA (Tibetisch)

Quellenangabe:
1) Schriftl. Mitteilung Ling Gala Tulku, Kloster Drepung-Loseling, 2007
2) Drungtso, Tsering Thakchoe: Healing Power of Mantra. The Wisdom of Tibetan Healing Science. Drungtso Publications, Dharamsala 2006

Anhang III

Egbert Asshauer
Tantrisches Heilen und tibetische Medizin
Die Zusammenhänge von Geist
und Körper aus tibetischer Sicht
Pbk., 200 Seiten, 36 Farbphotos
ISBN 3-89427-277-5
Die erste umfassende Studie über Tantrismus und
Heilkunst in Tibet aus der Sicht eines Mediziners.

Egbert Asshauer
Tulkus – Die großen Meister Tibets
Pbk., 200 Seiten, 43 Farbphotos
ISBN 3-89427-240-6
Dieses Buch beschreibt das Leben von erleuchteten Weisen, das für westliche Leser vielfach kaum
nachvollziehbar erscheint. Die geistigen Fähigkei-
ten der großen Lamas übersteigen nicht selten das
Fassungsvermögen des Uneingeweihten. Über den
physischen Tod jener großen Lehrer hinaus, folgt
der Autor ihren Prophezeiungen und Ankündigun-
gen hinsichtlich ihrer Wiedergeburten – und trifft
so auf die jungen Tulkus. Alte Meister in neuen
Körpern!

Egbert Asshauer
Tulkus – Das Geheimnis der lebenden Buddhas
Pbk., 200 Seiten, 35 Farbphotos
ISBN 3-89427-273-2
Das Tulku-Phänomen gehört zu den geheimnis-
vollsten Aspekten des Tibetischen Buddhismus.
Seit Jahrhunderten praktiziert, gewährleistet das
Wiederauffinden der Reinkarnationen der bedeu-
tendsten Meister Tibets den Fortbestand des esote-
rischen Buddhismus auf dem „Dach der Welt".
Nie zuvor wurden die Einzelheiten und Details
jenes Geschehens so präzise erforscht und doku-
mentiert wie in der vorliegenden Studie von Egbert
Asshauer. Als engem Freund des Dalai Lama öffneten sich ihm Türen und Herzen, die sich zuvor
noch nicht für einen westlichen Forscher aufgetan
hatten.